RESEARCH ON AGRICULTURAL SUPPLY
CHAIN FINANCE IN THE DIGITAL AND
INTELLIGENT ERA

数智时代农业供应链

金融理论研究

鲁其辉 著

ZHEJIANG UNIVERSITY PRESS
浙江大学出版社
·杭州·

图书在版编目（CIP）数据

数智时代农业供应链金融理论研究 / 鲁其辉著.
杭州：浙江大学出版社，2024.12. — ISBN 978-7-308-
25406-9

Ⅰ. F832.35

中国国家版本馆 CIP 数据核字第 2024QC1894 号

数智时代农业供应链金融理论研究

鲁其辉　著

责任编辑　杨　茜
责任校对　许艺涛
封面设计　周　灵
出版发行　浙江大学出版社
　　　　　（杭州市天目山路 148 号　邮政编码 310007）
　　　　　（网址：http://www.zjupress.com）
排　　版　杭州林智广告有限公司
印　　刷　浙江新华数码印务有限公司
开　　本　710mm×1000mm　1/16
印　　张　18.25
字　　数　262 千
版 印 次　2024 年 12 月第 1 版　2024 年 12 月第 1 次印刷
书　　号　ISBN 978-7-308-25406-9
定　　价　88.00 元

前　言

　　我国当前的经济正迈向高质量发展阶段,数字化转型将加快实体经济的转型升级,推动经济结构的优化和产业链的升级。近年来,我国围绕"数字中国""数字乡村"进行了全面的政策部署,都强调农业数字化的重要性。农业供应链数字化不仅是数字中国的重要组成部分,也是实现农业农村现代化这一乡村振兴战略总目标的重要途径。农业数字化是数字技术在农作物种植各环节的应用,利用物联网等信息化手段对墒情、苗情、灾情等"三情"和气象进行预测预报,通过获取、记录农业生产经营各环节的数据,计算分析得出应对方案,为种植各环节流程提供智能决策,提高生产效率。

　　同时,随着平台型电商企业的发展,它们借助数字化技术,整合供应链资源,为农业种植提供数字化技术,实现农业数字化,从而提高农产品的生产效率,本书称其为平台数字技术赋能。例如,京东农场蒙顶皇茶种植基地于2021年3月在四川省雅安市蒙顶山永兴寺片区揭幕,该基地是京东农场与蒙顶皇茶的合作项目,也是京东农场首个数字茶园基地,通过"虫情"灯等物联网设备,监测园区环境及农作物生长等情况,再对采集的数据进行大数据分析,了解环境及虫情灾害的变化,制定改良方案,指导农户进行科学生产和种植。自从物联网接入京东农场后,每亩茶园的年产值从600元涨到了2000多元。金堂县赵家镇的晗晟柑橘基地,从2015年开始和京东共建"智慧农场",探索传统农业转型的新路子。1200亩的智慧农场,年产量在150万~200万千克,整个数字化果园产值翻了一倍。

　　当前,农业经营户融资难已成为制约我国农业产业化经营的核心问题。

"中央一号文件"连续多年提出"完善农业供应链与农民利益的联结机制,健全农产品产销稳定衔接机制,拓宽资金筹集渠道,加快农村金融创新"等一系列相关政策。但与全社会贷款相比,农业得到的信贷支持与其经济贡献严重不符,2.3亿农户占全国总人口的40%以上,而农户获得的贷款额占比不到7%。其中有农户群体自身的原因,如贷款规模有限、农民征信记录少、财务账簿不规范、管理制度不严格、管理者信用意识淡薄等,致使农户和中小农企信用等级普遍偏低,贷款风险偏高,导致商业银行开展农业金融的意愿不强,农户和中小农企非常难获取银行贷款。我国大多数地区农村金融机构仍以信用贷款方式为主,缺乏直接融资的资本市场,难以根据农业生产、交易和物流过程中农户或中小农企的融资需求情况设计出足够新颖、有效的农业金融产品。因此,融资模式落后和管理机制不完善是我国农业金融的最根本问题。

21世纪以来,供应链金融(supply chain finance)已成为缓解中小企业融资难、降低资金成本和提高供应链竞争力的有效手段,而基于涉农企业商品交易项下应收应付、预收预付和存货融资等衍生出来的农业供应链融资模式已有尝试性的探索,国内外涌现了一些典型的示范性案例,如农业银行推出的"农行+龙头企业+专业合作社+基地农户+政府风险补偿金"金融服务模式、荷兰优荷花品(Royal Flora Holland)公司根据花卉交易的各个环节提出了花卉供应链融资解决方案。这些融资模式主要以农业产业化龙头企业为切入点,通过对物流、信息流、资金流的有效控制或对有实力关联方的责任捆绑,针对龙头企业上下游长期合作的配套农户和中小农企提供相关的融资服务。

然而,农业供应链金融的理论研究还相对滞后,现有研究集中于农业企业、农民专业合作社开展订单农业生产或服务的范畴,以决策和风险管理等方面的研究为主,而缺少基于农业供应链特点的不同融资模式下融资渠道、融资均衡和协调机制的研究。基于以上背景,本书围绕"数智时代农业供应链金融理论研究"这一课题,针对融资模式与协调机制、新型融资方式、技术应用等研究领域,开展融资模式与协调机制的研究。

　　本书的研究和编写工作得到了国家自然科学基金项目(2271219,72232002)、国家哲学社会科学基金项目(21BGL109)、浙江工商大学"数字+"学科建设基金项目(SZJ2022B003)的资助,以及浙江工商大学现代商贸研究中心科研创新团队的支持,在此表示感谢。

　　在本书的撰写和修改过程中,陈艳琳、金清清、陆洁、王丽、金紫怡、郭俊杰、许泽萍、来哲皓、金登明、洪世昌等研究生深度参与了本书的写作,每人完成的内容均超过1.5万字。本书各章的撰稿人分别是:第一章,鲁其辉、王丽、金紫怡、许泽萍;第二章,鲁其辉、陆洁、郭俊杰、金清清;第三章,鲁其辉、陆洁、许泽萍;第四章,鲁其辉、王丽、来哲皓;第五章,鲁其辉、陈艳琳、金紫怡、来哲皓;第六章,鲁其辉、陈艳琳、郭俊杰;第七章,鲁其辉、金登明、陈艳琳、许泽萍;第八章,鲁其辉、金清清、来哲皓;第九章,鲁其辉、洪世昌、金清清、金紫怡;第十章,鲁其辉、金清清、郭俊杰。全书由鲁其辉拟定提纲、开展研究和统稿。肖迪、孙琦、潘可文等老师为本书的出版提供了很多建设性意见,廖昌华同学对本书的主要核心内容提供了重要贡献,在此表示衷心的感谢!

鲁其辉

2024年12月于杭州

目 录

第一章 绪 论

第一节 研究背景

一、数智时代的农业产业升级

党的十八大以来,党中央高度重视发展数字经济,将其上升为国家战略。党的十九大又提出"推动互联网、大数据、人工智能和实体经济深度融合"。2022年,国务院发布了《"十四五"数字经济发展规划》(简称《规划》),明确了"以数据为关键要素,以数字技术与实体经济深度融合为主线,加强数字基础设施建设,完善数字经济治理体系,协同推进数字产业化和产业数字化,赋能传统产业转型升级,培育新产业新业态新模式,不断做强做优做大我国数字经济"。这些政策推动着企业供应链管理朝着数智化方向迈进,由传统的供应链管理方式转变为基于数据驱动和智能化决策的新模式,从而提高效率、降低成本,以应对不断变化的市场需求和竞争压力。

《规划》明确了农业的发展方向,强调产业链供应链现代化,大力提升农业数字化水平,推进"三农"综合信息服务,创新发展智慧农业,提升农业生产、加工、销售、物流等各环节数字化水平,贯彻农业数字化理念,实现"三农"高质量发展。结合我国农业产值,2021年我国智慧农业市场规模约为685亿元,2022年我国智慧农业市场规模约为754亿元,这表明中国智慧农业一直保持着蓬勃发展的势头。农业数字化不仅是数字中国的重要组成部分,也是实现农业农村现代化这一乡村振兴战略总目标的重要途径。

数字技术在我国农业种植中已有应用,机器学习、机器人技术和计算机视觉技术被应用于监测环境条件和诊断作物疾病,确保有效的农业生产。例如,安徽省长丰县利用物联网、大数据、区块链、人工智能等技术,建设"数字草莓"大数据中心、草莓园区智能管理、草莓品质品牌数字管理等数字化系统,通过病虫害智能识别系统和水肥药智能管控系统,实现精准化施肥、施药,草莓生产节肥30%、节药45%,通过数字化实现草莓平均产量提高15%,每亩节省农资、人力等费用800元,亩均增产增收3600元,经济效益增长15.2%。平台型电商企业借助数字化技术,实现农业数字化,从而提高农产品的生产效率。例如,蒙顶皇茶与京东农场合作,利用物联网设备,监测园区环境及农作物生长等情况,指导农户进行科学生产和种植,实现每亩茶园的年产值从600元到2000多元的增长。

二、中小农户融资难问题依旧严峻

第三次全国农业普查报告显示,全国共有约2.3亿农业经营户,其中规模化的农业经营户仅占1.92%。近年来我国农业产业化取得了一定的成效,但仍然以分散的小规模经营户为主,规模化的农业生产企业占比较小。这种小规模的农业生产难以应对生产经营风险,使投资方在考虑投资农业时更为谨慎。此外,农村基础设施相对滞后,农业生产的管理和信息化程度较低,缺乏有效的市场信息和运作机制,这使投资方难以评估农业项目的可行性和回报率。银行在贷款时通常需要担保或抵押物来保证贷款的安全,然而,土地往往是农户唯一的资产,并且其价值相对较低,可能不足以作为抵押物。农业形式分散、风险高、信息不对称等问题,造成了授信不足和融资模式单一等困难,从而给农户融资带来了挑战。

产出不确定也是制约农业金融发展的主要因素。农业面临的外部环境风险常常导致农业供应链上游的农户产出不确定,对农业供应链下游的影响是产出不能够满足需求而带来利润上的损失。低产出导致投入的资金回收困难,易导致农业供应链中的资金流出现问题,阻碍农业供应链的发展。例如,2021年7月下旬,河南受到暴雨侵袭,全省农作物受灾面积达到972.1千公顷,绝收面积达108.9千公顷。农业产出的不确定性致使农业投资风险偏高。对于资金有限且抗风险能力较弱的农户来说,产出不确定性助长了他们的风险规避心态,从而对供应链发展产生重要影响。

目前我国尚未建立完善的中小农户信用体系,导致农村金融效率低下。我国有75%的农户在日常生活和农业生产中存在着资金紧张的情况,农户获得的贷款在全社会贷款总额中所占的比例只有不到7%,农业所获得的信贷支持与其经济贡献严重不匹配。从调查看,当前农村信贷产品抵押物种类单一、担保方式不够丰富,满足农户快捷、便利融资需求特点的创新性金融产品很少,再加上贷款程序烦琐、办理时间长,大量急于用款的农户不得已转向利率高、门槛低的小贷公司或民间借贷融资。此外,很多金融机构不愿意开展农业金融业务,对农户普遍持金融排斥态度,金融排斥程度甚至曾高达50%。

因此,解决中小农户的融资难问题,是推动农业产业及智慧农业发展的重要举措。中小农户是农业生产的主体,融资支持将有助于农户投资购买先进的设备、种子和农药,引入先进的农业技术和管理模式,推动农业现代化进程,提升整体农业产业水平,促进农业产业链的完善与发展,推动农产品加工、流通等环节的改进和提升。获得融资支持将使中小农户增强生产能力,提升收入水平,改善生活条件,促进农村经济社会稳定发展。

三、数字技术赋能农业供应链金融以缓解融资难问题

农业供应链金融是指以资金充足的供应链核心企业为主导,通过捆绑上下游农户与金融机构的关系,为资金紧缺的农户提供各种金融产品,以满足其融资需求,从而推动农业供应链的稳定运作。这种金融服务模式的目的是提高农户的融资能力,促进农业供应链的发展和协调。

在农业供应链金融中,供应链的核心企业在资金充足的情况下,通过与农户建立合作关系,并基于其信用状况,为其提供各种金融产品,如贷款、保险等,以解决农户的融资需求,其中涉农贷款是乡村振兴发展资金的重要来

源。随着近年来金融服务乡村振兴等三农发展的力度逐年加大,银行业不断提高"三农"金融服务的覆盖面、可得性、均衡性。从涉农贷款的具体投放来看,截至2022年末,农村(县及县以下)贷款余额达41.02万亿元,同比增长13.5%。中国农业银行围绕乡村产业、智慧政务、惠农服务三大重点领域,推出特色场景平台,积极推动涉农场景与金融服务融合。根据其发布的《2022年三农金融服务报告》,农业银行粮食重点领域贷款余额为2359亿元,增速为22.5%;种业领域贷款余额为282亿元,增速为81.7%。强化金融科技赋能,大力提升乡村振兴金融服务数字化水平,这样的金融服务模式可以帮助农户获得更多的资金支持,加强其生产能力,提高农产品的质量和产量。

农业供应链金融还可以促进供应链各方之间的协调与合作,通过金融工具的运用,农户和供应链核心企业之间的关系更加紧密,资金流动更为顺畅,有利于提高整条供应链的效率和效益。此外,农业供应链金融还可以提供风险管理和保障,减少农户在面临自然灾害、市场波动等风险时的损失。例如,京东金融推出供应链金融服务,并使用自有资金满足部分供应链项目的信贷需求,如"先锋京农贷""仁寿京农贷""养殖贷"等金融产品,解决了农户在农资采购、农业生产及农产品加工销售环节中的融资难问题。目前,数据化的京农贷已进入生猪养殖、蛋鸡养殖、奶牛养殖和肉禽养殖四大板块,不仅帮助农户解决了养殖中的资金问题,而且农户能使用云端的免费养殖管理系统,将养殖风险和贷款成本降至最低,全面提升养殖管理水平,提高养殖收入。

随着乡村振兴战略的深入推进,我国农业数字经济和农业供应链智慧化发展是必然趋势。因此,为了推动现代农业的发展,不仅需要依靠科技创新,还需要发展金融创新,农业供应链金融应该更好地满足农业发展的需要。数字技术在农业领域的应用不仅推动了农业的转型升级,还可以有效地解决目前我国农业生产中存在的"融资难"和"融资贵"的问题。

第二节　研究问题

与传统的供应链金融相比,数字技术赋能下的农业供应链金融具有许多优势。一方面,它能够更好地挖掘农户数据的价值,为农户提供更加便捷的融资服务;另一方面,通过整合供应链各个环节的信息,它能够解决传统金融发展过程中存在的信息不对称和信用缺失问题,提高供应链的运营效率,降低运营成本。最重要的是,数字技术赋能下的农业供应链金融为农业的可持续发展提供了新的支持和保障。以农业细分领域电商平台"云农场"为例,"云农场"与农业银行、华夏银行、山东农村信用联社等多家金融机构合作,推出了"云农宝",用以满足农户在生产过程中面临的资金需求。

现代化数字技术的应用需要投入大量的资金进行研究和开发。同时,农业科学知识的掌握和理解对于有效利用数字设备至关重要。但截至2022年,中国农业领域的数字经济渗透率仅为10.5%,远低于第三产业中的44.7%。因此,尽管数字技术拥有提高农作物产量的潜力,但农户普遍面临资金有限和知识资源不足等问题,导致数字技术的广泛应用仍然具有挑战性。

因此,基于农业供应链中存在的产出不确定及融资难等问题,探讨数智时代农业供应链中各企业的不同融资模式(平台模式、担保模式等)及数字技术应用策略,考虑供应链成员存在的风险偏好,研究契约机制如何实现供应链协调等,具有重要意义,从而可提高供应链整体绩效。在农业供应链方面,本书需要考虑一些新的重要管理理论问题:在数智时代,面临产出不确定的情况,如何选择数字技术应用策略并进行供应链融资决策?当多种融资模式共存时,如何进行融资模式的选择,供应链的融资均衡是什么?在不确定的情况下,如何构建相应的协调机制以实现供应链绩效改进,对融资均衡有何影响?如何对供应链的融资模式进行风险管理?在采用区块链技术时,供应链的最优决策是什么?政府应该继续采取何种补贴策略?农户何时会采用数字技术来种植农产品?当采用数字技术时,平台和农户会选择哪种合作机制?

本书关注数智时代农业供应链金融理论,旨在解决上述问题。研究团队对国内外相关文献进行了详细查询和分析,并开展了对产出不确定情况下的平台模式、担保模式和契约协调等方面的融资均衡与风险控制研究。本书将初步建立数智时代的农业供应链金融理论的框架,丰富了供应链管理理论。本书关于一些关键技术问题的探索将为相关领域的研究提供新的方向和研究方法。

第三节　本书的贡献

本书是运营管理、供应链管理、农业经济与金融等多学科的交叉研究成果,具有重要的理论价值与实践价值。本书区别于前人研究的学术贡献主要体现在以下几个方面。

一、理论价值

(一)丰富农业供应链平台参与的融资模式相关研究

在农业供应链金融的融资模式对比研究中,大部分文献主要关注传统的融资模式。然而,本书的研究重点在于探讨农业供应链平台参与的融资模式,其中平台企业不仅可以为农户提供资金,还可以为农户提供农业种植数字技术。在当前数字化时代的背景下,结合平台数字技术赋能和提供贷款服务的农业供应链金融,我们将外部银行融资和电商平台内部融资模式进行比较,并从定量的角度研究数字技术赋能的影响。这种研究方法不仅能为平台企业在农业领域双向赋能提供管理见解,还能为数智时代农户的发展提供理论指导。

(二)为供应链成员减少产出不确定性风险提供理论支持

尽管对产出不确定性的优化和协调研究已经相对丰富,但是与供应链金融相结合的文献相对较少。本书从工业和制造业中的供应链运营和供应链协调的观点出发,考虑到农产品随机产出的特性,研究了在政府补贴、政策性担保、政企担保、买方担保等融资模式中的农业供应链融资决策。同时,还对商业银行融资模式和核心企业(买方)担保融资模式并存时的供应链融资进行了探讨,并定量研究了政府补贴和政策性担保的影响。通过二次成本函数来描述产出不确定性对农业供应链资金需求的影响,丰富了对产出不确定性的相关研究,并为管理实践中减少产出不确定性风险提供了理论支持。本书的研究是对产出不确定性相关文献的拓展和深化,在理论和应用方面具有创新性。

(三)拓宽农业供应链融资协调的研究范畴

在关于供应链金融与供应链契约相结合的研究文献中,大部分研究主要集中在制造业供应链等非农业供应链领域。然而本书针对农业供应链,考虑产出不确定、风险规避等情境因素,探讨了种植技术运用成本和数字技术赋能成本等成本分担协调机制,并在建模过程中将农业供应链金融与成本分担契约相结合,丰富了对农业供应链的研究,初步探索了协调供应链的方法。

二、实践价值

(一)有益于解决农户融资难、融资贵的问题

本书立足于现实背景,结合高速发展和政策关注的农业行业,聚焦农户融资难、融资贵的问题,分析银行融资和平台融资等多种融资模式对农业供应链上各成员的影响,比较和分析不同融资模式下农户与平台的决策问题,致力于为农业供应链高效运营提供建议。只有解决了农户融资难、融资贵的问题,农户才能更方便地获取资金支持,以改善农业生产条件,增加农产品附

加值,进而推动农业发展,提升农民收入水平,促进农村经济发展和实现可持续发展。

(二)为农业供应链数字化运营提供思路和建议

本书紧扣中国当下经济发展热点问题,结合时下大力推广的数字乡村建设政策与时代背景,分析电商平台对农业种植技术赋能的价值,探讨电商平台预售是否能有效解决供应链资金问题、降低供应链经营风险、提高供应链各方收益。本书考虑了在条件风险值(CVaR)准则下订单农业供应链的数字技术应用策略,以提高供需匹配度,提升供应链效益,促进资源的优化配置。数字化运营可以提高农产品的品质和安全性,增加消费者的信任感,促进农业产业的可持续发展。本书为数字技术赋能农业供应链提供管理建议。

(三)为解决农户资金约束问题及利润分配优化问题提供决策参考

本书对比了平台数字技术赋能及不同融资模式下不同的合作机制,为农业供应链融资与协调机制决策提供决策参考。本书对比了电商平台预售机制下不同融资模式的选择问题,探讨了电商平台预售背景下内部融资和外部融资的优劣,为解决农户资金约束问题及利润分配优化提供了更多视角。此外,本书还考虑了契约机制对实现各方成员利润最大化的影响,从而帮助供应链成员及整条供应链实现帕累托改进,同时能够为担保情景下的供应链成员的合作关系提供更多借鉴。

第四节　内容安排

本书在内容的编排上侧重于体系架构的系统性和具体问题的导向性,针对相关的理论问题和农业供应链金融中遇到的实际问题分别建立相应的分析模型,并且对相关模型的背景进行分析,得到较为完整的理论结果和有管理借鉴意义的结论。本书的组织结构如图1.1所示。

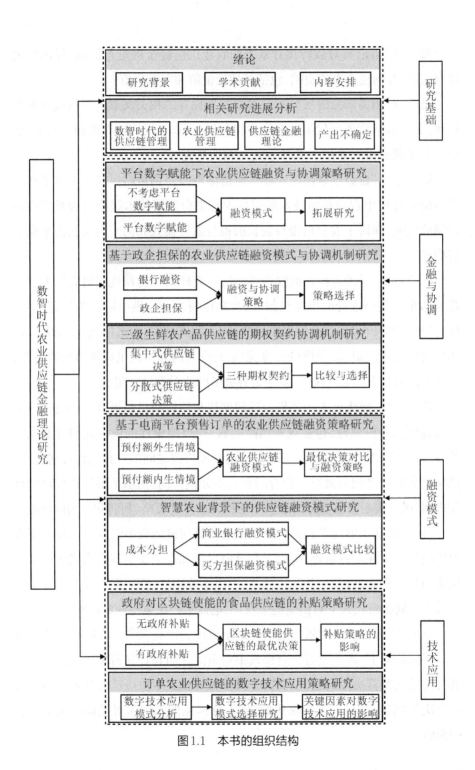

图1.1　本书的组织结构

第一章"绪论",对数智化背景下的农业供应链金融进行简述,提出相关研究问题,并阐述本书的贡献,包括其理论价值和实践价值。

第二章"相关研究进展分析",对学术界现有的相关文献进行回顾并展开述评,主要包括数智时代供应链管理相关研究、农业供应链管理相关研究、供应链金融理论相关研究、产出不确定的相关研究等。

第三章"平台数字赋能下农业供应链融资与协调策略研究",考察了在产出不确定环境中农户种植技术运用行为和平台数字技术赋能行为对农产品产量的影响,探讨了农户向银行贷款的银行融资模式和向平台贷款的平台融资模式。

第四章"基于政企担保的农业供应链融资模式与协调机制研究",考察了政府和企业共同进行的担保机制,以及多种契约下的供应链协调问题,主要探究银行融资模式和政企担保模式两种不同融资模式的选择问题,探究农户和公司的最优决策,考虑价格契约、收益共享契约等实现供应链协调的条件,以及不同机制下的最优决策、供应链各成员的收益和社会福利。

第五章"三级生鲜农产品供应链的期权契约协调机制研究",构建了一个三级合同农业供应链,包括规避风险的农户、风险中性的供应商和规避风险的零售商,在CVaR准则下探讨了供应商和零售商之间的三种期权合同,以及供应商和农户之间的批发价格合同和成本分担合同,揭示了供应链成员的合作机制、风险规避系数和分销过程中的损失率对其策略、利润和效用的影响。

第六章"基于电商平台预售订单的农业供应链融资策略研究",探究了农业供应链成员在银行融资、电商平台反向保理和提前支付融资模式下的最优决策与最优利润,以及产品预售机制、产出不确定性、期望资金收益率等关键参数在不同融资模式下对供应链中农户、电商平台决策与利润的影响。

第七章"智慧农业背景下的供应链融资模式研究",考虑在随机产出和成本分担的情况下,商业银行融资模式中资金匮乏的农户和占主导地位的买方各自的最优经营决策问题,以及买方担保融资模式中供应链成员各自的最优经营决策问题,并探究了担保比例、成本分担比例等因素对供应链成员利润的影响。

第八章"政府对区块链使能的食品供应链的补贴策略研究",构建了一个由供应商、第三方物流供应商和零售商组成的三级食品供应链。在此供应链中,第三方物流供应商使用区块链技术进行食品溯源,以解决消费者对食品安全的担忧。本章运用博弈论分析了不同政府抗疫策略或补贴策略下的供应链定价决策水平、溯源水平、抗疫努力水平和补贴水平,旨在探讨政府在后疫情时代应选择抗疫策略还是补贴策略。

第九章"订单农业供应链的数字技术应用策略研究",考虑了一个由平台和风险厌恶的农户组成的订单农业供应链,在收益不确定性下建立了包括数字技术和不包括数字技术的博弈论模型,并在CVaR准则下探讨了三种数字合作机制,分析不同因素影响下农户和平台的策略选择。

第十章"研究结论",总结了全书的核心研究成果。

第二章 相关研究进展分析

第一节 数智时代供应链管理相关研究

随着互联网和数字技术的发展,数字化技术从需求预测、产品设计、定价与库存管理、供应链管理等重要环节不断地提升企业的运营效率(陈剑等,2020),使组织赋能逐渐发展应用到数字化赋能。数字化赋能主要包括数字技术对产出端的生产赋能以提高产量和对需求端的信息赋能以提高需求。因此,关于数字化赋能的相关研究主要包括三类:一是生产制造端的数智赋能;二是市场需求端的数智赋能;三是交易过程中的数智赋能。

一、生产制造端的数智赋能

随着数字技术的发展,各行各业都在寻求数字化转型升级的方案。制造业也希望将自己的生产制造过程数字化,从而提升生产效率,提升产能并降低生产成本。因此,数字技术对生产制造的赋能为管理学研究提供了新的研究视角。为了研究平台数字化赋能对企业创新的驱动作用,赵晓敏等(2023)利用演化博弈理论构建了平台商和参与企业的决策模型,探讨了双方的演化行为和均衡策略,指出从数字化赋能超额收益来看,平台商在与企业特别是小企业合作时应具备"利他"思维,优先保证企业的超额收益,而非自身的超额收益,切实扶持企业成长的平台商将更容易实现共赢发展。焦勇等(2020)认为可以通过数据驱动、创新驱动、需求驱动和供给驱动,实现数字经济赋能制造业转型,引导制造业与新兴信息技术、互联网、服务业等深度融合。苏钟海等(2020)认为酷特智能通过对组织结构、组织资源和组织成员的三重赋能，提高了组织的数据获取、分析、运用和反馈能力，推动其打造数据驱动的生产系统。孙新波和苏钟海(2018)通过单案例研究，考察了制造企业实现敏捷制造的可行路径，即对数据赋能实现信息流畅、及时有效的传递，形成数据驱动的生产系统，有效驱动产品的生产制造。朱国军等(2020)以工业互联网平台企业海尔、徐工为现实案例，探索性地研究了工业互联网平台交互赋能的作用机理，为中国传统制造头部企业向工业互联网平台企业转型提供了有益的借鉴。陈剑等(2020)指出了数字化赋能可以从需求预测、产品设计、定价与库存管理、供应链管理等关键环节提升运营效率，它从需求创造、业务设计、价值共创、供应链重构、生态圈构建等环节创造更高的商业价值，并且随着数字化程度的提高，变革呈现出从赋能向使能演进。孙新波等(2020)通过综述的形式，指出数据赋能是企业数字化转型的关键。

可以发现，上述关于数字化赋能生产制造端的研究以案例和实证分析为主，而鲜有学者从定量的角度分析数字化赋能对生产制造的影响，同时以博弈论为研究方法的更是屈指可数。例如，张华和顾新(2024)考虑了两个由制造商与零售商组成的竞争性供应链，使用动态博弈模型分析制造商数字化转型的博弈均衡与最优策略选择，研究表明，任一制造商先于竞争对手实施数字化转型均可实现自身利润、下游零售商利润与供应链市场份额最大化，制造商数字化转型对采用传统技术的竞争对手造成的技术冲击大于技术溢出。而在农业领域，Niu等(2016)通过分析订单农业供应链运营中"企业—农户"和"企业—合作社—农户"结构，探究各种契约如何影响新种植技术的运用和供应链成员的利润。而Mao等(2019)发现越厌恶风险的农户采用新技术的可能性就越小；同时，采用技术的时间越晚，对技术的投资则越少。

二、市场需求端的数智赋能

数字化对市场需求端的赋能，主要表现为通过数字技术使产品信息透明、挖掘顾客需求，从而提高顾客购买产品的效用与需求。有学者从定量的角度研究数字化赋能对顾客需求的影响。例如,肖迪等(2021)在平台型电商企业进行品牌赋能的情境下,研究了信息不对称时,作为核心企业的电商平台如何运用机制设计的方法来识别零售商从其他渠道订购产品的质量水平。鲁其辉和廖昌华(2023)研究了由单一制造商和单一零售商组成的竞争型绿色供应链决策问题,指出区块链赋能的产品价格总比未采用区块链的产品价格更低,在区块链接受度或绿色不确定性偏高时,区块链的应用对消费者有益。而肖迪等(2021)在电商平台数据赋能且线上零售商进行数据运用投入的情境下,探讨了零售商会在何种条件下接受数据赋能,以及怎样的成本分担机制更有助于发挥数据赋能的作用,实现供应链成员的共赢。Xiao等(2020)构建了一个由一个电商平台和多个零售商组成的供应链博弈模型,表明拥有各零售门店运营数据的平台,可以有效帮助零售商选择适销对路的产品,进而提高运营效率;同时他们发现,随着电商平台上零售商数量的增加,平台数据赋能零售商的效果更加明显,从模型的角度解释了网络效应。

而通过数字技术提高产品信息透明度从而提高消费者效用与需求的研究主要是关于区块链技术在供应链管理中运用的研究(Fan et al.,2020;Niu et al.,2022;Liao et al.,2022)。具体来说,一部分学者考虑对消费者效用的影响。比如,Wu等(2021)在考虑了消费者对可追溯性信息的偏好后,研究了由供应商、第三方物流(3PL)和电子零售商组成的生鲜产品供应链采用区块链技术的策略。Liu等(2021)从博弈论的角度出发,构建了由疫苗制造商、基于区块链技术的疫苗追溯服务平台和疫苗接种单位组成的疫苗供应链模型,讨论其定价和协调机制。类似的,Tao等(2023)发现,当消费者对区块链的接受度较低时,在单一平台的两种产品中,采用区块链技术的产品不仅质量高,而且价格低。而另一部分学者直接考虑对消费者需求的影响。比如,Liu等(2021)首次使用博弈论模型探究了区块链技术对新鲜食品可追溯性的积极影响,并提出了区块链可追溯商誉的概念。应用区块链技术能在一定程度上遏制赝品销售。袁红平等(2023)构建了由供应商、零售商、消费者及受赠者组成的链上链下两条供应链,探索了中国特定文化下受众偏好在不同市场环境中对供应链成员决策及供应链间竞争的影响。

三、交易过程中的数智赋能

数智技术在交易过程中的赋能旨在利用数据和智能技术提升交易过程的效率、可见性和决策能力,有助于优化供应链运作,提高竞争力。信任是在线交易的重要保障,已有研究发现,基于平台的制度机制可促进在线交易方之间信任的构建,但无法完全化解交易中的风险。宋晓晨和毛基业(2022)通过基于数字供应链金融情境的质性研究,指出基于区块链的声誉系统与基于平台的制度机制的有效结合可促进在线交易组织间信任的构建。Kirmani等(2007)认为通过实施基于区块链的解决方案,整条供应链上的参与方可以自动确定货物的所有权、批准发货、跟踪货物、监控交付并触发来自供应商的付款。Sun等(2019)通过对比传统的碳排放交易制度,认为区块链技术和智能设备的应用显著改善了碳排放交易制度的合规措施,供应链韧性优化已然成为企业险中求生、化危为"绩"的关键。石大千等(2023)基于2013—2020年沪深A股上市公司数据,从供应链韧性优化视角指出智慧供应链建设对企业绩效提升具有积极冲击作用,不仅能通过提升供应链主动能力、供应链反应能力、供应链设计质量来优化动态能力,还能驱动专业分工、成本管控、资金融通、创新协同来赋能关键资源整合,进而为企业绩效提升提供助力。代书桥等(2023)针对传统供应链物流管理模式中存在的信息交互困境,探讨了应用区块链技术的信息优势,分析了区块链与供应链物流管理的耦合关系,有助于供应链物流管理完善信息交互。

针对农业供应链的交易赋能,綦颖和赵曼(2023)在分析传统生鲜农产品供应链体系及其存在的问题的基础上,提出数字化有利于生鲜农产品供应链降本增效,并分别从生产体系、加工体系、销售体系及冷链运营服务体系分析数字技术赋能农产品供应链的具体路径。魏晓光等(2023)对区块链技术赋能农产品销售供应链进行研究,基于区块链的技术特性,对农产品销售供应链的交易安全信任、融资方式、物流配送进行了系统的研究,构建了农产品区块链信息平台,阐述了区块链赋能农产品交易安全优化、企业融资方式优化、农产品物流优化的机理。尚杰和吉雪强(2020)构建博弈模型研究了区块链技术如何保障生态农产品供应链稳定运行,指出区块链技术能通过改善生态农产品供应链内部信息不对称的现象,增加生态农产品供应链内部交易节省成本,并提高主体违约成本,同时增加生态农产品供应链主体长期合作得益及协调主体合作,从而保障生态农产品供应链稳定运行。

第二节　农业供应链管理相关研究

在农业供应链管理的相关研究中,农业供应链运营优化与协调契约机制是重要的研究问题。

一、农业供应链运营优化

在农业供应链运营的相关研究中,农户的履约问题尤为重要。首先农业订单的形式很大程度上影响了农户的履约率。郭红东(2006)首先构建了企业与农户订单履约的博弈模型,提出了关于订单安排和订单履约关系的理论假设,然后运用浙江省龙头企业的调查数据进行了实证研究。Pince 等(2020)在商业种子生产的背景下,引入了一个精确的响应框架,建立多订单报童模型,并通过动态预测进化来确定农户生产的时间和数量。郭娜和王文利(2020)基于"保底收购,随行就市"的订单价格机制,构建了"公司＋农户"型订单农业供应链模型。冯颖等(2021)基于多 Agent 系统仿真,设计了一个包含两条"公司＋X＋农户"型订单农业供应链的仿真实验,考虑供应链间的链际竞争,探究了收购价格机制对不同组织模式下订单农业供应链运作的影响。

市场风险等因素,如需求不确定、价格不确定等也会对农户履约率产生影响。Singh 和 Bhaumik(2008)研究发现,通过与公司合作,农户可以获得生产要素和新技术的支持,有效提高农民扩大生产的积极性。涂国平和冷碧滨(2010)通过静态博弈模型揭示了"公司＋农户"模式违约问题的根本原因是市场风险的存在。Schütz 和 Tomasgard(2011)在需求不确定的情况下进行了农业供应规划,同时考虑数量柔性、配送柔性、运营决策柔性等多重因素。温修春等(2014)对人力资本要素(劳动)建立了相应的博弈模型,并给出了农户、中介组织和种植企业在土地流转中获得的最优综合分配额。Tang等(2015)的研究表明,当需求不确定时,市场信息的预测共享可以增加农民的收入,但公司的种植建议不能给农民带来更多的收益。许彤(2018)在收购价格随机和市场需求不确定的条件下,分析了传统订单农业价格机制"随行就市、保底收购"下公司和农户的决策行为。

农业供应链优化可以有效解决农业生产的盲目性、加工和购销环节中利益分配的不合理性等问题,促进农业产业化发展。Ye等(2020)分析了由一个农业企业和多个风险厌恶农户组成的承包经营模式形成的农业供应链的最优生产和价格决策。浦徐进和金德龙(2017)对比分析了不同契约模式下,农户和公司的努力投入水平和收益,为政府推动农业发展提供了建议。彭红军等(2019)在CVaR准则下,构建了Stackelberge博弈模型,研究了农户和公司的最优策略。叶飞和蔡子功(2019)针对现实中农户面临着农业加盟模式选择困难的问题,在市场价格和市场需求不确定的情况下,建立了"公司＋农户"型农产品供应链模型,对比分析了农户在两种农业加盟模式"随行就市,保底收购"和"土地入股"下的最优决策行为。朱雷等(2019)针对"公司＋农户"模式,按照农户选择银行融资和公司融资两种融资模式,构建了在两种模式下由公司和农户构成的Stackelberg博弈模型。

二、农业供应链协调契约机制

关于农业供应链的协调契约机制问题的相关研究可分为两方面:一是研究协调契约的选择问题,当前主要分析成本分担、收益共享、风险补偿、政府补贴等协调契约机制;二是研究各种供应链条件对契约协调的影响,如农户风险态度、风险估值准则、保鲜努力程度等条件对契约协调的影响。

针对成本分担机制,Niu等(2016)研究发现,成本分摊契约可以使"公司＋农户"供应链实现协调,以及"公司＋中介＋农户"供应链可以实现供应链成员三方共赢。许彤(2018)研究认为,在传统订单农业价格机制下,农业供应链成员在分散决策时存在双边效应,进而提出"收益共享＋双向补贴＋加盟金"型契约协调机制,该契约能有效协调供应链绩效。陈军等(2016)研究发现,基于成本分担的收益共享契约是一种能够促成农产品供应链协调的机制。徒君等(2018)考虑物流服务水平与产品销售价格同时影响产品市场需求,分别引入成本分担契约与收益共享契约,实现对电商与第三方物流供应商的协调。赵忠(2018)针对保质期短且易腐易变质的生鲜农产品,通过设计一种风险补偿契约,对生鲜农产品供应链进行协调,当单位风险补偿额满足一定条件时,可以实现整条供应链的完美协调。郑琪和范体军(2018)建立了考虑生鲜农产品质量安全科技投入的生鲜农产品供应链激励契约的数学模型,研究发现供应链激励契约对生鲜农产品生产商和供应链的利润都有一定的促进作用。王聪等(2020)在不同信息共享模式下,构建了农业供应链Stackelberg博弈模型,并得出了不同模式下的订单农业契约参数。而在受资金约束时,Xiao等(2017)考虑了银行信贷与贸易信贷两种融资模式,同时设计了改进的收益共享契约来协调供应链。Yan等(2021)考虑了一个由两个资金受限的竞争型供应商和一个零售商组成的二级供应链,其中零售商可以向一个或两个供应商提供预付款,研究表明,零售商是否考虑仅与一个供应商合并取决于收益共享比例和收益共享契约的额外管理成本。

赵霞和吴方卫(2009)则针对生鲜农产品生产受季节性和天气等影响的特点,通过收益共享契约实现农业供应链的协调,实现帕累托改进。Chen和Yano(2010)探究了农产品产出随机性导致的风险隐患,并通过设计相应的风险补偿方式协调公司与农户的关系,进而保障农产品订单的稳定执行。叶飞和王吉璞(2017)探讨了由风险规避农户和风险中性公司组成的"公司＋农户"型订单农业供应链协调的问题,并进一步表明采用Nash协商谈判机制能使订单农业供应链实现帕累托改进,提升供应链绩效。

三、农业供应链金融风险管理

对于供应链金融,融资风险是各方能否达成融资均衡所必须考虑的因素。Chod(2017)发现贸易信用合同能减少库存风险,实现供应链整体效益改进。在农业供应链金融中,由于农户具有信用低、无抵押品、种植面临高度产出不确定性风险等特性,供应链成员所面临的融资风险也相对较高,其中包括道德风险、价格风险、产出不确定性风险等。Cao等(2022)也表明,传统的农业供应链面临着融资风险、交易对手风险、消费者信任缺失等诸多挑战。有学者通过探索农业供应链金融的风险评估方法来降低农业供应链金融的信用风险(Wu et al.,2021;Liang et al.,2023),也有学者通过数学建模来探究应对风险的方法,比如,伏红勇和但斌(2015)基于CVaR准则,在不利天气的影响下,通过设计与农户风险厌恶度相关的收益共享契约,增强了农业供应链的稳定性。叶飞和蔡子功(2018)研究发现,在实施"双向补贴"价格协调机制后,公司和农户也能实现"收益共享、风险同担"。郭娜和王文利(2020)同时考虑农产品的批发价格不确定性及农户违约风险,发现随机市场批发价的均值会影响均衡决策,农户能通过融资规避道德风险,改进利润收益。

此外,为了应对农业供应链风险以提高供应链绩效,许多研究开始将新的金融衍生工具应用于此,包括期权契约、保证保险、商业保险等。例如,叶飞等(2012)提出了一种"B−S期权定价＋生产协作＋保证金"的合同机制来协调订单农业供应链,发现公司可以通过期权来降低其市场风险,从而保证公司、农户都能获得相对稳定的收益。Yu等(2019)提出了一种新型的"公司＋农户＋期权保费补贴"契约模式,其中,公司采用期权来对冲下行风险,政府为公司提供了期权溢价补贴来规避违约风险。结果表明,这种新型机制对增长利润、降低违约率具有积极作用。同样,Liao和Lu(2022)运用期权契约来对冲生鲜农产品所面对的产出、需求及现货价格的随机性带来的风险。Ranganathan等(2017)研究了通过购买保险的方式来降低农产品的价格波动的风险。余星等(2017)研究发现,在政府提供农业保险的保险费补贴机制下,各方期望利润和社会福利随着政府保险补贴率而提高,但随着银行贷款利率的提高而降低。黄建辉和林强(2019)探究了政府补贴机制、保证保险对农产品产出不确定性风险的作用。王文利和郭娜(2018)研究了农户的风险规避程度对均衡决策和主体收益的影响,发现商业保险对收购公司总是产生正效应。Yan等(2020)研究了在零售商存在资金不足的问题时,损失规避的供应商提供贷款或投资两种融资方案的比较。

第三节　供应链金融理论相关研究

一、不同供应链融资模式的决策研究

根据融资中参与者的不同,此类研究可以分为两类,分别是第三方金融机构的商业银行融资模式和买方担保的融资模式。

第三方金融机构的商业银行融资模式是供应链金融中最典型的融资模式,学界已经有了较为成熟的研究成果。例如,Kouvelis和Zhao(2011)研究了具有较高破产成本的贯序博弈模型,讨论存在破产成本时的商业银行融资问题,并得到供应链成员的最优决策,同时进一步探究了零售商初始资金情况及破产成本对供应链成员最优决策的影响。Buzacott和Zhang(2004)基于库存管理的背景,应用单期报童模型,研究了银行在参与决策时不同资金约束零售商之间的最优决策问题,从银行利润最大化的角度探究了资金约束零售商和银行组成的二级供应链协调策略。Cerqueti和Quaranta(2012)研究了银行视角下企业的最小化违约模型,构建了随机动态的最优模型,通过蒙特卡罗模拟来模拟实际经营情况,进一步获得企业的财务战略。Kouvelis和Zhao(2011)基于报童模型,比较商业银行融资和供应链融资下的零售商利润情况,探究了零售商破产成本、初始资金、抵押资产等因素对银行贷款决策的影响。Chen(2017)分析了银行信用融资对风险厌恶供应商决策的影响。近些年,此类供应链金融的问题也得到许多国内学者的关注,多数研究采用的是报童模型。陈祥锋等(2008)探究了银行信用融资模式下零售商和供应商的融资和运

营决策。李娟等(2007)考虑阶段贷款的方法,并且运用参数函数,从量化的角度证明阶段贷款相较于一次性贷款的优势,并通过运用合约作为阶段贷款的有效补充机制来更好地控制代理问题。在多阶段运营的情况下,鲁其辉等(2012)指出了应收账款融资模式对于整条供应链绩效的影响。陈中洁和于辉(2020)研究了在需求随机情景下,资金约束时反向保理对供应链整体绩效的影响。于辉和马云麟(2015)探究了以利润最大化为目标时,设定保理回报率进而收取担保费用的方法,建立了单周期的报童模型来探究订单转保理融资模式对供应链各个成员利润的影响。王志宏等(2023)通过构建和优化风险规避供应链的Stackelberg博弈模型,针对制造商的生产资金短缺问题,考虑零售商的风险规避行为,研究了供应链的预售融资和银行融资组合策略及优化决策。余建军等(2022)构建了由一个农户和一个公司组成的农业供应链决策系统,其中农户具有资金约束并且具有产出不确定性。他们指出,农户在具有破产风险时向银行融资获得的利润并非最优的,农户的最优决策方案受到丰收年产出因子、银行利率和价格弹性系数的影响。

买方担保的融资模式是指供应链中买方作为核心企业,为上游资金缺乏的企业提供贷款担保服务。Wu等(2015)通过一个集中的两阶段随机规划模型探究了买方担保的供应商融资,结论表明在需求较大、供应商资金不足或市场融资利率高的情况下,买方融资担保是必要的。Tunca和Zhu(2018)研究了在产品存在瑕疵的情况下,买方融资担保在供应商融资中的作用和效率,并通过实际案例进行验证,最后指出买方担保融资能够降低利率和批发价格,并且使整条供应链利润提高13%。黄佳舟等(2022)分析了资金约束供应商和资金充足零售商组成的供应链中,买方提供融资担保机制对各参与方和供应链整体价值的影响,指出当综合融资成本较低时,在一定条件下,买方担保机制能够实现帕累托改进效应,达到三方共赢。李沿海和赵玲(2023)基于斯塔克尔伯格(Stackelberg)博弈,研究了供应商融资中买方的最优担保策略,指出对给定的采购价格和担保比例,供应商最优备货量是唯一的,零售商的最优策略是提供全额担保,零售商的最优期望利润是供应商自有资金的减函数。由于买方融资担保是近年才兴起的领域,所以学界的相关文献较少。本书对于其类似的反向保理研究进行回顾,这两种融资模式是类似的,但有两点区别:一是买方融资担保允许供应链选择贷款金额;二是由买方管理供应商的账户。在学界有许多关于反向保理的研究。刘涛等(2022)基于保理商风险规避视角,以实现保理商与供应链合作共赢为目的,构建了由保理商、供应商和零售商组成的供应链反向保理融资模型,研究了供应链反向保理模式设计和机制优化,探讨了合作共赢机制和风险规避对供应链反向保理融资优化效果的影响规律。Vliet等(2015)基于模拟优化的方法,研究了付款延期对反向保理的影响,研究发现付款期限的长度可以用非线性的方式反映在供应商的融资成本中。Tanrisever等(2015)研究了反向保理是如何为供应链中的成员创造价值的,以及银行决定的融资成本利率、运营资金、付款期限延长和无风险利率如何影响其价值。陈中洁和于辉(2020)探讨了供应商资金约束背景下"买方驱动"反向保理对供应链运营的作用规律,运用极大极小法构建单供应商和单零售商组成的二级供应链模型,指出鲁棒决策能为反向保理时需求信息缺失的供应链提供有效而稳健的决策,降低信用违约风险,且供应商信誉损失风险不会成为零售商主导反向保理实施的阻碍。

二、多种融资模式共存时融资模式的比较研究

(一)内外部融资模式对比研究

供应链金融不仅在实践中得到了广泛的应用,为中小企业与农户解决资金困难问题提供了有效的方案,而且在学界也得到了广泛的关注,成为供应链管理方向的研究热点,近年来研究进展突飞猛进。此外,为了给企业提供更加有效、合理的融资方案,很多研究将不同的融资模式进行对比,尤其是内外部融资模式的对比。例如,占济舟和舒友国(2017)将零售商提前支付与银行应收账款融资模式进行对比,发现随着贷款利率的增加,零售商提前支付模式更具有优势,且提前支付可为零售商创造更高的融资价值。Hua等(2019)对比了银行信贷融资、担保融资与贸易信贷,发现贸易信贷能提升供应

链效率。类似的,Cao和Wang(2022)则在市场需求不确定且信息不对称的情况下,针对资金受限的零售商对比了担保信贷融资与贸易信贷融资模式。Zhang等(2023)也研究了资金受限的零售商面临的贸易信贷或银行信贷融资模式。也有学者针对制造商绿色投资资金受限而展开研究。Fang等(2020)对比了仅银行融资、买方部分预付款和银行融资相结合的混合融资方式、制造商无资金约束的基础模型。Zhang等(2020)比较了有无绿色投资的单渠道和双渠道下的最优绿色决策,确定了预付款融资下供应链的最优渠道策略。米力阳等(2023)分析了风险偏好、融资利率和自有资金对闭环供应链运营模式的影响,指出在自有资金较少时,零售商选择无偿延期支付模式对其更有利,而当自有资金较多时,零售商倾向于选择银行借贷模式;在转移支付额度满足一定条件时,市场开拓契约能够实现供应链帕累托改善,从而帮助成长型零售商捕获成长机会,实现快速发展。

(二)平台参与的融资模式对比研究

随着互联网时代数字化的发展,平台经济越来越受到重视,平台企业的兴起也给供应链金融注入了新鲜血液。随着新型主体的加入,新的融资方式也成为融资模式对比的重要研究内容。在关于平台参与的融资模式对比研究中,有学者研究两种融资模式的对比,Wang等(2019)考虑了网络零售商的电子商务平台融资,通过与银行信用融资相比,发现积极的电子商务平台融资能够实现供应链融资协调。而Rath等(2021)通过构建博弈论模型来分析和比较电子商务市场上资金受限的第三方卖家的银行信贷融资和平台信用融资模式。李丽君等(2022)针对由电商平台、一个资金约束制造商和一个竞争制造商组成的网络电商供应链系统,研究了电商借贷和银行借贷条件下,基于不同权力结构的资金约束的制造商定价及融资策略。

有学者针对三种融资模式的对比而展开研究。李志鹏等(2019)在市场需求随机情境下,对比了电商贷款、银行贷款、统一授信三种电商参与下的供应链金融融资收益与决策。Zhen等(2020)在第三方平台融资、零售商贸易信用融资与银行融资共存时,探究了存在资金限制的制造商的策略选择问题。类似的,Qin 等(2021)通过建立三种融资模式(平台融资模式、供应商信用融资模式和混合融资模式)下的优化模型,研究了资金受限的制造商的减排、产量和融资策略,发现制造商的融资策略选择取决于电商平台收取的佣金。此外,Tang 和 Yang(2020)、Yan 等(2021)、Yang 等(2021)及 Cai 和 Yan(2023)比较分析了传统银行融资模式和电商融资模式下供应链各成员的最优决策和利润,这些研究都表明,在线供应链融资策略更有利于提高企业效率。

三、资金约束下供应链的协调机制研究

在供应链成员进行高水平投资时,往往还会面临资金短缺的问题,此时他们将通过供应链金融的方式为自己筹集资金,这将导致在资金约束下对供应链协调机制的设计成为一个极为重要的研究问题(Seifert et al., 2013)。例如,Xiao 等(2017)在供应商存在资金约束的情景下考虑了银行信贷与贸易信贷两种融资模式,同时设计了改进的收益共享契约来协调供应链。王明征等(2017)考虑使用收益共享与贸易信贷相结合的机制以协调由供应商和多个零售商构成的供应链。郭金森等(2017)指出,当零售商资金不足而制造商为其提供贸易信贷和提前订货折扣契约时,制造商收益始终高于零售商无资金约束时其所得利润。Hua 等(2019)在需求不确定情形下研究了一个由供应商和资金受限的零售商构成的供应链,零售商通过期权契约订购产品且可向供应商申请贸易信贷。杨国华和刘斌(2020)在贸易信贷背景下,研究了退货策略对供应链及各成员库存运营策略选择的影响,研究表明,提供退货策略始终优于不提供退货策略,能通过平衡批发价和贷款利率使供应链及各成员都获益。Yan 等(2021)考虑了一个由两个资金受限的竞争型供应商和一个零售商组成的二级供应链,其中零售商可以向一个或两个供应商提供预付款。研究表明,零售商是否考虑仅与一个供应商合作取决于收益共享比例和收益共享契约的额外管理成本。Wu 等(2022)考虑了一个由资本受限的制造商和零售商组成的低碳供应链,分析了无融资的资本约束、贸易信贷融资和银行信贷

融资三种模式,发现低碳成本分担契约可以协调供应链,从而加强企业之间的合作。王伟等(2021)基于碳限额交易机制,考虑制造商和零售商的碳排放及碳限额,分别研究了供应链分散和集中决策模式下制造商和零售商的最优决策,从供应链协调的角度揭示了收益共享契约实现制造商和零售商利润帕累托改进的条件,且进一步研究碳限额、碳交易价格、碳排放量、利率等因素对最优决策结果的影响。

四、农业供应链融资模式与协调策略研究

供应链金融是一种解决中小企业资金约束、提高融资效率、降低融资成本的有效方案,是供应链管理与金融工程的交叉领域,近年来获得了国内外学者的关注(Xu et al.,2018)。在农业供应链中,农户由于受到资金匮乏的约束,很难扩大农业种植规模和进行数字化转型升级,因此为农户解决资金困难的农业供应链融资策略的研究越来越受到关注。例如,叶飞等(2017)分析了银行融资下具有产出不确定的农户的资金约束对农户最优选择策略和公司经营决策的影响。黄建辉等(2017)在订单农业供应链中,研究了贷款保证保险及政府补贴对供应链成员决策等的影响。陈永辉等(2018)通过分析核心企业主导的农业供应链金融贷款服务定价模型,提出了农业供应链金融的贷款服务定价规则和生产决策,并用数值计算证明了其可行性。Bergen等(2019)研究了资金约束下农业供应链中传统定价契约和硬收费、契约农业等对供应链利润的影响。朱雷等(2019)在"公司+农户"模式下,研究了银行融资和公司融资两种融资模式,得到了最优订单农业契约的条件。彭红军和庞涛(2020)基于农业补贴政策,通过构建和求解序贯博弈模型,研究了农户、农资经销商和农产品收购商在农户从金融机构融资的情境下的最优策略。王文利和郭娜(2020)则构建了由企业和农户组成的订单农业供应链模型,研究了当农户面临资金约束时订单农业供应链的融资均衡问题。史立刚等(2020)在面临资金约束及农产品产出随机性的农业供应链中,发现带有价格折扣的提前付款融资无法实现供应链双方的帕累托改进。

针对多种融资模式共存时融资模式的比较研究,部分学者在传统农业供应链中对比各种内外部融资模式。郭娜和王文利(2020)基于"保底收购,随行就市"的订单价格机制,构建了"公司＋农户"型订单农业供应链模型,求解了外部融资均衡和内部融资均衡,分析了收购公司和农户对外部融资方式和内部融资方式的选择意愿及订单农业供应链的融资方式选择结果。林强等(2021)在产出不确定条件下构建了由单个资金约束的农户和单个资金充裕的公司组成的订单农业供应链的内部融资决策模型。而叶飞等(2021)在产需不确定条件下构建了由公司与资金约束的农户构成的订单农业供应链,得到了农户在面对银行信贷、贸易信贷、组合信贷时的最优决策选择策略。也有学者开始关注平台与农业供应链的关系,从实践出发,部分文献研究了平台参与下的农业供应链融资模式对比研究,这些与本书的研究息息相关。例如,霍红等(2020)在产出不确定条件下构建了由单一农户与电商平台组成的农业供应链,其中资金约束的农户可以选择银行融资或电商融资,他们发现电商提供的贷款利率在一定范围内时,可以实现电商和农户的共赢。Yi等(2021)在需求随机下构建了一个由销售平台和资金约束的农户组成的农业供应链,对比分析了银行融资、直接融资和担保融资,研究表明,当生产成本较低但平台佣金足够高时,农户偏向于直接融资。Bai和Jia(2022)构建了银行融资和电商融资策略下农户与电商的Stackelberg博弈模型,考虑了产出不确定性和农户的风险态度,他们发现当电商利率较低时,低风险厌恶的农民更愿意选择电商融资策略。

第四节 产出不确定的相关研究

一、企业运营优化的视角

学界关于产出不确定的研究主要分为两大类,一类是从企业运营优化的角度进行分析,另一类则基于供应链协调视角进行研究。基于企业运营优化的视角考虑产出不确定对库存和生产的影响已有较多研究,也有学者开始关注产出不确定下的不完美商品、定价策略、供货承诺等情况。

左晓露等(2014)研究了随机产出率和响应性定价策略的关系,并指出在该策略下,随机产出率和市场需求越大,供应链成员的利润越高;而随机产出率和市场需求的不确定性增大,会导致供应链各成员的利润先增加后减少。Moussawi Haidar等(2016)研究了生产不确定情况下对于不完美商品的打折销售和返工两种处理方式。蔡建湖等(2017)指出供应商的供货承诺在一定条件下可提升供应商的收益,并使整条供应链获得帕累托改进,但是零售商可能会在供货承诺中受损。Du等(2018)研究了零售商和供应商都是损失厌恶偏好的两阶段模型,指出零售商的最优订货量可能会导致批发价格的上升和零售价格的下降。蔡建湖等(2023)考虑了仅有一个供应商产出不确定和两个供应商产出均不确定的两种决策情形,研究了每种情形下供应商的最优生产投入量决策,指出仅有一个供应商产出不确定时,装配商选择的任一大于市场需求的承诺订货量都对应着一个唯一的缺货成本边界,如果实际缺货成本超过该边界,则装配商能在该承诺订货量下获得相对于未引入承诺订货量契约时更高的期望利润。

在制造业中,中小供应商往往会面临产出不确定性的风险(Keren,2009)。在农业供应链中,产出不确定性更为明显,极大地限制了供应链的收益(叶飞等,2017)。目前已经有众多国内外学者针对该问题进行了研究。近年来,关于产出不确定性的影响的研究主要包括对价格、对供应链决策、对供应链利润与运营的影响等。例如,Wang等(2014)、Begen等(2016)、Cong等(2020)研究了产出不确定性对生产决策和成本的影响。Li等(2017)在市场需求与制造商的生产收益率都是随机的情况下,分析了产量随机波动率对双方最优经营策略和绩效的影响。彭红军等(2019)通过研究也发现,农产品的产量和期望利润均随着农产品产量变动性的提高而降低。关于产出不确定性对价格影响的研究中,叶飞和林强(2015)探究了农产品产出水平及现货价格与随机产出率之间的相关性;孙彩虹等(2022)研究了产出不确定风险对新产品的正常销售定价、生产商的利润所带来的鲁棒冲击,发现产出不确定风险波动越大,新产品预售价格的折扣率应越小。

二、供应链协调的视角

国内外研究主要包括产出不确定情况下期权契约、退货模式、订单惩罚、收益共享、风险共享、成本分担等协调契约对供应链的影响。Yano 和 Lee(1995)对供应商产出不确定下的供应链模型进行综述,归纳了三种主要的随机产量函数,着重研究了批量订货情况下的单周期和多周期供应链协调模型,对比随机产出情景下集中决策和分散决策对供应链绩效的影响。王永龙和蹇明(2017)进一步指出,在产出随机情况下,供应商的回购和成本风险分担等行为能使整条供应链实现帕累托改进。陈静等(2020)则从购买商业保险的角度研究如何降低产出不确定可能带来的损害,指出了制造商应在何种情况下购买保险。王道平等(2023)在区块链背景下研究了供应链协调融资策略,利用定量模型刻画应用区块链技术对产出不确定的预测作用,指出贷款企业的期望利润随着区块链技术应用程度的提高而先减后增,当供应商产出波动的均值较大时,银行的期望利润随着区块链技术应用程度的提高而增加。Anderson 和 Monjardino(2019)探究了产出不确定情况下具有供应商、种植者、买方的三层农业供应链,并设计了一种新型合同结构,在这种结构下能够规避风险,并且能协调供应链。宋驰等(2022)考虑由一个制造商和一个零售商组成的农产品供应链,由于农产品生产的不确定性,他们假定制造商在固定投入下产量是随机的,分别研究了制造商的最优生产量与零售商的最优定价问题,指出采用收益共享契约与生产成本共担契约能够实现整条供应链的协调。杨浩雄等(2023)针对二级农产品供应链产出不确定性,构建了核心企业为资金约束农户提供内部融资的模型,通过求解最优化的农产品订购量、投产量并进行算例分析,提出内部融资服务规则及最优生产运作策略。

除此之外,还有学者研究产出不确定性对供应链利润与运营的影响。沈建男和邵晓峰(2020)研究了资金约束供应链最优付款方式问题,分析了产品生产不确定性、生产能力等因素对供应链运营决策的影响。除了考虑供给一端的不确定性,Hu和Feng(2017)还在需求不确定性的条件下,建立了具有收益共享契约的供应链模型,分析了供应链双方的最优决策和最优策略,并得到了实现供应链协调的必要条件。彭红军和庞涛(2018)研究了同时拥有银行融资与预付款融资两种融资方式时,市场与供给的两端不确定性对融资决策的影响。Ye等(2017)分析了产量不确定性、需求不确定性和农民风险厌恶程度对供应链成员最优决策的影响,进一步研究发现,包括收益分担比、成本分摊比和保证货币在内的协调合同的可行性,取决于农户风险厌恶程度的变化及产量和需求不确定性的大小。

第五节 文献述评

基于对已有相关文献的总结与回顾,可以发现,国内外学者对数智时代供应链管理、农业供应链管理、供应链金融理论及产出不确定的相关研究已经取得了一些进展,为本书的研究提供了有力的理论参考与指导,但是对于数智时代农业供应链金融理论的研究仍然存在一些不足,具体如下。

(1)现有的关于数字赋能的研究大多考虑数字赋能对市场需求的影响,缺乏从供应链的角度定量分析数字赋能对产品产出的影响。现有关于数字赋能的定量研究大多都是考虑通过数据赋能、品牌赋能、区块链技术赋能等提高消费者的市场需求,从而提高供应链绩效,且只有少数通过案例研究或实证方法分析数字赋能对产出的影响。现实中随着数字化技术的发展,各行各业都在寻求数字化转型升级从而提高生产效率,农业供应链也不例外。因此,有必要从定量的角度对数字技术赋能产出端的影响,以及对供应链交易过程中的数字技术赋能水平或维度等视角进行研究,为农业经济数字化转型提供参考。

(2)现有农业供应链管理研究主要关注供应链运营优化,更多为单一考虑协调契约及金融风险管理。国内外已有较多实证研究探讨农业供应链中的银行融资和政企担保,但大多采用的是实证研究的方法,对银行融资和政企担保的概念和价值进行定性描述,并且大多数只关注融资模式的选择,很少结合各类契约协调机制展开研究。为了更全面地理解农业供应链的金融风险管理问题,需要进一步深入研究协调契约和金融风险管理之间的相互关系。特别是在银行融资和政企担保方面,需要结合各类契约协调机制来进行研究,以探索更加综合和有效的供应链风险管理策略。

(3)供应链金融领域已有较多关于融资模式的决策和对比研究,但融资模式和合作策略的研究在农业供应链管理领域尚显不足。当前的研究在农业供应链金融方面主要关注单一的融资模式选择,缺乏对合作策略的深入研究。考虑到农户和零售商的风险厌恶特征及农业供应链的产出不确定性,研究不同情境下农业供应链融资模式和合作策略,尤其是研究供应链成员如何选择融资策略,有助于推动农业供应链金融的进一步发展。因此,未来的研究应该更加关注融资模式和合作策略之间的综合分析,以及供应链成员如何根据特定情境做出最优选择,为农业供应链提供更具灵活性和适应性的融资策略选择。

(4)供应链管理领域已有较多结合数字技术的研究,而对于数字技术应用于农业的供应链研究仍方兴未艾。随着数字化转型浪潮的兴起,农业供应链也面临着新的挑战和机遇,数字技术的广泛应用为农业供应链带来了巨大的潜力。然而,当前对数字技术在农业供应链中的应用研究还相对较少。尽管数字技术在其他行业的供应链管理中取得了显著成果,但农业供应链的特殊性和复杂性给数字技术的应用带来了一定的挑战性。因此,有必要加强对数字技术在农业供应链中的应用研究,以实现农业供应链的现代化和智能化。

第三章　平台数字赋能下农业供应链融资与协调策略研究

第一节　引　言

由于人口迅速增长,到2050年,全球粮食产量必须翻一番才能满足人类的粮食需求。然而,根据联合国粮食及农业组织的数据,全球每年因虫害而损失多达40%的农作物产量(Wu et al.,2017)。虽然种植技术的发展能显著提高农作物产量,但这些技术仍然存在一定的局限性。例如,传统温室的浇水和施肥都是根据种植经验进行的,往往与农作物生长的需求不一致,阻碍了农作物进一步增产,因此亟需现代化农业种植技术来提高农作物的产量。

目前,物联网、云计算和区块链等数字技术为进一步提高农作物产量带来了希望。例如,在中国安徽省合肥市长丰县,农户利用新型智能温室中的各种传感器实现了对温度、光照、土壤湿度等的及时监测,以更好地控制水分、温度和营养素。虽然数字技术可以进一步提高农产品的产出,但大多数农户难以承担所需的投资。2022年,中国数字经济规模达到50.2万亿元,占GDP的41.5%。然而,数字经济对农业行业的渗透率仅为10.5%,远低于第三产业的44.7%。

近年来,平台为农业行业实施数字技术提供了新的机会。一些平台不仅帮助农户销售农产品,还利用数字技术来辅助农业种植,以提高农产品产量,即"平台数字赋能"(platform digital empowerment,PDE)(Xiao et al.,2020)。

尽管平台与农户之间的订单农业对农业供应链(agricultural supply chain, ASC)有利,但由于谈判力量的不平衡,这种合作可能会失败(Cao et al., 2022)。具体而言,一方面,平台可能认为向农户提供数字技术的成本过高;另一方面,农户可能不接受平台的数字赋能,因为平台在赋能的同时会要求农户降低批发价格。因此,有必要分析农产品供应链中的平台数字赋能的采用问题。

尽管平台可以为农户提供数字技术,但其在种植技术应用方面的成本可能过高。在许多发展中国家,大多数农户都缺乏财务资源来购买农业设备和其他投入品(Yi et al.,2021)。这种资金短缺可能对农业供应链产生严重的负面影响。目前已有各种融资方法来帮助农户,包括商业银行、非营利组织和政府领导的农户支持计划等。最常见的融资形式是银行信用贷款。然而,大多数农户缺乏可靠的信誉和有价值的担保物来获取银行融资。此外,农业行业容易受到天气、害虫和疾病等不可预测的自然条件的影响。例如,在2005年至2015年间,发展中国家因自然灾害导致大约960亿美元的农作物和牲畜损失。不言而喻,这种产出的高度不确定性加剧了农户的融资困难。

农户缺乏融资渠道也可能对平台造成伤害。因此,平台可能愿意直接为农户的种植活动提供资金支持。本质上,这种平台融资类似于银行融资,农户具有有限责任,并通过销售所获得的收入偿还贷款。农户的融资方式会影响他们与平台之间的合作关系。因此,需要进一步研究在平台数字赋能的新背景下,银行融资或平台融资对供应链的影响。表3.1介绍了一些平台数字技术赋能和融资服务的案例。

表3.1　平台数字技术赋能和融资服务的案例

公司	措施	特点
沃尔玛	沃尔玛推出了一个新的农业计划,帮助农户建设温室,并雇佣农业专家指导农户如何预防和控制害虫	赋能
京东	自2015年以来,京东与一个柑橘园建立了一个"智能农场",通过"害虫光"技术监控作物病虫害情况,2021年实现了150万~200万千克的年产量,整个数字化果园的产量翻了一番。京东于2015年推出的小额贷款计划"京农贷"使农户可以申请无需任何抵押品的生产贷款	赋能和融资

续表

公司	措施	特点
阿里巴巴	2020年7月,阿里巴巴和一家公司建立了一个数字化的蔬菜工厂。借助阿里巴巴的物联网平台,工厂经理可以实时远程监测温度、湿度和pH值,预计每亩产量将增加4~6倍。阿里巴巴推出了针对农户的互联网小额贷款产品"网农贷",具有无抵押、低利率和快速放款的特点	赋能和融资
阿格罗菲	阿格罗菲为农户和农业企业提供交易监管、物流和金融服务,引领着拉美农业市场	融资
拼多多	拼多多推出了"多多农业研究科技大赛",孵化了温室种植、无土栽培、人工智能种植等项目	赋能
云农场	云农场与多家银行合作推出了"云农宝",以满足农户在生产过程中的资金需求。截至2015年,它已为农户提供了5000万元的低息贷款。此外,云农场的"农技通"可以为农户提供农业技术服务	赋能和融资

根据以上研究背景,提出本章的研究问题:(1)在产出不确定的情景下,农户如何选择融资模式,是否选择平台数字赋能?(2)在不同的融资模式下,采用平台数字赋能需满足什么条件,以及如何为平台和农户创造价值?(3)不同的融资模式如何影响供应链采用平台数字赋能?

为了回答这些研究问题,本章考虑了一个由农户和平台组成的订单农业供应链。农户采用先进的种植技术,而平台拥有可以进一步改善农业生产的数字技术。由此建立分析模型,以分析具有或不具有平台数字赋能的两种不同融资模式(银行融资和平台融资),推导出农户和平台的融资均衡条件。本章也给出平台数字赋能的价值及农户从中获益的条件。此外,本章还研究了融资模式和平台数字赋能之间的相互作用。为了改善农户和平台之间的合作关系,本章建立并分析了一个带有成本分担合同的扩展模型。通过这些研究,本章的研究贡献如下。

现有关于数字赋能的研究大多考虑数字赋能对市场需求的影响,只有少数通过案例研究或实证方法考虑数字赋能对产出的影响。本章采用博弈模型对农业供应链中数字赋能的影响进行了量化分析,其中平台数字赋能被用来增加农产品的产量。结果表明,平台始终从数字技术赋能中受益,但农户可能处于劣势。本章创新性地在数字赋能背景下比较银行融资和平台融资,并且同时考虑平台向农户提供数字技术赋能和贷款服务。

本章考虑了数字赋能后平台和农户之间的成本分担合同,确定了在银行融资或平台融资下的潜在帕累托改进机会。以往大多数研究只考虑了融资模式选择或合同协调,而很少同时考虑两者。因此,本章可以提供在农业数字化背景下"农户—企业"合作的管理见解,为深入理解PDE和融资模式对农企的影响提供了新的见解。同时,本章的研究方法和结果也为农业数字化背景下的管理决策提供了实践指导。

第二节 模型描述

本章考虑一个资金受限的农户(F),他种植农产品并将其销售给一个电商平台(P),单位批发价格为 w。然后,该平台以单位零售价 p 出售这种产品,其中 $p > w$。假定该平台购买农户生产的全部产量,这在农业供应链模型中是常见的假设(Niu et al.,2016;2021)。

受天气条件和其他不可控因素的影响,种植季节结束时农产品的产量水平取决于农田单位面积产量(Ye et al.,2017;Yi et al.,2021),单位面积的产量用随机变量 x 表示(Alizamir et al.,2019)。为了简化分析,假设 x 服从两点分布(Huang et al.,2018)。当没有自然灾害发生时,农产品的产出率为 $x = 1$,概率为 β,$0 < \beta \leqslant 1$。当农业种植被自然灾害中断时,农户没有收成($x = 0$),概率为 $\bar{\beta} = 1 - \beta$。这个假设在供应风险或中断文献中被广泛使用(Tang et al.,2014;Dong et al.,2023)。此外,它也是现实的。例如,在2021年,河南省全省农作物受灾1470万亩,其中成灾970万亩、绝收570万亩①。

在模型中,将农户的种植技术应用(planting technique application,PTA)水平表示为 e_F,可以解释为购买农业机械或者使用新的种植技术所带来的结果。根据之前的研究,如Niu等(2016),假设农户的PTA成本为 $\eta_F e_F^2 / 2$,其中

---

① 详见:http://www.henan.gov.cn/2021/08-04/2195869.html。

η_F是成本系数。因此,农产品的总产量为$Q^N = (1 + \alpha e_F)xq$,其中α表示种植技术应用水平对单位种植面积的敏感系数,q表示农户种植面积的数量。当$e_F = 0$时,$Q^N = xq$,这表明农户使用的是基本种植技术而不是先进的种植技术。参考Niu等(2016),我们假设q是外生的,这与智慧农场的固定种植面积这一现实情况相符合。为简单起见,农产品的生产成本统一为零(Niu et al., 2016;2021)。

本章使用e_P来表示平台数字赋能水平,如平台在数字技术方面的投资。值得注意的是,e_P或e_F中的任何一个都可以更大,因为它们之间没有直接关系。根据Xiao等(2020)和Liu等(2021),假设平台数字赋能成本为$\eta_P e_P^2/2$,其中η_P是成本系数。因此,通过PDE,农产品的总产量变为$Q^P = (1 + \alpha e_F + \gamma e_P)xq$,农户的PTA成本变为$\rho \eta_F e_F^2/2$,其中$\gamma$表示平台数字赋能水平对单位种植面积的敏感系数,$\rho$表示在平台数字赋能后PTA成本系数的变化强度。$0 < \rho < 1$表示PDE降低了PTA的成本系数。这可能是由于农户使用了较少的化肥和农药。$\rho > 1$表示平台数字赋能增加了PTA的成本系数,这可能是由于学习数字技术的成本较高。

本章考虑了农户在PTA中受资本限制的情况,即没有初始运营资本(Jing et al., 2012;Tang et al., 2017;Yi et al., 2021)。但是他们可以从银行或平台借款,借款利率分别为r_1或r_2。我们假设r_1和r_2是外生给定的(Yi et al., 2021),原因如下:在实际操作中,银行或平台同时处理许多农户,因此对于特定农户来说,银行或平台调整其利率可能并不现实。例如,中国农业银行的贷款利率为4.35%,而京东金融的"京农贷"利率为0.54%~1.00%。在不考虑PDE的情况下,贷款金额为$L = \eta_F e_F^2/2$;在考虑PDE的情况下,贷款金额为$L = \rho \eta_F e_F^2/2$。

在银行融资中,平台向农户支付订单费用wQ,农户向银行偿还贷款本金和利息$L(1 + r_1)$。如果农户破产,银行将承担相应的损失$L(1 + r_1) - wQ$。在平台融资中,平台在扣除贷款和利息后向农户支付剩余购买资金$wQ -$

$L(1+r_2)$。如果农户破产,平台将不会向农户支付订单费用,并承担剩余损失 $L(1+r_2)-wQ$。

交易过程如图3.1所示,主要流程如下:

(1)平台与农户签署购买订单。

(2)农户选择银行融资或平台融资。

(3)平台确定批发价格 w。

(4)农户确定PTA水平 e_F,若平台提供赋能,则确定PDE水平 e_P。

(5)农户向银行或平台申请获得贷款 L。

(6)农户种植农产品。在没有灾害时,产量为 $Q_1^N=(1+\alpha e_F)q$(不考虑PDE情况)或 $Q_1^P=(1+\alpha e_F+\gamma e_P)q$(考虑PDE情况)。当发生灾害时,产量为零。

(7)农户将农产品交给平台,然后平台以零售价格 p 销售给消费者。

(8)平台支付货款,农户偿还贷款。

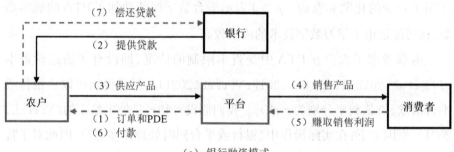

(a)银行融资模式

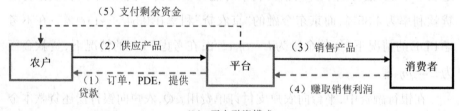

(b)平台融资模式

图3.1　两种融资模式的示例说明

此外,为确保均衡解为正,假设在银行融资和平台融资中分别有 $0 <$ $\eta_F < \dfrac{P\alpha^2 q}{1+r_1} \min\left(\dfrac{\eta_P}{\rho M},\ 1\right), 0 < \eta_F < \dfrac{P\alpha^2 q}{1+r_2} \min\left(\dfrac{\eta_P}{\rho M},\ 1\right)$。

为了简化表达,记: $M = \eta_P + \beta p\gamma^2 q, K = \beta\eta_P p\alpha^2 q, N = \beta\rho\eta_F(1+r_1)$, $Z = \beta\rho\eta_F(1+r_2), [y]^+ = \max\{0,\ y\}$。表 3.2 列出了模型的关键参数和决策变量。

表 3.2　本章符号和描述

符号	含义
w	单位批发价格
e_F	PTA 水平(决策变量)
e_P	PDE 水平(决策变量)
Q	农产品的总产量
x	随机产出因子,服从 0—1 分布
β	农户正常产量的概率,$0 < \beta \leqslant 1, \bar{\beta} = 1 - \beta$ 表示破产风险
p	单位零售价格,$p > w$
q	农产品种植规模,$q > 0$
r_i	贷款利率,$i = 1$ 表示银行贷款,$i = 2$ 表示平台贷款,$0 \leqslant r_i \leqslant 1$
ρ	平台数字赋能后种植技术运用成本系数的变化强度,$\rho > 0$
α	种植技术运用水平对单位种植面积的敏感性系数,$\alpha \geqslant 0$
γ	平台数字赋能水平对单位种植面积的敏感系数,$\gamma \geqslant 0$
η_F	农户种植技术运用的成本系数,$\eta_F \geqslant 0$
η_P	平台数字赋能的成本系数,$\eta_P \geqslant 0$
λ	平台分担农户的种植技术运用成本比例,$\bar{\lambda} = 1 - \lambda, 0 < \lambda \leqslant 1$
φ	农户分担平台的数字技术赋能成本比例,$\bar{\varphi} = 1 - \varphi, 0 < \varphi \leqslant 1$
Π_j	期望利润函数,$j = F$ 代表农户,$j = P$ 代表平台

第三节　不考虑平台数字赋能的融资模式分析

一、BN模型和PN模型

在BN模型中,农户在不考虑平台数字赋能情况下从银行获得贷款,并且平台从农户购买农产品并将其销售给消费者。在这种情况下,农户和平台的预期利润分别为

$$\Pi_F^{BN} = \left[wQ^N - \frac{1}{2}\eta_F e_F^2(1+r_1) \right]^+ = \beta \left[wQ_1^N - \frac{1}{2}\eta_F e_F^2(1+r_1) \right] \tag{3.1}$$

$$\Pi_P^{BN} = \left[(p-w)Q^N \right]^+ = \beta(p-w)Q_1^N \tag{3.2}$$

【引理3.1】在BN模型中,最优的PTA水平和批发价格分别为

$$e_F^{BN} = \frac{p\alpha^2 q - \eta_F(1+r_1)}{2\alpha\eta_F(1+r_1)}, w^{BN} = \frac{p\alpha^2 q - \eta_F(1+r_1)}{2\alpha^2 q}。$$

根据引理3.1,农户和平台的最优预期利润分别为

$$\Pi_F^{BN} = \frac{\beta \left[p\alpha^2 q - \eta_F(1+r_1) \right] \left[p\alpha^2 q + 3\eta_F(1+r_1) \right]}{8\alpha^2 \eta_F(1+r_1)},$$

$$\Pi_P^{BN} = \frac{\beta \left[p\alpha^2 q + \eta_F(1+r_1) \right]^2}{4\alpha^2 \eta_F(1+r_1)}。$$

根据引理3.1,在 $p > \eta_F(1+r_1)/(\alpha^2 q)$ 或 $q > \eta_F(1+r_1)/(\alpha^2 p)$ 的情况下,均衡解是有意义的并且农户可以获利。这表明只有零售价格较高的农产品才能使用新的种植技术盈利,或者只有当农户的种植规模达到较高水平时,才需要采用新的种植技术。

在PN模型中,农户在不考虑PDE的情况下从平台获得贷款。在这种情况下,平台帮助农户销售农产品和提供融资。农户和平台的最优预期利润分别为

$$\Pi_F^{PN} = \left[wQ^N - \frac{1}{2} \eta_F e_F^2 (1 + r_2) \right]^+ = \beta \left[wQ_1^N - \frac{1}{2} \eta_F e_F^2 (1 + r_2) \right] \tag{3.3}$$

$$\Pi_P^{PN} = \left[(p - w)Q^N \right]^+ + \frac{1}{2} (\beta r_2 - \bar{\beta}) \eta_F e_F^2 = \beta (p - w) Q_1^N + \tag{3.4}$$

$$\frac{1}{2} (\beta r_2 - \bar{\beta}) \eta_F e_F^2$$

【引理3.2】在PN模型中,最优的PTA水平和批发价格分别为

$$e_F^{PN} = \frac{\beta \left[p\alpha^2 q - \eta_F (1 + r_2) \right]}{(1 + \beta + \beta r_2) \alpha N_F}, \quad w^{PN} = \frac{\beta \left[p\alpha^2 q - \eta_F (1 + r_2) \right](1 + r_2)}{(1 + \beta + \beta r_2) \alpha^2 q}。$$

根据引理3.2,农户和平台的最优预期利润分别为

$$\Pi_F^{PN} = \frac{\beta^2 (1 + r_2) \left[p\alpha^2 q - \eta_F (1 + r_2) \right] \left\{ 2\eta_F + \beta \left[p\alpha^2 q + \eta_F (1 + r_2) \right] \right\}}{2\alpha^2 \eta_F (1 + \beta + \beta r_2)^2},$$

$$\Pi_P^{PN} = \frac{2\beta \left[p\alpha^2 q + \beta \eta_F (1 + r_2)^2 \right] (\eta_F + \beta p\alpha^2 q) + \beta^2 (\beta r_2 - \bar{\beta}) \left[p\alpha^2 q - \eta_F (1 + r_2) \right]^2}{2\alpha^2 \eta_F (1 + \beta + \beta r_2)^2}$$

二、不考虑平台数字赋能情况下的融资模式比较

本部分通过比较BN模型和PN模型中的均衡解,探讨了在不考虑PDE的情况下,不同融资模式的影响及成员的融资模式偏好。

【命题3.1】当$r_1 = r_2 = r$时,有:

(1) 若$0 < \beta \leqslant 1/2$,或$1/2 < \beta < 1$且$0 < \gamma < \bar{\beta}/\beta$,则$e_F^{PN} < e_F^{BN}$,$w^{PN} < w^{BN}$,$\Pi_F^{PN} < \Pi_F^{BN}$。

(2)若$1/2 < \beta < 1$且$\bar{\beta}/\beta \leqslant r < 1$,则$e_F^{PN} \geqslant e_F^{BN}$,$w^{PN} \geqslant w^{BN}$,$\Pi_F^{PN} \geqslant \Pi_F^{BN}$。

命题3.1表明,在不考虑PDE的情况下,如果银行融资和平台融资的贷款利率相同,当破产概率高于不破产概率时,平台融资下的PTA水平和农户预期利润会较低。此外,平台也会给农户提供较低的批发价格。这是因为当破产概率较高时,平台在平台融资下承担较大的贷款风险,为了减少损失,平台

会为农户提供较低的批发价格,这就会导致农户降低PTA水平。此外,当种植规模保持不变时,减少的农产品产量和批发价格将对农户造成损害。在银行融资下,银行承担贷款风险。因此,平台可以向农户提供较高的批发价格。此时,农户的PTA水平和利润将会更高。

如果破产概率较小且贷款利率较低,农户在平台融资下的PTA水平、利润和批发价格将会更高。这是因为当破产风险较小时,只有贷款利率影响农户的融资模式选择。当贷款利率较低时,在平台融资下,平台会向农户提供较低的批发价格,而农户会降低PTA水平以减少投资成本。因此,减少的产量和批发价格将会对农户造成损害。相反,当贷款利率较高时,平台可以通过贷款盈利并在平台融资下销售农产品。因此,平台会向农户提供较高的批发价格。最终,在平台融资下,农产品产量和农户的利润都会更高。

因此,在不考虑PDE且贷款利率相同的情况下,如果存在较高的重大自然灾害可能性,农户应选择银行融资,将供应链风险转移给银行。在这种情况下,平台应该提高批发价格,以激励农户提高PTA水平。如果这种可能性较低,则农户需要综合考虑贷款利率和破产风险来确定融资模式。出人意料的是,贷款利率较低的农户应选择银行融资,而贷款利率较高的农户应选择平台融资。

【命题3.2】当$r_1 \neq r_2$,有:

(1)若$\hat{r}_2 \leqslant r_2 < 1$,或$0 < r_2 < \tilde{r}_2$且$0 < \beta < \beta_1$,则$e_F^{PN} < e_F^{BN}$;若$0 < r_2 < \hat{r}_2$且$\beta_1 \leqslant \beta < 1$,则$e_F^{PN} \geqslant e_F^{BN}$。

(2)若$\tilde{r}_2 \leqslant r_2 < 1$,或$0 < r_2 < \tilde{r}_2$且$0 < \beta < \beta_2$,则$w^{PN} < w^{BN}$;若$0 < r_2 < \tilde{r}_2$且$\beta_2 \leqslant \beta < 1$,则$w^{PN} \geqslant w^{BN}$。

(3)$\hat{r}_2 < \tilde{r}$,若$r_2 > r_1$,则$\beta_1 > \beta_2$,否则$\beta_1 \leqslant \beta_2$。

命题3.2表明,在不考虑数字平台赋能的情况下,如果银行融资和平台融资的贷款利率不同,当r_2大于某个阈值(其大小与r_1相关)时,在平台融资下PTA水平和批发价格会较低。这是因为当r_2较大($\hat{r}_2 \leqslant r_2 < 1$)时,农户的贷款成本增加,从而降低PTA水平。批发价格与r_2适中时($\hat{r}_2 \leqslant r_2 < \tilde{r}_2$)的不破

产概率相关。当r_2较大时($\tilde{r}_2 \leqslant r_2 < 1$),平台无法提供较高的批发价格,甚至可能继续使农户受益,减少自身利润。

当r_2低于某个阈值时,如果破产风险较高,在平台融资下的PTA水平和批发价格会较低;当破产风险较低时,在平台融资下的PTA水平和批发价格会更高。原因如下:在平台融资中,平台承担了贷款风险,高破产风险增加了平台所承担的风险。因此,平台降低了批发价格,以激励农户降低PTA水平。在这种情况下,农户的总贷款金额较低,进一步减少了平台的贷款风险。相反,较低的破产风险激励平台提高批发价格,并促使农户提高PTA水平,从而最终提高了产量和供应链性能。

图3.2表明了在不考虑数字平台赋能下供应链成员的融资模式选择。参考Huang等(2018)的参数设定,假设$p=5,q=8,\alpha=1,\gamma=0.7,\eta_F=5,r_1=0.3,\eta_P=15$。在图3.2中,线$LB_1$表示$\Pi_P^{PN}=\Pi_P^{BN}$,线$LB_2$表示$\Pi_F^{PN}=\Pi_F^{BN}$,线$LB_3$表示$r_2=r_1$。区域Ⅰ表示平台和农户选择平台融资,即$\Pi_P^{PN}>\Pi_P^{BN}$和$\Pi_F^{PN}>\Pi_F^{BN}$;区域Ⅱ表示平台选择银行融资,农户选择平台融资,即$\Pi_P^{PN}<\Pi_P^{BN}$和$\Pi_F^{PN}>\Pi_F^{BN}$;区域Ⅲ表示平台选择平台融资,农户选择银行融资,即$\Pi_P^{PN}>\Pi_P^{BN}$和$\Pi_F^{PN}<\Pi_F^{BN}$;区域Ⅳ表示平台和农户选择银行融资,即$\Pi_P^{PN}<\Pi_P^{BN}$和$\Pi_F^{PN}<\Pi_F^{BN}$。

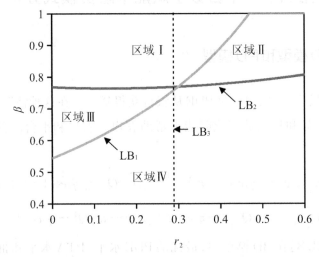

图3.2　不考虑PDE的融资模式选择

图3.2表明,如果平台的贷款利率较低(即$r_2 < r_1$),只有在破产风险非常低的情况下,农户才能从平台融资中受益更多,这对平台也更有利。如果平台的贷款利率较高(即$r_2 > r_1$),只有在破产风险非常低且平台的贷款利率不太高的情况下,平台才能从平台融资中受益更多,这也有利于农户。

此外,通常认为平台提供的贷款利率越低,提供贷款服务所获得的利息收入就越低,这使平台更不可能提供此类服务。然而,当平台设置较低的贷款利率时,它变得更愿意向农户提供贷款服务。这种现象背后的原因是,通过提供较低的贷款利率,平台使农户能够获得更多的资金,农户可以利用这些资金来提高PTA水平,因此,这将导致产量增加。由于平台通过销售更多农产品而产生的额外利润超过了较低利率对其利润的负面影响,导致平台可以从设置较低的利率中获益,理想情况下,甚至可以提供给农户无息贷款。

综上所述,在不考虑PDE的情况下,当破产风险和平台贷款利率都很低时,双方都应选择平台融资;当破产风险和平台贷款利率都很高时,双方都应选择银行融资;在其他情况下,平台融资将对平台或农户造成损害,因此,农户只能选择银行融资。

第四节　平台数字赋能下融资模式分析

一、BD模型和PD模型

在BD模型中,农户通过PDE从银行获得贷款。在这种情况下,平台通过销售农产品和提供数字化赋能来帮助农户。农户和平台的预期利润分别为:

$$\Pi_F^{BD} = E\left[wQ^P - \rho\eta_F e_F^2(1+r_1)/2\right]^+ = \beta\left[wQ_1^P - \rho\eta_F e_F^2(1+r_1)/2\right] \quad (3.5)$$

$$\Pi_P^{BD} = E\left[(p-w)Q^P\right]^+ - \eta_P e_P^2/2 = \beta(p-w)Q_1^P - \eta_P e_P^2/2 \quad (3.6)$$

【引理3.3】在BD模型中,最优的PDE水平、PTA水平和批发价格分

别为

$$e_{\mathrm{P}}^{\mathrm{BD}}=\frac{\gamma\left(\beta p\alpha^{2}q+N\right)}{2\eta_{\mathrm{P}}\alpha^{2}-\gamma^{2}N},e_{\mathrm{F}}^{\mathrm{BD}}=\frac{\alpha\left(K-MN\right)}{\mathrm{N}\left(2\eta_{\mathrm{P}}\alpha^{2}-\gamma^{2}N\right)},w^{\mathrm{BD}}=\frac{K-MN}{\beta q\left(2\eta_{\mathrm{P}}\alpha^{2}-\gamma^{2}N\right)}.$$

根据引理 3.3，农户和平台的最优预期利润分别为：

$$\mathrm{II}_{\mathrm{F}}^{\mathrm{BD}}=\frac{\alpha^{2}\left(K-MN\right)\left[K+\left(2\eta_{\mathrm{P}}+M\right)N\right]}{2N\left(2\eta_{\mathrm{P}}\alpha^{2}-\gamma^{2}N\right)^{2}},\mathrm{II}_{\mathrm{P}}^{\mathrm{BD}}=\frac{\eta_{\mathrm{P}}\left(\beta p\alpha^{2}q+N\right)^{2}}{2N\left(2\eta_{\mathrm{P}}\alpha^{2}-\gamma^{2}N\right)}.$$

【推论 3.1】$\dfrac{\partial e_{\mathrm{P}}^{\mathrm{BD}}}{\partial\tau_{1}}<0,\dfrac{\partial e_{\mathrm{P}}^{\mathrm{BD}}}{\partial r_{1}}>0,\dfrac{\partial w^{\mathrm{BD}}}{\partial r_{1}}<0,\dfrac{\partial\mathrm{II}_{\mathrm{P}}^{\mathrm{BD}}}{\partial r_{1}}<0$。

由于银行贷款利率 r_1 增加，农户的 PTA 水平将下降，PDE 水平将增加，批发价格和平台利润将下降。贷款成本随着 r_1 增加而增加，因此农户将降低 PTA 水平。为了提高农业生产产出，平台将提高数字赋能水平，同时降低批发价格以抵消数字赋能导致的成本上升。然而，平台数字赋能水平成本的增加超过了降低的批发价格所带来的益处，平台的利润将随 r_1 增加而减少。因此，r_1 越低，平台越能获益。

在 PD 模型中，农户通过数字赋能从平台上获得贷款。在这种情况下，平台通过销售农产品、提供数字化赋能和融资服务来帮助农户。农户和平台的预期利润分别为

$$\mathrm{II}_{\mathrm{F}}^{\mathrm{PD}}=E\left[wQ^{\mathrm{P}}-\frac{1}{2}\rho\eta_{\mathrm{F}}e_{\mathrm{F}}^{2}(1+r_{2})\right]^{+}=\beta\left[wQ_{1}^{\mathrm{P}}-\frac{1}{2}\rho\eta_{\mathrm{F}}e_{\mathrm{F}}^{2}(1+r_{2})\right]\quad(3.7)$$

$$\begin{aligned}\mathrm{II}_{\mathrm{P}}^{\mathrm{PD}}&=E\left[(p-w)Q^{\mathrm{P}}\right]^{+}-\frac{1}{2}\eta_{\mathrm{P}}e_{\mathrm{P}}^{2}+\frac{1}{2}\left(\beta r_{2}-\overline{\beta}\right)\rho\eta_{\mathrm{F}}e_{\mathrm{F}}^{2}\\&=\beta(p-w)Q_{1}^{\mathrm{P}}-\frac{1}{2}\eta_{\mathrm{P}}e_{\mathrm{P}}^{2}+\frac{1}{2}\left(\beta r_{2}-\overline{\beta}\right)\rho\eta_{\mathrm{F}}e_{\mathrm{F}}^{2}\end{aligned}$$
(3.8)

【引理 3.4】在 PD 模型中，最优的 PDE 水平、PTA 水平和批发价格分别为

$$e_{\mathrm{P}}^{\mathrm{PD}}=\frac{\beta\gamma\left[p\alpha^{2}q+Z(1+r_{2})\right]}{(1+\beta+\beta r_{2})\eta_{\mathrm{P}}\alpha^{2}q-\beta\gamma^{2}Z(1+r_{2})},$$

$$e_{\mathrm{F}}^{\mathrm{PD}} = \frac{\alpha(K-MZ)}{\rho\eta_{\mathrm{F}}\big[(1+\beta+\beta r_2)\eta_{\mathrm{P}}\alpha^2 - \beta\gamma^2 Z(1+r_2)\big]},$$

$$w^{\mathrm{PD}} = \frac{(1+r_2)(K-MZ)}{(1+\beta+\beta r_2)\eta_{\mathrm{P}}\alpha^2 q - \beta\gamma^2 qZ(1+r_2)}。$$

根据引理3.4,农户和平台的最优预期利润分别为

$$\Pi_{\mathrm{F}}^{\mathrm{PD}} = \frac{\beta\alpha^2(1+r_2)(K-MZ)\Big(2ZM+\beta(1+r_2)\big\{K+[(2\eta_{\mathrm{P}}-M)Z]\big\}\Big)}{2Z\big[(1+\beta+\beta r_2)\eta_{\mathrm{P}}\alpha^2 - \beta\gamma^2 Z(1+r_2)\big]^2},$$

$$\Pi_{\mathrm{P}}^{\mathrm{PD}} =$$

$$\frac{\big(K+\beta\eta_{\mathrm{P}}(1+r_2)Z\big)\left\{Z\left[\dfrac{\alpha^2(\eta_{\mathrm{P}}+M)}{\beta(1+r_2)} - \gamma^2\left(\dfrac{2K}{\eta_{\mathrm{P}}}+Z\right)\right]+2\alpha^2 K\right\}+\alpha^2(\beta r_2-\overline{\beta})(K-MZ)^2}{\dfrac{2Z}{\beta(1+r_2)}\big\{(1+\beta+\beta r_2)\eta_{\mathrm{P}}\alpha^2 - \beta\gamma^2 Z(1+r_2)\big\}^2}$$

【推论3.2】(1) $\partial e_{\mathrm{P}}^{\mathrm{PD}}/\partial r_2 < 0$;

(2) 若 $0 < r_2 \leqslant \min(1, \bar{r}_2)$,则 $\partial e_{\mathrm{P}}^{\mathrm{PD}}/\partial r_2 < 0$ 且 $\partial w^{\mathrm{PD}}/\partial r_2 > 0$,否则 $\partial e_{\mathrm{P}}^{\mathrm{PD}}/\partial r_2 > 0$ 且 $\partial w^{\mathrm{PD}}/\partial r_2 < 0$。

根据推论3.2(1),平台贷款利率 r_2 增加会导致PTA水平下降。显然,当 r_2 增加时,农户的融资成本增加,从而降低了PTA水平。推论3.2(2)表明,当 r_2 较低时,数字赋能水平随着 r_2 的增加而减少,而批发价格随着 r_2 的增加而增加。这是因为当 r_2 较小时,PTA水平较高。因此,由PTA水平带来的产出增加能够使供应链获益,从而平台可以降低赋能成本。而且随着 r_2 的增加,农户将减少投资成本,并且平台的贷款收益较低,平台还会降低数字赋能水平以降低赋能成本。此外,平台将提高批发价格以鼓励农户提高PTA水平。相反,平台将提高数字赋能水平以增加产出,并提供较低的批发价格。因此,在为农户融资时,平台应通过降低贷款利率来激励农户提高PTA水平,而不是增加批发价格。

二、平台数字赋能情况下的融资模式比较

本部分通过比较BD模型和PD模型中的均衡解,探讨了在考虑PDE的情况下对融资模式的影响。

【命题3.3】当$r_1 = r_2 = r$,有:

(1)若$0 < \beta \leqslant 1/2$,或$(1/2 < \beta < 1$且$0 < r < \overline{\beta}/\beta)$,则$e_F^{PD} < e_F^{BD}$,$e_P^{PD} > e_P^{BD}$且$w^{PD} < w^{BD}$。

(2)若$1/2 < \beta < 1$且$\overline{\beta}/\beta \leqslant r < 1$,则$e_F^{PD} \geqslant e_F^{BD}$,$e_P^{PD} \leqslant e_P^{BD}$且$w^{PD} \geqslant w^{BD}$。

命题3.3表明,在考虑PDE的情况下,如果银行和平台融资的贷款利率相同,则结果与命题3.1相似。当破产风险高于不破产风险时,平台融资将导致较低的PTA水平和批发价格,而平台的赋能水平较高。当破产风险低于不破产风险时,如果贷款利率较低,平台融资下的PTA水平、数字赋能水平和批发价格将较低。只有在贷款利率较高时,平台融资下的这些水平才会较高。对比命题3.1和命题3.3可以发现,在贷款利率相同时,PDE不会改变两种融资模式之间PTA水平和批发价格的关系,这可能是因为PDE不影响贷款利率和不破产风险。此外,融资模式的选择也会影响PDE水平。

【命题3.4】当$r_1 \neq r_2$,若$0 < r_1 < \min(1, \hat{r}_2)$,则$e_P^{PD} > e_P^{BD}$且$w^{PD} < w^{BD}$,否则$e_P^{PD} \leqslant e_P^{BD}$且$w^{PD} \geqslant w^{BD}$。

命题3.4表明,在考虑PDE的情况下,如果银行和平台融资的贷款利率不同,两种融资模式之间的数字赋能水平和批发价格的关系会受到许多因素的影响,其中一个重要因素是贷款利率。具体而言,当r_1较低时,平台融资下的数字赋能水平较高,而批发价格较低。相反,当r_1较高时,平台融资下的数字赋能水平较低,而批发价格较高。这是因为当r_1较低时,农户承担较低的银行贷款成本,从而投资于更高的PTA水平。然后,增加的总产出将为平台带来更高的利润,平台可以增加批发价格来进一步鼓励农户提高PTA水平。在这种情况下,平台将降低数字赋能水平以减少赋能成本。因此,当r_1较低时,平台融资下的数字赋能水平较高。当r_1较高时,平台融资下的PTA水平也可

能较高,平台也可以降低数字赋能水平。

图3.3显示了在考虑PDE的情况下供应链成员的融资模式选择,参数与图3.2相同。在图3.3中,线条、区域和结论的解释与图3.2相同。从图3.3可以看出,在考虑PDE的情况下,如果破产风险和平台贷款利率都较低,平台和农户应选择平台融资。如果破产风险和平台贷款利率都较高,两者都应选择银行融资。这个结论与不考虑PDE时相同,表明PDE对融资均衡的影响很小。将图3.2和图3.3进行比较可以发现,如果PDE降低了PTA的成本系数 η_F,则破产风险和贷款利率对PDE之前和之后的融资模式选择的影响相同。当PDE增加 η_F 时,如果 r_2 较小,供应链成员更有可能选择平台融资;如果 r_2 较大,则更倾向于选择银行融资。此外,当贷款利率相等($r_1 = r_2$)时,供应链成员具有相同的偏好。也就是说,当破产风险较低时,两者都选择平台融资;当破产风险较高时,两者都选择银行融资。这个结论不受PDE的影响。

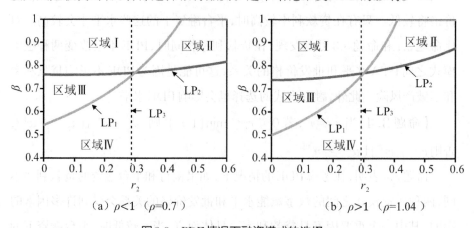

（a） $\rho<1$ （ $\rho=0.7$ ）　　　　（b） $\rho>1$ （ $\rho=1.04$ ）

图3.3　PDE情况下融资模式的选择

第五节　平台数字赋能的影响

一、银行融资对平台数字赋能的影响

本部分通过比较银行融资下BN模型和BD模型的均衡解和利润,探讨了

PDE对供应链的影响。

【命题3.5】(1) 对于农户，若 $\left(\rho\in\{A_1>0\}\text{ 且 }\eta_P>\eta_{P2}\right)$，或 $\left(\rho\in\{A_1<0\cap\Delta_{\eta_{P2}}>0\}\text{且}\eta_{P0}^B<\eta_P<\eta_{P2}\right)$，则 $\Pi_F^{BD}>\Pi_F^{BN}$，否则 $\Pi_F^{BD}\leqslant\Pi_F^{BN}$。

(2)对于平台，若 $0<\rho\leqslant1$，或 $1<\rho<K/\left[\beta M\eta_F(1+r_1)\right]$ 且 $\eta_{P0}^B<\eta_P<\eta_{P1}$，则 $\Pi_P^{BD}>\Pi_P^{BN}$，否则 $\Pi_P^{BD}\leqslant\Pi_P^{BN}$。

命题3.5(1)表明，无论PDE的成本系数如何，在 ρ 处于某个范围内时，农户很可能会从PDE中受益。与此同时，当PTA的成本系数降低时，PDE很可能会降低农户的利润。通常来说，较低的成本可能会使企业受益。然而，有趣的是，当 ρ 在一定范围内变动时，PDE的成本系数越低，农户从PDE中受益的可能性就越小。这是因为当PDE的成本系数非常低时，平台会显著提高PDE水平以促进生产，从而通过降低批发价格以抵消PDE的成本。农户利润减少的负面影响超过了增加产量的正面影响，最终，PDE降低了农户的利润。命题3.5(2)表明，当PDE后PTA的成本系数降低或保持不变(即 $\rho\leqslant1$)时，平台会从PDE中受益。当PTA的成本系数增加(即 $\rho>1$)时，只有较低的PDE成本系数才能使平台从PDE中受益。

下面进行数值仿真，进一步研究农户和平台的利润。图3.4表明在银行融资下，它们可以在哪些情况下从PDE中受益，其中 r_1 设置为0.15，其他参数与图3.2相同。

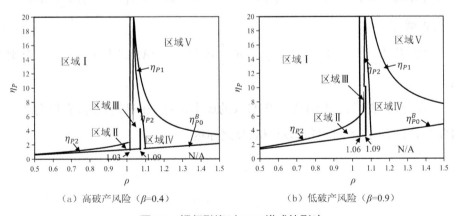

（a）高破产风险（$\beta=0.4$）　　（b）低破产风险（$\beta=0.9$）

图3.4　银行融资对PDE模式的影响

在图 3.4 中,区域 Ⅰ 和 Ⅲ 表示平台和农户将从 PDE 中受益,即 $\Pi_F^{BD} > \Pi_F^{BN}$ 且 $\Pi_P^{BD} > \Pi_P^{BN}$;区域 Ⅱ 和 Ⅳ 表示平台将从 PDE 中受益,而农户不会从 PDE 中受益,即 $\Pi_F^{BD} < \Pi_F^{BN}$ 且 $\Pi_P^{BD} > \Pi_P^{BN}$;区域 Ⅴ 表示平台和农户都不会从 PDE 中受益,即 $\Pi_F^{BD} < \Pi_F^{BN}$ 且 $\Pi_P^{BD} < \Pi_P^{BN}$。如图 3.4 所示,无论破产风险水平如何,如果 PDE 之后 PTA 的成本系数相对较小(如图 3.4(a) 中的 $\rho < 1.03$),当 PDE 的成本系数较大时,农户的利润会增加。当成本系数在中间范围内(如图 3.4(a) 中的 $1.03 < \rho < 1.09$),当 PDE 的成本系数较小时,农户会从 PDE 中受益。然而,如果成本系数较大(如图 3.4(a) 中的 $\rho > 1.09$),农户将不会从 PDE 中受益。此外,除了图 3.4 中的区域 Ⅴ(覆盖了所有使农户受益的区域),平台都可以从 PDE 中受益。因此,当农户能够从 PDE 中受益时,平台的利润也总是更高的。另外,将图 3.4(a) 和 (b) 进行比较可以发现,破产风险越低,平台越有可能从 PDE 中受益。

当 PDE 之后的 PTA 的成本系数相对较低时,农户应选择具有相对较低 PDE 效率的平台(即较大的 η_P),这有助于平衡农户因平台权力增加而导致的可能潜在损失。然而,当成本系数适中时,农户应选择具有相对较高平台效率的平台(即较小的 η_P),这可以使平台提高赋能水平和农户产出,从而降低 PTA 水平。相反,当成本系数相对较大时,农户应完全避免 PDE,因为 PDE 提供的增量产出不足以弥补 PTA 水平的显著降低。

【命题 3.6】(1)若 $N_1 / \left[\beta \eta_F (1 + r_1) \right] < \rho < K / \left[\beta \eta_F (1 + r_1) M \right]$,则 $e_F^{BD} < e_F^{BN}$,否则 $e_F^{BD} \geqslant e_F^{BN}$。

(2)若 $N_2 / \left[\beta \eta_F (1 + r_1) \right] < \rho < K / \left[\beta \eta_F (1 + r_1) M \right]$,则 $w^{BD} < w^{BN}$,否则 $w^{BD} \geqslant w^{BN}$。

命题 3.6 表明,在 PDE 后,当 PTA 的成本系数 ρ 相对较大时,农户会降低 PTA 水平,而平台会降低批发价格,反之亦然。

二、平台融资对平台数字赋能的影响

【命题 3.7】对于农户，若 $\left(\rho\in\{A_2>0\}\text{ 且 }\eta_P>\eta_{P3}\right)$，或 $\left(\rho\in\{A_2<0\cap\Delta_{\eta p3}>0\}\text{ 且 }\eta_{P0}^P<\eta_P<\eta_{P3}\right)$，则 $\Pi_F^{PD}>\Pi_F^{PN}$，否则 $\Pi_F^{PD}\leqslant\Pi_F^{PN}$。

命题 3.7 表明，在平台融资模式下，当 ρ 在一定范围内时，无论 η_P 的大小如何，农户很可能从 PDE 中受益。与此同时，当 PTA 的成本系数降低时，农户很可能不会从 PDE 中受益。这与命题 3.5 中的结果相同。然而，在两种融资模式下，使农户从 PDE 中受益的阈值是不同的。平台能够从 PDE 中受益的情况比较复杂，因此我们将在图 3.5 中进行说明，其中 $r_2=0.15$，其他参数与图 3.2 相同。

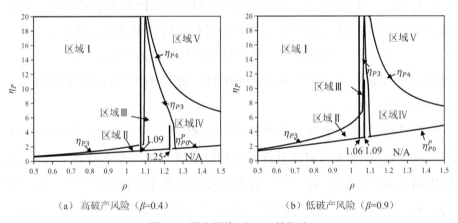

（a）高破产风险（$\beta=0.4$） （b）低破产风险（$\beta=0.9$）

图 3.5 平台融资对 PDE 的影响

在图 3.5 中，η_{P4} 代表 $\Pi_P^{PD}=\Pi_P^{PN}$，对区域和结论的解释与图 3.4 中的相同。这进一步证明了结果的稳健性。将图 3.4 和图 3.5 进行比较可以发现，在两种融资模式下，PDE 对供应链成员的影响相似。此外，图 3.5（a）显示，相对于图 3.4（a），区域 I 和 III 更大，而图 3.5（a）中的区域 V 则较小。相反，在图 3.4（b）和图 3.5（b）中观察到相反的情况。这些发现表明，当破产风险较高时，农户和平台更有可能在平台融资模式下从 PDE 中获益。然而，当破产风险较低时，他们更有可能在银行融资模式下从PDE中获益。因此,在决定进行PDE时,需要考虑融资模式和破产风险。

【命题3.8】(1)当$0<\rho<1$时,若$\eta_P>\eta_{P5}$,则$e_F^{PD}>e_F^{PN}$,否则$e_F^{PD}\leqslant e_F^{PN}$;当$\rho=1$时,$e_F^{PD}<e_F^{PN}$;当$\rho>1$时,若$\eta_P<\eta_{P5}$,则$e_F^{PD}>e_F^{PN}$,否则$e_F^{PD}\leqslant e_F^{PN}$。

(2)当$0<\rho<1$时,若$\eta_P>\eta_{P6}$,则$w^{PD}>w^{PN}$,否则,当$\rho\geqslant1$时,$w^{PD}<w^{PN}$。

根据命题3.8,当PDE降低PTA的成本系数(即$0<\rho<1$)时,如果PDE的成本系数η_P大于某个阈值,那么在PDE之后PTA水平和批发价格会增加。当成本系数不变(即$\rho=1$)时,PDE之后PTA水平和批发价格会减少。当PDE增加成本系数(即$\rho>1$)时,批发价格总是较低的,而如果η_P小于某个阈值,PTA水平会更高,这是因为当PTA的成本系数降低时,农户会更有动力提高其水平。在PDE之后,农业产出受到PTA和PDE水平的影响。如果PDE的成本低于PTA的成本,农户将通过较高的PDE水平来减少自身成本水平并增加产出。因此,平台将降低批发价格以抵消PDE的成本。只有当PDE的成本高时,农户才会通过较高的PTA水平增加产出,而平台将提高批发价格来激励农户。

类似的,当成本系数不受PDE的影响时(即$\rho=1$),农户将降低PTA水平以减少成本,而平台将降低批发价格以抵消PDE增加的成本。然而,当PDE增加成本系数时,较小的η_P将大大提高PDE水平以增加产出。这是因为成本函数是二次的,在一定程度上继续增加赋能水平是不经济的。在这一点上,农户将通过更高的PTA水平增加产出。因此,为了抵消PDE的成本并共享更多利润,平台将始终为农户降低批发价格。

第六节　模型拓展研究

一、平台数字赋能和融资模式的选择

本部分首先分析了农户在有无PDE的情况下的融资模式选择,然后探讨了PDE对银行和平台融资下均衡解的影响,在这两个部分的研究中假设PDE是外生的。然而,在现实中,PDE可以是内生的,平台需要决定是否向农户提供数字赋能,而农户需要决定是否接受,此外平台还需要决定是否为农户提供融资。因此,需要考虑融资和PDE决策之间的相互作用。本部分将修改主要模型中的交易流程(见图3.6)。

(1)平台与农户签署采购订单,并决定是否向农户提供PDE;

(2)农户决定是否接受PDE;

(3)平台决定是否为农户提供融资;

(4)后续的交易流程与本章第二节中的流程相同。

图3.6表明,只需要比较BN模型、BD模型、PN模型和PD模型。在附录1.3中,我们比较了这四个不同模型下农户和平台的预期利润。供应链内的PDE和融资模式的选择如图3.7所示。

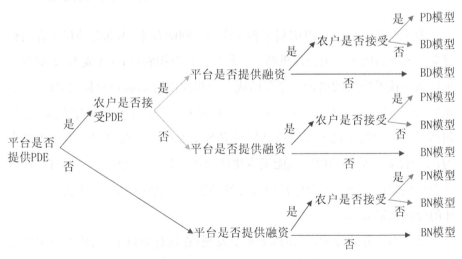

图3.6　农户和平台的交易流程阐述

图3.7(a)表明,当PDE之后的PTA成本系数相对较低时,供应链更偏向于选择PDE。此外,当破产风险和平台融资利率都较低时,供应链可能更倾向于选择平台融资;否则,供应链更倾向于选择银行融资。与图3.7(a)相反,图3.7(b)和(c)表明,当PDE之后的PTA成本系数相对较高时,供应链可能不再采用PDE,这可能发生在较高的破产风险或低破产风险与高平台融资利率的组合下。此外,随着PDE成本系数的增加,供应链采用PDE的可能性较小。

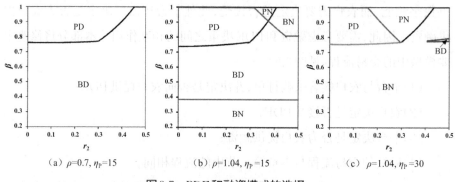

(a) $\rho=0.7$, $\eta_P=15$　　　　(b) $\rho=1.04$, $\eta_P=15$　　　　(c) $\rho=1.04$, $\eta_P=30$

图3.7　PDE和融资模式的选择

二、平台数字赋能后的协调策略

为了提高农户接受PDE后平台与农户之间的合作,本部分分析了在两种融资模式下的成本分担合作机制。一种是平台分担农户PTA成本,如对农户进行数字技术应用的培训。平台的成本分担比例为λ,农户承担的PTA成本比例为$\bar{\lambda}=1-\lambda$,其中$0<\lambda\leqslant1$。另一种是农户分担平台的数字赋能成本,包括平台收取的赋能手续费或共同建立智能农场等。农户的成本分担比率为φ,平台需要承担的数字赋能成本比例为$\bar{\varphi}=1-\varphi$,其中$0<\varphi\leqslant1$。这样的合作机制在农业服务合作社中很常见(Niu et al.,2016;Ye et al.,2017)。具体的分析见附录1.3。

根据本部分的分析,得出以下重要发现:在银行融资下,当成本分担比例和破产风险相对较低时,平台应该承担农户的PTA成本;当成本分担比例相对较低而破产风险相对较高时,平台应要求农户承担PDE的成本。这种做法可以使双方受益;否则,只能达成一个批发价格合同。此外,在设计平台的成本分担合同时,为了实现平台和农户双赢的局面,有必要考虑PDE是否会增加PTA的成本系数。

在平台融资下,当成本分担比例和破产风险相对较低时,平台应该承担农户的PTA成本,这可以使双方受益;否则,只能达成一个批发价格合同。这与银行融资是相同的。然而,平台不应要求农户承担PDE成本,因为农户不会接受这样的合同。这与银行融资不同,也与直观相悖。在现实中,平台和农户之间的交易应该在平台融资下更容易进行协调。然而,本节的研究发现破产风险使银行融资更有可能实现帕累托改进。

第七节　本章小结

一、结论与管理启示

农户的经济限制会严重阻碍农业的发展和升级。近年来,越来越多的平台为农户提供贷款服务。本章考虑了PDE对农业生产的影响,并运用博弈论分析了融资模式的选择,比较了产量不确定情况下的银行融资和平台融资。以下是主要发现和管理启示。

首先,在这两种融资模式中,当PDE降低或不改变PTA的成本系数,并且PDE的成本系数不太低时,农户总是可以从PDE中获益;当PDE增加PTA的成本系数时,只有当这种增加很小的时候,农户才能从PDE中获益。此外,当农户可以从PDE中获益时,平台的利润总是高于之前。因此,平台应该始终向农户提供数字赋能。此外,当破产风险高(低)时,平台(银行)融资下的农户更有可能从PDE中获益。在实践中,无论破产风险水平如何,平台都应鼓励农户接受PDE。农户应根据PTA的成本系数和破产风险水平来决定是否接受PDE。

其次,无论农户是否接受PDE,如果破产风险和平台贷款利率都很低(高),两者都会选择平台(银行)融资。当银行贷款利率和平台贷款利率相等时,供应链成员总是可以实现融资均衡。此外,平台融资可以提高PDE水平。PDE水平随着银行贷款利率的增加而增加,PDE水平在平台贷款利率下先降低后增加。因此,对于主导平台来说,当破产风险较低时,平台不仅应该为农户提供融资,还应设定较低的贷款利率。只有当破产风险足够低,并且平台融资的利率适当地较高时,才能引导平台融资。当破产风险高时,平台不应该为农户提供融资。此外,贷款利率越低,对双方将越有利。

再次,当平台和农户决定PDE和融资模式时,他们需要考虑破产风险、贷款利率、PDE的成本系数及PDE对PTA成本系数的影响等因素。具体而言,如果PDE降低了PTA的成本系数,在破产风险和平台利率低的情况下,平台应该为农户提供数字赋能和融资服务,农户应该接受。当破产风险和平台贷款利率高时,平台应仅向农户提供数字赋能,而农户在接受PDE后应向银行获得贷款。在这种情况下,平台应始终为农户提供PDE。如果PDE增加了PTA的成本系数,在破产风险和平台贷款利率较低的情况下,平台应为农户提供PDE和融资服务,农户应该同时接受。当破产风险适中且平台贷款利率较高时,平台应仅向农户提供PDE,而农户在接受PDE后应从银行获得贷款。这些情况类似于PDE降低PTA的成本系数的情况。不同之处在于,当破产风险较高时,平台和农户应选择不提供PDE,并且农户应从银行获得贷款。此外,尽管农户可以接受无需PDE的平台融资,但平台不应向农户提供无需PDE的融资服务。

最后,采用带有PDE的银行融资,两种成本分担合同都可以实现帕累托改进。然而,在采用带有PDE的平台融资时,只有在平台分担农户PTA成本的情况下,供应链才能实现帕累托改进。具体而言,当破产风险较高时,只有在银行融资下,平台分担由农户分担的赋能成本,才能比批发合同更能提高供应链成员的利润。当破产风险较低时,平台在两种融资模式下分担农户PTA成本可以实现供应链成员的双赢局面。因此,如果破产风险较高,则当农户选择银行融资时,平台应与农户分担PDE的成本,当农户选择平台融资时,平台应与农户采用批发价合同;如果破产风险较低,则平台应在两种融资模式下分担农户的PTA成本。此外,在平台融资下,平台不应要求农户分担PDE成本。无论合同类型如何,只有在成本分担比例较小的情况下,才可能实现双赢。因此,为了在任何情况下都实现双赢的局面,平台应设定较低的成本分担比例。

二、未来的研究方向

首先,本章只考虑了由单一平台和单一农户组成的供应链。实际上,平台可能向多个农户提供数字技术支持。未来可以考虑一个一对多的供应链模型,其中平台可赋能多个农户,以探索平台对农业数字化的影响。此外,类似于Wang等(2021)的研究,我们可以考虑多个农户和异质顾客之间的竞争关系。其次,本章只考虑了产出不确定性带来的融资风险,但在现实中,需求的不确定性也会给供应链融资带来风险。因此,未来我们可以探讨在产出和需求不确定性下的PDE问题。同时,可以结合Surti等(2020)的研究,探讨供应链成员的风险偏好。最后,在成本分担合同之外,根据Chen等(2020)的研究,未来可以引入激励机制的概念,以协调整个农业供应链。

第四章 基于政企担保的农业供应链融资模式与协调机制研究

第一节 引 言

农业是支撑国民经济建设和发展的基础产业,是支撑国家安全和稳定的基础产业。然而,农业的天然属性导致其极易受到自然、外界市场环境及供应链波动的影响,由于天气、病虫灾害及农产品本身特性等方面的影响造成的产出不确定加剧了农业融资的难度。根据2019年的统计数据,农业贷款在全社会贷款中所占的比例与农业对经济的贡献严重不符。尽管农户数量达到了2.3亿户,超过全国总人口的40%,但他们获得的贷款额仅占总贷款的不到7%。我国有75%的农户需要金融支持,但无法通过正规渠道获取信贷支持。这主要是因为农户信用等级低,融资模式滞后,当前农村信贷产品抵押物种类单一、担保方式不够丰富,能够满足农户需求特点的金融产品较少。

供应链上游的农户在生产过程中常常遭遇资金短缺和资金周转困难的挑战。大多数农户依赖银行或其他第三方金融机构等融资方式,但由于信用记录不足、可抵押贷款资产有限及产品生产过程的极大不确定性,农户的信用基础较弱。此外,农户对金融资本的需求相对较小但频率较高。由于存在融资困难和高成本融资等问题,农户面临着资金短缺的局面。因此,建立完善的农业金融体系至关重要。近年来,为了保护农户的利益并降低担保人的风险,出现了一种新兴的融资模式,即政企共同担保农户贷款。在这种模式下，政府与企业合作，联合为农户提供担保，推动着农业供应链的有序发展。这一举措对于建立完善的农业金融体系至关重要。广东三水地区的"政银保"合作农业贷款从2009年开始实施，通过政府、银行、保险机构三方合作，以财政、信贷、保险三轮驱动，扶持了一批困难农户渡过难关，支持了一批种养大户、优质企业做大做强。截至2020年11月30日，"政银保"合作农业贷款累计放贷10424笔，放贷金额达21.91亿元。目前新政策将增设"政银保＋"农业合作融资项目，基于"政银保"合作农业贷款模式，引入农业龙头企业向合作银行推荐借款人，并为借款人提供一定比例的担保。政企担保融资模式有效解决了农户融资困难的问题，打破了传统银行"高门槛"的限制，也极大地降低了融资成本，实现了政府、核心企业、银行和农户四方利益共享、风险共担。

价格承诺契约作为一种价格保护策略，能够在很大程度上保障农户的收入。核心企业在与农户签订生产订单时，提前确定农产品收购价格或设置最低收购价，确保了农产品的批发价格在正常市场价格范围内。由于实际市场的波动，农产品的市场价格浮动较大，部分情况下核心企业在价格承诺契约下存在利益受损的可能。在生产经营中，收益共享契约也是常用的契约之一。供应商与零售商共同分享销售所得的收入，以此激励供应商加大生产投入，同时刺激零售商的销售。

农业供应链运营的相关研究中，农户的履约问题和农业供应链的协调契约的选择问题是重要的研究问题。涂国平和冷碧滨（2010）通过静态博弈模型揭示了"企业＋农户"模式违约问题的根本原因是市场风险的存在。Tang等（2015）的研究表明，当需求不确定时，市场信息的预测共享可以增加农户的收入，但企业的种植建议不能给农户带来更多的收益。Niu等（2016）研究发现，成本共担契约可以实现"企业＋农户"供应链的协调，达成"企业＋中介＋农户"供应链成员的三方共赢。许彤（2018）在传统订单农业价格机制下，分散决策时企业和农户存在双边际效应的前提下，提出了"收益共享＋双向补贴＋加盟金"模式的契约协调机制。Pinçe等（2020）在商业种子生产的背景下，引入了一个精确的响应框架，建立多订单报童模型，并通过动态预测进化来确定农户生产的时间和数量。Yan等（2020）根据生鲜农产品供应链的特点,分析了中小企业融资策略,结果表明中小企业的最优融资水平与新鲜度努力成本系数呈负相关,与市场敏感系数呈正相关。冯颖等(2021)基于多Agent系统仿真,设计了一个包含两条"企业＋X＋农户"型订单农业供应链的仿真实验,考虑供应链间的链际竞争,探究了收购价格机制对不同组织模式下订单农业供应链运作的影响。

融资及收益分配机制问题和风险管理问题受到越来越多的关注。叶飞等(2017)考虑农户受资金约束及产出随机性,构建了由单个农户和单个企业组成的订单农业供应链决策模型,分析了农户资金约束对农户经营决策的影响。朱雷等(2019)在"企业＋农户"模式下,分别考虑农户选择银行融资和企业融资两种融资模式,构建了企业和农户构成的Stackelberg博弈模型,并得出了最优订单农业契约的最优设置。彭红军等(2019)在CVaR准则下,构建了Stackelberge博弈模型,分别研究了农户、企业的最优策略,指出企业的期望利润随着农户风险规避程度的增加和农产品产出量波动性的增大而降低。

在以往的相关研究中,许多文献比较了不同担保主体进行的农业担保。王晓博等(2018)在考虑了市场主体对于政府担保预期的情况下,指出存款保险限额的提高并不一定会提高银行风险承担水平,存在最优的保险限额能够最小化银行的风险承担。Yi等(2021)考虑由资金受限的小农和中介平台组成的农业供应链,表明在担保和直接融资下,农户生产水平甚至可以高于集中决策。

综上所述,国内外学者关于农业供应链管理、农业供应链金融、产出不确定及政府主导的风险管理机制的研究较为丰富,但存在一些不足。对于农业供应链管理的研究大多集中于供应链成员的运营决策和协调契约机制,而对于农业供应链的融资模式的研究不多,研究农业供应链中产出不确定问题的文献比较少。虽然有研究银行融资和政企担保的相关文献,但大多文献采用的是实证研究的方法,对银行融资和政企担保的概念和价值进行定性描述,并且大多文献关注于融资模式的选择,很少结合各类契约协调机制展开研究。

根据以上内容,本章提出以下三个研究问题:第一,在银行融资模式中,基于产出不确定问题,农户和企业的最优决策是什么? 价格契约、收益共享契约是否能实现供应链的协调,在两种契约机制下供应链各成员的收益变化如何? 第二,在政府参与的担保机制下,企业和农户最优决策及其供应链成员期望利润有何变化? 价格契约、收益共享契约在什么条件下能实现供应链的协调,在两种契约机制下的供应链成员收益有何变化? 第三,当银行融资模式和政企担保融资模式共存时,各方的融资策略偏好是什么? 不同条件下,供应链的融资均衡是什么?

基于上述问题,本章将研究基于随机产出和政企担保的农业供应链融资策略选择问题,关注当下农业经济发展中存在的问题,侧重理论挖掘。在研究中考虑农业供应链的产出不确定等特性,分别从不同的融资模式,如银行融资、政企担保融资等角度考虑农业供应链成员的决策行为,并考虑多种融资模式并存时的最优融资策略,具有较强的理论和现实意义。

第二节　模型描述

本章考虑了一个由核心企业(买方)、农户及第三方商业银行所组成的供应链,其中买方是资金充裕的,农户的初始资金为零,农户面临着生产经营和采购的资金约束问题。为了便于分析,仅考虑由单个企业和单个农户组成的"企业＋农户"的订单农业供应链。由于农产品自身的特殊性,其生产易受到自然灾害和异常天气的影响,从而导致产出的不确定性(高前善,2007)。本书假定农产品的生产年份分为"丰收年"和"灾害年"。在丰收年,农户可获得较高的产出;而在灾害年,产量较少,农户有很高的破产风险。在不丧失一般性的前提下,设丰收年发生的概率为 $k(0<k<1)$,$1-k$ 为灾害年发生的概率。设产出不确定下丰收年的农产品投入产出率为 x,灾害年的农产品投入产出率为 θx,$0<\theta<1$。设农户生产投入量为 Q,则农产品的产出量 q 为 Qx 或 $Q\theta x$。设 μ 为产出率的数学期望,可知 $\mu=kx+(1-k)\theta x$,$\delta=kx^2+(1-k)\theta^2x^2$。假设企业收购农户生产出来的所有农产品,买方企业的成本是

支付给农户的产品收购成本,记单位产品的批发价格为 w,其余成本为零。农产品的市场销售价格为 $p = a - bq$。

由于农业生产存在着规模不经济性和农户生产能力有限的问题,当生产量增加到一定程度时,其边际成本必然会增加。因此大多数研究通常将农业生产成本设置为二次型生产函数 $C(Q) = c_1 Q + cQ^2$,(叶飞和林强,2015;Alizamir et al.,2019),其中 c_1 表示生产单位产品需投入的成本,如种子等生产资料,c 为农户生产中的努力成本系数。为了简便计算,假设农户的成本函数为 $C(Q) = cQ^2$,即 $c_1 = 0, c > 0$。

在本书中,假定农户可以在没有担保或政企担保的情况下向银行借款,融资所得全部用于生产,这里不考虑资金的机会成本。因此存在两种融资模式:传统的银行融资模式和政企担保融资模式。假设银行利率 r_i 是外生的固定的常数(沈建男和邵晓峰,2020),$i = b, g$,在银行融资模式中贷款利率为 r_b,在政企担保融资模式中贷款利率为 r_g。在政企担保模型中政府、企业和银行联合承担融资风险。当农户违约时,政府承担 λ_g 部分的损失,企业承担 λ_e 部分的损失,银行承担剩余的 $\lambda_0 = 1 - \lambda_g - \lambda_e$ 部分的损失。在政企担保模型中,担保费率为 s。记 Π, Θ, Ω, SW 分别为农户、企业和银行的预期利润及社会福利,上标 $*$ 表示最优解。本章模型所使用的符号及其含义见表4.1。

由于灾害年和丰收年的农产品投入产出率不同,对于同样的生产投入,会获得高、低两种不同的产出结果,而其中低的产出可能导致农户无法偿还银行贷款而破产。因此,根据农户贷款后是否存在破产风险,可以分为如下三种情况:

情形1:农户不存在破产风险,即便遇到灾害年,农户也不会破产。

情形2:农户存在破产风险,农户遇到丰收年不会破产,遇到灾害年会破产。

情形3:农户必然破产,即便遇到丰收年,农户也会破产。

基于现实背景,并结合简化计算的考虑,本书假设农户在情形2下从事农业生产活动。加入契约机制或融资手段后,农户的生产可能为情形1或2。

表4.1　本章模型所使用的符号及其含义

类型	符号	含义
决策变量	Q	农户生产投入量
	w	公司收购价
外生变量	x	农产品投入产出率,x为丰收年投入产出率,θx为灾害年投入产出率,$0<\theta<1$
	k	丰收年发生的概率,$1-k$为灾害年发生的概率
	q	农产品产出量,$q=QX$或$Q\Theta X$
	b	价格敏感系数,表示对市场售价的敏感性,$b>0$
	c	农户生产中的努力成本系数(农业生产成本函数cQ^2)
	p	销售价格
	a	窒息价格指市场价格高于此价格时,消费者不会购买该产品,其中$a>0$
	r_i	银行贷款的利率,$i=b$代表银行融资模式,$i=g$代表政企担保融资模式
	s	政企担保模型中担保费率
	φ	收益共享契约中,核心企业留存收益比例$\varphi\in[0,1]$
	$\lambda_g,\lambda_e,\lambda_0$	政府、企业、银行在农户违约时承担的损失比例
	Π,Θ,Ω,Ψ	农户、企业、银行、政府的预期利润
	SW	社会福利
上标	$*$	最优预期利润或决策
下标	0	集中式供应链
	$b;g$	传统的银行融资模式;政企担保融资模式
	$bp;br$	银行融资与价格承诺契约;银行融资与收入共享契约
	$gp;gr$	政企担保融资与价格承诺契约;政企担保融资与收入共享契约

第三节　基于银行融资的供应链融资与协调策略研究

一、分散决策下的各方决策

在开始时,核心企业和农户签订订单,由买方决定批发价格w。在基于银行融资的供应链融资模型中,供应链中的事件顺序如下:

(1)农户与核心企业签订订单,核心企业确定批发价格 w。

(2)农户向银行申请贷款 cQ^2,银行的利率为 r_b。

(3)农户获得贷款后进行生产,丰收年的产出率为 x,最终获得产成品 Qx;灾害年的产出率为 θx,最终获得产成品 $Q\theta x$,农户交付农产品给核心企业。

(4)核心企业经过加工后,产品以价格 p 出售给消费者。

(5)核心企业获得销售款项。

(6)核心企业向农户支付订单费用,农户偿还贷款本息给银行。若农户破产,则银行承担相应损失。

农户在丰收年和灾害年获得的农产品收入分别为 w_bQ_bx 和 $w_bQ_b\theta x$,而农户需要偿还的贷款金额为 $cQ_b{}^2(1+r_b)$。如果农户在灾害年时会破产,而丰收年时不会破产,那么农户的生产投入量 Q_b 需满足如下约束条件:

$$w_bQ_b\theta x \leqslant cQ_b{}^2(1+r_b) \leqslant w_bQ_bx \tag{4.1}$$

此时农户的期望利润函数为

$$\Pi_b(Q_b) = k\left[w_bQ_bx - cQ_b^2(1+r_b)\right] \tag{4.2}$$

可知在银行融资和产出不确定背景下,农户最优生产投入量为 $Q_b^* = w_b\eta_b$,其中 $\eta_b = \max(x/2, \theta x)/\left[c(1+r_b)\right]$。

在银行融资中,当农户完成生产后,会将所有产出的产品直接交付给核心企业,并得到货款,所以农户不会对买方的利润函数形式有所影响。根据销售价格的决定机制 $p = a - bq$,丰收年的销售价格为 $a - bQ_bx$,灾害年的销售价格为 $a - bQ_b\theta x$,同时市场价格高于批发价格应当满足:$a - bQ_bx > w_b$,因此企业的期望利润函数为

$$\begin{aligned} \Theta_b &= k(a - bQ_bx - w_b)Q_bx + (1-k)(a - bQ_b\theta x - w_b)Q_b\theta x \\ &= (a - w_b)\mu Q_b - b\delta Q_b^2 \end{aligned} \tag{4.3}$$

【引理 4.1】假定 $k > \bar{k}$,在基于银行融资的农业供应链中,企业的最优批发价格为 $w_b^* = \dfrac{a\mu}{2\mu + 2b\delta\eta_b}$,农户的最优生产投入量为 $Q_b^* = \dfrac{a\mu\eta_b}{2\mu + 2b\delta\eta_b}$,其

中 $\bar{k} = \dfrac{\theta\big[b\eta_b x(-2\theta+1)-1\big]}{(1-\theta)+b\eta x(-2\theta^2+\theta+1)}$。

相应地,农户的利润为 $\Pi_b^* = k\big[x - c\eta_b(1+r_b)\big]\dfrac{a^2\mu^2\eta_b}{4(\mu+b\delta\eta_b)^2}$,企业

的利润为 $\Theta_b^* = \dfrac{a^2\mu^2\eta_b}{4(\mu+b\delta\eta_b)}$,银行的利润为 $\Omega_b^* = \big[(kr_b+k-1)c\eta_b +$

$(1-k)\theta x\big]\dfrac{a^2\mu^2\eta_b}{4(\mu+b\delta\eta_b)^2}$,消费者以消费者剩余来衡量其利益,它等于消费者

愿意支付的最高价格与实际支付价格之差, $CS_b = E\displaystyle\int_o^q (a-bq)\mathrm{d}x =$

$E\left(\dfrac{1}{2}bq^2\right) = \dfrac{1}{2}bQ_b^2\delta = \dfrac{1}{2}b\delta\eta_b^2 w_b^2$,政府要从社会整体利益出发,以激励供应链

内各合作伙伴为社会创造更多价值,实现社会福利的最大化。社会福利是由
生产者剩余和消费者剩余构成的,即由订单农业供应链各方(农户、买方企
业、银行、消费者)利益所组成,因此可得社会福利函数为: $SW_b = \Pi_b + \Theta_b +$
$\Omega_b + CS_b = -(c+b\delta/2)\eta_b^2 w_b^2 + a\mu\eta_b w_b$。

二、集中决策下的经营决策

在集中决策下,核心企业、农户和银行合为一个整体。假定银行贷款利
息为 r_b。如果农户销售收入大于其银行贷款本息,则剩余部分为农户所得收
益;如果农户销售收入小于其银行贷款本息,则农户破产,核心企业代其偿还
补齐银行贷款本息。供应链系统中的总体期望利润为

$$\begin{aligned}\Pi_0(Q_0) &= k\big(p_1 Q_0 x - cQ_0^2\big) + (1-k)\big(p_2 Q_0\theta x - cQ_0^2\big)\\ &= -(b\delta+c)Q_0^2 + a\mu Q_0\end{aligned} \tag{4.4}$$

显然, $\Pi_0(Q_0)$ 关于 Q_0 是严格凹的,则农户最优生产投入量为

$$Q_0^* = \frac{a\mu}{2(b\delta+c)} \tag{4.5}$$

供应链整体期望利润函数为 $\mathrm{II}_0^* = \dfrac{a^2 \mu^2}{4(b\delta + c)}$。

三、基于价格承诺契约的供应链协调

考虑两种情境:第一种是丰收年和灾害年都不会破产;第二种是丰收年不会破产,灾害年会破产。在价格承诺契约下,农户在投入生产前,核心企业提前与农户确定农产品收购价格 w_{bp},在农产品完成生产后,即以价格 w_{bp} 进行收购。

情境 1:丰收年和灾害年都不会破产

农户在丰收年和灾害年获得的农产品收购款分别为 $w_{bp}Q_{bp}x$ 和 $w_{bp}Q_{bp}\theta x$,而农户需要偿还的贷款金额都为 $cQ_{bp}^2(1+r_b)$。如果农户在丰收年和灾害年都不会破产,那么农户的生产投入量 Q_{bp} 应当满足 $w_{bp}Q_{bp}\theta x > cQ_{bp}^2(1+r_b)$,农产品市场价格高于批发价格应当满足 $w_{bp} < a - bQ_{bp}x$。农户期望利润函数为

$$\mathrm{II}_{bp}(Q_{bp}) = k\left[w_{bp}Q_{bp}x - cQ_{bp}^2(1+r_b)\right] + (1-k)\left[w_{bp}Q_{bp}\theta x - cQ_{bp}^2(1+r_b)\right]$$

$$(4.6)$$

易知最优决策 $Q_{bp}^* = w_{bp}\eta_{bp}$,其中 $\eta_{bp} = \min(\theta x, \mu/2)/[(1+r_b)c]$。$Q_{bp}^*$ 可以确保农户在丰收年和灾害年都不会破产。为了确保 $a - bQ_{bp}^*x > w_{bp}$,假设 $w_{bp} < a/(1+bx\eta_{bp})$。因此得到了供应链各成员的最优期望利润,如表 4.2 所示。

表4.2　情境1下供应链各成员的最优期望利润

供应链成员	最优期望利润
II_{bp}^*	$w_{bp}^2\left[\mu\eta_{bp} - c(1+r_b)\eta_{bp}\right]$
Θ_{bp}^*	$a\mu\eta_{bp}w_{bp} - (\mu + b\delta\eta_{bp})\eta_{bp}w_{bp}^2$
Ω_{bp}^*	$cr_b\eta_{bp}^2w_{bp}^2$
SW_{bp}	$a\mu w_{bp}\eta_{bp} + \left(\dfrac{1}{2}b\delta - c\right)w_{bp}^2\eta_{bp}^2$

【**命题4.1**】在情境1采用传统银行融资模式的供应链中，对于价格承诺契约，有：

(1)当 $k_1 < k < \dfrac{\theta}{1-\theta}$ 且 $w_{bp} = \dfrac{ac(1+r_b)}{(b\delta+c)}$，供应链能够实现完全协调，其中 $k_1 = \dfrac{b\theta x^2 + 2cr_b - 2b\theta^2 x^2}{bx^2 + b\theta x^2 - 2b\theta^2 x^2}$。

(2)当 $[c < c_1$ 且 $k > \max\left(\dfrac{\theta}{1-\theta}, k_2\right)]$ 或 $[c > c_1$ 且 $\dfrac{\theta}{1-\theta} < k \leqslant k_2]$ 且 $w_{bp} = \dfrac{a\mu c(1+r_b)}{2\theta x(b\delta+c)}$ 时，供应链实现完全协调。

其中 $c_1 = \dfrac{b\theta x^2(1+2\theta)}{1+r_b}$，$k_2 = \dfrac{c\theta(r_b-1) + b\theta^2 x^2 - 2b\theta^2 x^2}{[b\theta x^2 + 2b\theta^2 x^2 - c(1+r_b)](1-\theta)}$。

(3)以下四种情形供应链不能实现完全协调：①$k < k_1$；②$c < c_2$ 且 $k < \max\left(\dfrac{\theta}{1-\theta}, k_2\right)$；③$c > c_2$ 且 $k < \dfrac{\theta}{1-\theta}$；④$c > c_1$ 且 $k \geqslant k_2$。

命题4.1表明，当 $k_1 < k < \dfrac{\theta}{1-\theta}$ 且 $w_{bp} = \dfrac{ac(1+r_b)}{b\delta+c}$ 时，供应链能够实现完全协调。农户的利润为 $\mathrm{II}_{bp}^* = \dfrac{a^2\mu^2 c(1+r_b)}{4(b\delta+c)^2}$，企业的利润为 $\Theta_{bp}^* = (b\delta - 2cr_b)\dfrac{a^2\mu^2}{4(b\delta+c)^2}$，银行的利润为 $\Omega_{bp}^* = \dfrac{a^2\mu^2 cr_b}{4(b\delta+c)^2}$。

当 $k \geqslant \dfrac{\theta}{1-\theta}$ 且 $w_{bp} = \dfrac{a\mu c(1+r_b)}{2\theta x(b\delta+c)}$ 时，供应链能够实现完全协调。农户的利润为 $\mathrm{II}_{bp}^* = \dfrac{a^2\mu^2 c(1+r_b)(\mu-\theta x)}{4\theta x(b\delta+c)^2}$，企业的利润为 $\Theta_{bp}^* = \dfrac{a^2\mu^2[\theta xb\delta + 2\theta xc - \mu c(1+r_b)]}{4\theta x(b\delta+c)^2}$，银行的利润为 $\Omega_{bp}^* = \dfrac{a^2\mu^2 cr_b}{4(b\delta+c)^2}$。

情境2:丰收年不会破产,灾害年会破产

如果农户在灾害年会破产,在丰收年不会破产时,农户的生产投入量 Q_{bp} 应当满足 $w_{bp}Q_{bp}\theta x < cQ_{bp}^2(1+r_b) < w_{bp}Q_{bp}x$,农产品市场价格高于批发价格应该满足 $w_{bp} < a - bQx$。农户的期望利润函数 $\Pi_{bp}(Q_{bp}) = -ckQ_{bp}^2(1+r_b) + kxw_{bp}Q_{bp}$,是严格凹函数。农户的最优生产投入量为 $Q_{bp} = w_{bp}\eta_b$,此时,农户在丰收年不会破产,灾害年会破产。为了确保 $a - bQ_b \hat{p} x > w_b p$,假定在银行融资模式中价格承诺满足 $w_{bp} < a/(1+bx\eta_b)$。因此得到了供应链各成员的最优期望利润,如表4.3所示。

表4.3 情境2下供应链各成员的最优期望利润

供应链成员	最优期望利润
Π_{bp}^*	$\left[x - c\eta_b(1+r_b)\right]k\eta_b w_{bp}^2$
Θ_{bp}^*	$a\mu\eta_b w_{bp} - (\mu + b\delta\eta_b)\eta_b w_{bp}^2$
Ω_{bp}^*	$\left[kcr_b - (1-k)c\right]\eta_b^2 w_{bp}^2 + (1-k)\theta x\eta_b w_{bp}^2$
SW_{bp}	$a\mu\eta_b w_{bp} - \left(\dfrac{1}{2}b\delta + c\right)\eta_b^2 w_{bp}^2$

【命题4.2】在情境2采用传统银行融资模式的供应链中,对于价格承诺契约,有:

(1)假设 $\theta > \dfrac{1}{2}$。如果 $(c < c_2$ 且 $k > k_2)$ 或 $(c \geqslant c_2$ 且 $k \leqslant k_2)$,且 $w_{bp} = \dfrac{a\mu c(1+r_b)}{2\theta x(b\delta + c)}$,那么供应链能够实现完全协调;如果 $(c < c_2$ 且 $k \leqslant k_2)$ 或 $(c \geqslant c_2$ 且 $k > k_2)$,对于任何 w_{bp},供应链都无法实现完全协调。

(2)假设 $\theta \leqslant \dfrac{1}{2}$。如果 $(c < c_3$ 且 $k > k_3)$ 或 $(c > c_3$ 且 $k < k_3)$,且 $w_{bp} = \dfrac{a\mu c(1+r_b)}{x(b\delta + c)}$,那么供应链能够实现完全协调;如果 $(c < c_3$ 且 $k \leqslant k_3)$ 或 $(c > c_3$ 且 $k \geqslant k_3)$,对于任何 w_{bp},供应链都无法实现完全协调。

其中 $c_3 = \dfrac{(1+2\theta)bx^2}{2(1+r_b)}$，$k_3 = \dfrac{2c\theta(1+r_b)+b\theta x^2-2b\theta^2 x^2-2c}{(1-\theta)\left[bx^2+2b\theta x^2-2(1+r_b)c\right]}$。

命题 4.2 表明，当 $\theta > \dfrac{1}{2}$ 且供应链完全协调时，农户的利润为 $\Pi_{bp}^* =$

$\dfrac{a^2\mu^2 ckx(1+r_b)(1-\theta)}{4\theta x(b\delta+c)^2}$，企业的利润为 $\Theta_{bp}^* = \dfrac{a^2\mu^2\left[\theta xb\delta+2\theta xc-\mu c(1+r_b)\right]}{4\theta x(b\delta+c)^2}$，

银行的利润为 $\Omega_{bp}^* = \dfrac{a^2\mu^2 cr_b}{4(b\delta+c)^2}$。当 $\theta \leqslant \dfrac{1}{2}$ 且供应链完全协调时，农户的利润

为 $\Pi_{bp}^* = \dfrac{a^2\mu^2 ck(1+r_b)}{4(b\delta+c)^2}$，企业的利润为 $\Theta_{bp}^* = \dfrac{a^2\mu^2\left[b\delta x+2xc-2\mu c(1+r_b)\right]}{4x(b\delta+c)^2}$，

银行的利润为 $\Omega_{bp}^* = \dfrac{a^2\mu^2\left[kcr_b+c(1-k)(2\theta+2\theta r_b-1)\right]}{4(b\delta+c)^2}$。

四、基于收益共享契约的供应链协调

收益共享契约中，核心企业与农户共同分享销售所得的收入 pQx（或 $pQ\theta x$），核心企业留存的收益比例为 $\varphi \in [0,1)$，农户获得的收益比例为 $\overline{\varphi} = 1-\varphi$。下面研究收益共享契约能否实现供应链的协调，并与传统批发价合同下的各方收益进行比较，寻找实现帕累托改进的区间。

情境 1：丰收年和灾害年都不会破产

在收益共享契约中，零售商以批发价格 w_{br} 向农户订购产品，并且零售商还要把所得收益的一部分付给农户，假设所有的收入都是分享的。农户在丰收年和灾害年获得的农产品收购款和收益共享的款项分别为 $w_{br}Q_{br}x + (1-\varphi)p_{br1}Q_{br}x$ 和 $w_{br}Q_{br}\theta x + (1-\varphi)p_{br2}Q_{br}\theta x$，其中丰收年的销售价格 $p_{br1} = a-bQ_{br}x$，灾害年的销售价格 $p_{br2} = a-bQ_{br}\theta x$，而农户需要偿还的贷款本息为 $cQ_{br}^2(1+r_b)$。农户在收益共享契约下，如果丰收年和灾害年都不会破产，农户的生产投入量 Q_{br} 应当满足 $w_{br}Q_{br}\theta x + (1-\varphi)p_{br2}Q_{br}\theta x \geqslant$

$cQ_{br}^2(1+r_b)$，同时市场价格高于批发价格应当满足 $a-bQ_{br}x>w_{br}$。农户的期望利润函数为

$$\Pi_{br}(Q_{br})=k\left[w_{br}Q_{br}x+(1-\varphi)p_{br1}Q_{br}x\right]$$
$$+(1-k)\left[w_{br}Q_{br}\theta x+(1-\varphi)p_{br2}Q_{br}\theta x\right]-cQ_{br}^2(1+r_b)$$
$$=-\left[(1-\varphi)b\delta+c(1+r_b)\right]Q_{br}^2+w_{br}Q_{br}\mu+(1-\varphi)aQ_{br}\mu$$

$$(4.7)$$

在传统收益共享契约下的银行融资供应链中，假定 $w_{br}<\dfrac{a(1-bx\gamma_1\overline{\varphi})}{1+bx\gamma_1}$，则农户的最优生产投入量为 $Q_{br}^*=(w_{br}+a\overline{\varphi})\gamma_1$，其中 $\gamma_1=\min\left\{\dfrac{\mu}{2\left[b\delta\overline{\varphi}+c(1+r_b)\right]},\dfrac{\theta x}{(1+r_b)c+\overline{\varphi}b\theta^2x^2}\right\}$。此时，农户在丰收年和灾害年都不会破产。表4.4显示了供应链各成员的最优预期利润。

表4.4　情境1下供应链各成员的最优预期利润

供应链成员	最优预期利润
Π_{br}^*	$\left(a\overline{\varphi}+w_{br}\right)^2\gamma_1\left[\mu-(1-\varphi)b\delta\gamma_1-c\gamma_1(1+r_b)\right]$
Θ_{br}^*	$-b\varphi\delta\left(a\overline{\varphi}+w_{br}\right)^2\gamma_1^2+(\varphi a-w_{br})\left(a\overline{\varphi}+w_{br}\right)\mu\gamma_1$
Ω_{br}^*	$cr_b\gamma_1^2\left(a\overline{\varphi}+w_{br}\right)^2$
CS_{br}	$E\displaystyle\int_0^q(a-bq)\,dx=E\left(\frac{1}{2}bq^2\right)=\frac{1}{2}bQ_{br}^2\delta=\frac{1}{2}b\delta\gamma_1^2\left(a\overline{\varphi}+w_{br}\right)^2$
SW_{br}	$\left(a\overline{\varphi}+w_{br}\right)^2\gamma_1\left(\mu-\frac{1}{2}b\delta\gamma_1-c\gamma_1\right)+(\varphi a-w_{br})\left(a\overline{\varphi}+w_{br}\right)\mu\gamma_1$

【命题4.3】在情境1采用传统银行融资模式的供应链中，对于收入共享契约，有：

(1) 如果 $\overline{\varphi}<v_1$ 且 $k>k_4$，且 $w_{br}=\dfrac{a\mu\left[(1+r_b)c+\overline{\varphi}b\theta^2x^2\right]}{2\theta x(b\delta+c)}-a\overline{\varphi}$，供应链能够实现协调。

（2）如果 $\overline{\varphi} < v_1$ 且 $k \le k_4$ 或 $\overline{\varphi} \ge v_1$，且 $w_{br} = \dfrac{ac(r_b + \varphi)}{b\delta + c}$，供应链能够实现协调。

其中，$v_1 = \dfrac{(1 + r_b)c}{b\theta x^2(2 + \theta)}$，$k_4 = \dfrac{\theta(1 + r_b)c + \theta^3 x^2 \overline{\varphi} b}{(1 - \theta)\left[(1 + r_b)c - 2\theta x^2 \overline{\varphi} b - \theta^2 x^2 \overline{\varphi} b\right]}$。

情境2：丰收年不会破产，灾害年会破产

如果农户在灾害年破产，丰收年不会破产，农户的生产投入量 Q_{br} 应当满足 $w_{br}Q_{br}\theta x + (1 - \varphi)(p_{br2} - w_{br})Q_{br}\theta x < cQ_{br}^2(1 + r_b) < w_{br}Q_{br}x + (1 - \varphi)(p_{br1} - w_{br})Q_{br}x$，农产品市场价格高于批发价格应当满足 $w_{br} < a - bQ_{br}x$。农户的期望利润函数为

$$\Pi_{br}(Q_{br}) = k\left[w_{br}Q_{br}x - cQ_{br}^2(1 + r_b) + (1 - \varphi)p_{br1}Q_{br}x\right]$$
$$= k\left\{\left[-c(1 + r_b) - (1 - \varphi)bx^2\right]Q_{br}^2 + \left(a\overline{\varphi} + w_{br}\right)Q_{br}x\right\} \quad (4.8)$$

假定在收益共享契约下的银行融资供应链中，满足 $w_{br} < \dfrac{a\left(1 - bx\overline{\varphi}\gamma_2\right)}{1 + bx\gamma_2}$，则农户的最优生产投入量为 $Q_{br}^* = \left(a\overline{\varphi} + w_{br}\right)\gamma_2$，其中

$$\gamma_2 = \max\left\{\frac{x}{2\left[(1 + r_b)c + \overline{\varphi}bx^2\right]}, \frac{\theta x}{(1 + r_b)c + \overline{\varphi}b\theta^2 x^2}\right\}.$$ 此时，农户在丰收年不会破产，灾害年会破产。表4.5显示了供应链各成员的最优预期利润。

表4.5　情境2下供应链各成员的最优预期利润

供应链成员	最优预期利润
Π_{br}^*	$k\gamma_2\left(a\overline{\varphi} + w_{br}\right)^2\left\{-c\gamma_2(1 + r_b) - (1 - \varphi)b\gamma_2 x^2 + x\right\}$
Θ_{br}^*	$-b\delta\varphi\left(a\overline{\varphi} + w_{br}\right)^2\gamma_2^2 + (a\varphi - w_{br})\left(a\overline{\varphi} + w_{br}\right)\gamma_2\mu$
Ω_{br}^*	$\left(a\overline{\varphi} + w_{br}\right)^2\gamma_2\left\{ckr_b\gamma_2 + (1 - k)\theta x - (1 - k)(1 - \varphi)b\theta^2 x^2\gamma_2 - (1 - k)c\gamma_2\right\}$
CS_{br}	$E\displaystyle\int_o^q(a - bq)dx = E\left(\frac{1}{2}bq^2\right) = \frac{1}{2}bQ_{br}^2\delta = \frac{1}{2}b\delta\gamma_2^2\left(a\overline{\varphi} + w_{br}\right)^2$
SW_{br}	$\left(a\overline{\varphi} + w_{br}\right)^2\gamma_2\left(-c\gamma_2 + \mu - \frac{1}{2}b\delta\gamma_2\right) + (a\varphi - w_{br})\left(a\overline{\varphi} + w_{br}\right)\gamma_2\mu$

【命题4.4】在情境2采用传统银行融资模式中，对于收入共享契约，有：

(1)如果$\theta<\dfrac{1}{2}$且$\overline{\varphi}<v_2$时，当$w_{br}=\dfrac{a\mu\left[(1+r_b)c+\overline{\varphi}bx^2\right]}{x(b\delta+c)}-a\overline{\varphi}$时，能够实现供应链协调。

(2)当$\theta\geqslant\dfrac{1}{2}$或者$\theta<\dfrac{1}{2}$且$\overline{\varphi}>v_2$时，且$w_{br}=\dfrac{a\mu\left[(1+r_b)c+\overline{\varphi}b\theta^2x^2\right]}{2\theta x(b\delta+c)}-$

$a\overline{\varphi}$时，能够实现供应链协调，其中，$v=\dfrac{(1-2\theta)(1+r_b)c}{(2-\theta)b\theta x^2}$。

为了进一步探究银行融资模式，我们采用数值仿真的方式，对比收益共享契约下和分散决策下各方期望利润，参数设置如下：$c=3$，$a=20$，$b=0.2$，$r_b=0.15$，$k=0.6$，$\theta=0.6$，$x_0=5$。

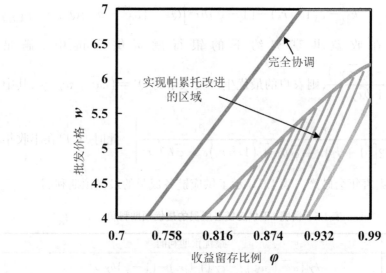

图4.1　完全协调和帕累托协调

如图4.1所示，在银行融资模式下，收益共享契约与分散决策相比，当农户在丰收年不会破产，灾害年会破产时，核心企业可以通过调整批发价格和收益分享比例，实现供应链成员收益的帕累托改进。但供应链成员实现帕累托改进时，无法实现完全协调。

第四节　基于政企担保的供应链融资与协调策略研究

一、分散决策下的各方决策

在基于政企担保的供应链融资模型中,供应链中的事件顺序如下:

(1)农户与核心企业签订订单,核心企业确定批发价格 w。

(2)农户向银行申请贷款 cQ^2,银行的利率为 r_g,其中,政府与核心企业共同为农户进行担保,政府的担保比例为 λ_g,核心企业的担保比例为 λ_e。

(3)农户获得贷款后进行生产,丰收年的产出率 x,最终获得产成品 Qx;灾害年的产出率为 θx,最终获得产成品 $Q\theta x$,农户交付农产品给核心企业。

(4)核心企业经过加工后,产品以价格 p 出售给消费者。

(5)核心企业获得销售款项。

(6)核心企业向农户支付订单费用,农户偿还贷款本息给银行。若农户破产,政府、核心企业和银行共同承担损失。

情境1:丰收年和灾害年都不会破产

农户在丰收年和灾害年获得的农产品收购款分别为 $w_g Q_g x$ 和 $w_g Q_g \theta x$,而农户需要偿还的贷款金额都为 $cQ_g^2(1+r_g)/(1-s)$。如果农户在丰收年和灾害年都不会破产,那么农户的生产投入量 Q_g 应当满足 $w_g Q_g \theta x \geqslant cQ_g^2(1+r_g)/(1-s)$,农产品市场价格高于批发价格应当满足 $a - bQ_g x \geqslant w_g$。农户的期望利润函数为

$$\Pi_g(Q_g) = k\left[w_g Q_g x - \frac{cQ_g^2(1+r_g)}{1-s} \right] + (1-k)\left[w_g Q_g \theta x - \frac{cQ_g^2(1+r_g)}{1-s} \right] \quad (4.9)$$

根据销售价格的决定机制 $p = a - bq$,市场价格高于批发价格应当满足 $a - bQ_g x \geqslant w_g$。当农户在丰收年和灾害年都不会破产时,企业期望利润函数为

$$
\begin{aligned}
\Theta_g(Q_g) &= k(a - bQ_g x - w_g)Q_g x + (1-k)(a - bQ_g \theta x - w_g)Q_g \theta x \\
&= -\mu \eta_{g1} w_g^2 - b\delta \eta_{g1}^2 w_g^2 + a\mu \eta_{g1} w_g
\end{aligned}
\quad (4.10)
$$

【引理 4.2】在政企担保融资的订单农业供应链中，如果满足 $\mu + b\eta_{g1}x^2[k+(2\theta-1)(\theta-k\theta)]>0$，企业最优批发价格为 $w_g^* = \dfrac{a\mu}{2\mu+2b\delta\eta_{g1}}$，

农户最优生产投入为 $Q_g^* = \dfrac{a\mu\eta_g}{2\mu+2b\delta\eta_{g1}}$，其中 $\eta_{g1} = \dfrac{(1-s)}{(1+r_g)c}\min\left(\theta x,\dfrac{\mu}{2}\right)$。

相应地，农户的利润为 $\Pi_g(Q_g)=\dfrac{a^2\mu^2}{4(\mu+b\delta\eta_{g1})^2}\left[\mu\eta_{g1}-\dfrac{c\eta_{g1}^2(1+r_g)}{1-s}\right]$，企业

的利润为 $\Theta_g(Q_g)=\dfrac{a^2\mu^2\eta_{g1}}{4(\mu+b\delta\eta_{g1})}$，银行的利润为 $\Omega_g=\dfrac{a^2\mu^2\eta_{g1}^2cr_g}{4(1-s)(\mu+b\delta\eta_{g1})^2}$，

消费者剩余为 $CS_g = E\displaystyle\int_o^q(a-bq)dx = E\left(\dfrac{1}{2}bq^2\right)=\dfrac{1}{2}bQ_g^2\delta=\dfrac{a^2\mu^2\eta_{g1}^2b\delta}{8(\mu+b\delta\eta_{g1})^2}$，

社会福利函数为 $SW_g = \Pi_g + \Theta_g + \Omega_g + CS_g + \dfrac{scQ_g^2}{1-s}=\dfrac{a^2\mu^2\eta_{g1}}{4(\mu+b\delta\eta_{g1})^2}$

$\left[-c\eta_{g1}+\dfrac{3}{2}b\delta\eta_{g1}+2\mu\right]$。

情境 2：丰收年不会破产，灾害年会破产

如果农户在丰收年不会破产，灾害年会破产，农户的生产投入量 Q_g 应当

满足 $w_gQ_g\theta x < \dfrac{cQ_g^2(1+r_g)}{1-s} \leqslant w_gQ_gx$，农产品市场价格高于批发价格应当满

足 $a-bQ_gx>w_g$。农户的期望利润函数为

$$\Pi_g(Q_g)=k\left[w_gQ_gx-\dfrac{cQ_g^2(1+r_g)}{1-s}\right] \tag{4.11}$$

丰收年农户能够偿还银行的本息和，买方企业的利润为 $(p_{g1}-w_g)Q_gx$；

若在灾害年，农户的销售收入不足以偿还银行贷款，农户资不抵债宣告破产，

则买方企业承担 λ_e 比例的农户无法偿还部分的银行贷款，买方企业的利润为

$$(p_{g2}-w_g)Q_g\theta x-\lambda_e\left[\dfrac{cQ_g^2(1+r_g)}{1-s}-w_gQ_g\theta x\right] \tag{4.12}$$

根据销售价格的决定机制 $p=a-bq$，丰收年的销售价格为 $p_{g1}=a-bQ_gx$，灾害年的销售价格为 $p_{g2}=a-bQ_g\theta x$，农产品市场价格高于批发价格应当满足 $a-bQ_gx>w_g$，因此企业的期望利润函数为

$$\Theta_g=k(a-bQ_gx-w_g)Q_gx+$$

$$(1-k)\left\{(a-bQ_g\theta x-w_g)Q\theta x-\lambda_e\left[\frac{cQ_g^2(1+r_g)}{1-s}-w_gQ_g\theta x\right]\right\}。$$

【引理4.3】在政企担保融资的农业供应链中，当 $w_g\leqslant a-bQ_gx$ 时，核心企业的最优批发价格为 $w_g^*=a\mu(1-s)/(2\zeta_g)$，农户最优生产投入量为 $Q_g^*=a\mu\eta_{g2}(1-s)/(2\zeta_g)$，其中 $\zeta_g=\left[\mu+b\delta\eta_{g2}-\theta x\lambda_e(1-k)\right](1-s)+c\eta_{g2}\lambda_e(1-k)(1+r_g),\eta_{g2}=\dfrac{(1-s)}{c(1+r_g)}\max\left(\dfrac{x}{2},\theta x\right)$。

因此农户的利润为

$$\Pi_g(Q_g)=a^2\mu^2k\eta_{g2}(1-s)\left[(1-s)x-c(1+r_g)\eta_{g2}\right]/(4\zeta_g^2)，企业的利润$$

为 $\Theta_g(w)=a^2\mu^2\eta_{g2}(1-s)/(4\zeta_g)$，银行的利润为

$$\Omega_g(Q_g)=$$

$$\left\{c\eta_{g2}\left[r_g-\lambda_0(1-k)(1+r_g)\right]+\lambda_0\theta x(1-k)(1-s)\right\}a^2\mu^2\eta_{g2}(1-s)/(4\zeta_g^2)，$$

消费者剩余为 $CS_g=\dfrac{a^2b\delta\mu^2\eta_{g2}^2(1-s)^2}{8\zeta_g^2}$，社会福利函数为

$$SW_g=\Pi_g+\Theta_g+\Omega_g+CS_g+\frac{scQ_g^2}{1-s}-(1-k)\lambda_g\left[\frac{cQ_g^2(1+r)}{1-s}-w_gQ_g\theta x\right]$$

$$=a^2\mu^2\eta_{g2}\frac{(1-s)}{8\zeta_g^2}\left\{\begin{array}{c}-2c\eta_{g2}(1+r_g)\left[k+(\lambda_g+\lambda_0)(1-k)\right]\\+(1-s)\left[2kx+2(\lambda_0+\lambda_g)(1-k)\theta x+b\delta\eta_g\right]+\\2\zeta_g+2\eta_{g2}cr_g+2\eta_{g2}sc\end{array}\right\}。$$

当供应链集中决策下，该部分的集中决策与第四部分的基本一致，农户的最优生产投入量为 $Q_0^*=\dfrac{a\mu}{2(b\delta+c)}$，供应链整体的期望利润函数为 $\Pi_0^*=$

$$\frac{a^2\mu^2}{4(b\delta+c)}\text{。}$$

二、基于价格承诺契约的供应链协调

情境1:丰收年和灾害年都不会破产

农户在丰收年和灾害年获得的农产品收购款分别为 $w_{gp}Q_{gp}x$ 和 $w_{gp}Q_{gp}\theta x$,而农户需要偿还的贷款金额都为 $cQ_{gp}^2(1+r_g)/(1-s)$。如果农户在丰收年和灾害年都不会破产,那么农户的生产投入量 Q_{gp} 应当满足 $w_{gp}Q_{gp}\theta x>cQ_{gp}^2(1+r_g)/(1-s)$,农产品市场价格高于批发价格应当满足 $a-bQ_{gp}x>w_{gp}$。农户的期望利润函数为

$$\Pi_{gp}(Q_{gp})=k\left[w_{gp}Q_{gp}x-\frac{cQ_{gp}^2(1+r_g)}{1-s}\right]+(1-k)\left[w_{gp}Q_{gp}\theta x-\frac{cQ_{gp}^2(1+r_g)}{1-s}\right]$$

$$(4.13)$$

假定在政企担保模式中价格承诺满足 $w_{gp}<a/(1+bx\eta_{g1})$,则农户的最优生产投入量为 $Q_{gp}^*=w_{gp}\eta_{g1}$。此时,农户在丰收年和灾害年都不会破产。表4.6显示了供应链各成员的最优期望利润。

表4.6 情境1下供应链各成员的最优期望利润

供应链成员	最优期望利润
Π_{gp}^*	$w_{gp}^2\eta_{g1}(\mu-c\eta_{g1}(1+r_g)/(1-s))$
Θ_{gp}^*	$a\mu\eta_{g1}w_{gp}-(\mu\eta_{g1}+b\delta\eta_{g1}^2)w_{gp}^2$
Ω_{gp}^*	$c\eta_{g1}^2w_{gp}^2r_g/(1-s)$
SW_{gp}	$a\mu\eta_{g1}w_{gp}-(c+b\delta/2)\eta_{g1}^2w_{gp}^2$

【命题4.5】在情景1采用政企担保融资模式中,对于价格承诺契约,有:

(1)当 $k_5<k<\dfrac{\theta}{1-\theta}$ 且 $w_{gp}=\dfrac{ac(1+r_g)}{(b\delta+c)(1-s)}$ 时,供应链能够实现完全

协调,其中 $k_5=\dfrac{2c(r_g+s)+\theta bx^2(-2\theta+1)(1-s)}{(1+2\theta)(1-\theta)(1-s)bx^2}$。

（2）当 $\{c>c_4$ 且 $k\geqslant\max[k_6,\theta/(1-\theta)]\}$ 或 $[c<c_4$ 且 $\theta/(1-\theta)<k\leqslant k_6]$ 时，$w_{gp}=\dfrac{a\mu c(1+r_g)}{2\theta x(b\delta+c)(1-s)}$，供应链能够实现完全协调。

（3）以下三种情形供应链不能实现完全协调：① $c>c_4$ 且 $k<\max\left(\dfrac{\theta}{1-\theta},k_6\right)$；② $c<c_4$ 且 $k<\dfrac{\theta}{1-\theta}$；③ $c<c_4$ 且 $k\geqslant k_6$。其中 $c_4=\dfrac{b\theta x^2(1-s)(1+2\theta)}{(1+r_g)}$，$k_6=\dfrac{\theta[(1-s)(1-2\theta)b\theta x^2+c(r_g+2s-1)]}{(1-\theta)[(1-s)(1+2\theta)b\theta x^2-c(1+r_g)]}$。

命题4.5表明，当 $k<\theta/(1-\theta)$ 且供应链完全协调时，农户的利润为 $\Pi_{gp}(Q_{gp})=\dfrac{a^2\mu^2c(1+r_g)}{4(1-s)(b\delta+c)^2}$，企业的利润为 $\Theta_{gp}(Q_{gp})=\dfrac{a^2\mu^2[b\delta(1-s)-2c(s+r_g)]}{4(1-s)(b\delta+c)^2}$，银行的利润为 $\Omega_{gp}(Q_{gp})=\dfrac{a^2\mu^2cr_g}{4(1-s)(b\delta+c)^2}$，政府总收入为 $\dfrac{scQ_{gp}^2}{1-s}=\dfrac{a^2\mu^2sc}{4(1-s)(b\delta+c)^2}$。

当 $k\geqslant\dfrac{\theta}{1-\theta}$ 且供应链完全协调时，农户的利润为 $\Pi_{gp}(Q_{gp})=\dfrac{a^2\mu^2c(1+r_g)(\mu-\theta x)}{4\theta x(1-s)(b\delta+c)^2}$，企业的利润为 $\Theta_{gp}(Q_{gp})=\dfrac{a^2\mu^2[\theta x(1-s)(b\delta+2c)-\mu c(1+r_g)]}{4\theta x(1-s)(b\delta+c)^2}$，银行的利润为 $\Omega_{gp}(Q_{gp})=\dfrac{a^2\mu^2cr_g}{4(1-s)(b\delta+c)^2}$，政府总收入为 $\dfrac{scQ_{gp}^2}{1-s}=\dfrac{a^2\mu^2sc}{4(1-s)(b\delta+c)^2}$。

情境2：丰收年不会破产，灾害年会破产

农户在丰收年和灾害年获得的农产品收购款分别为 $w_{gp}Q_{gp}x$ 和 $w_{gp}Q_{gp}\theta x$，而农户需要偿还的贷款金额都为 $\dfrac{cQ_{gp}^2(1+r_g)}{1-s}$。如果农户在灾害年会破产，在丰收年不会破产，那么农户的生产投入量 Q_{gp} 应当满足 $w_{gp}Q_{gp}\theta x<$ $\dfrac{cQ_{gp}^2(1+r_g)}{1-s}<w_{gp}Q_{gp}x$，农产品市场价格高于批发价格应当满足 $a-bQ_{gp}x>w_{gp}$。农户的期望利润函数为

$$\Pi_{gp}(Q_{gp})=k\left[w_{gp}Q_{gp}x-\frac{cQ_{gp}^2(1+r_g)}{1-s}\right] \tag{4.14}$$

假定在政企担保模式中价格承诺满足 $w_{gp}<\dfrac{a}{1+bx\eta_{g2}}$，则农户的最优生产投入量为 $Q_{gp}^*=w_{gp}\eta_{g2}$，其中 $\eta_{g2}=\dfrac{(1-s)}{c(1+r_g)}\max\left(\dfrac{x}{2},\theta x\right)$。此时，农户在灾害年会破产，在丰收年不会破产。表 4.7 显示了供应链各成员的最优期望利润。

表4.7　情境2下的最优值

$$\Pi_{gp}^*=\left[x-\frac{c\eta_{g2}(1+r_g)}{1-s}\right]k\eta_{g2}w_{gp}^2$$

$$\Theta_{gp}^*=a\mu\eta_{g2}w_{gp}-\left\{\mu\eta_{g2}+b\delta\eta_{g2}^2+(1-k)\lambda_e\left[\frac{c\eta_{g2}^2(1+r_g)}{1-s}-\eta_{g2}\theta x\right]\right\}w_{gp}^2$$

$$\Omega_{gp}^*=\left[r_g-\lambda_0(1-k)(1+r_g)\right]\frac{c\eta_{g2}^2w_{gp}^2}{1-s}+\lambda_0\eta_{g2}w_{gp}^2\theta x(1-k)$$

$$\Psi_{gp}=\left[s-\lambda_g(1-k)(1+r_g)\right]\frac{c\eta_{g2}^2w_{gp}^2}{1-s}+\lambda_0\eta_{g2}w_{gp}^2\theta x(1-k)$$

$$SW_{gp}=a\mu\eta_{g2}w_{gp}-\left(\frac{1}{2}b\delta+c\right)\eta_{g2}^2w_{gp}^2$$

【命题 4.6】在情景 2 采用政企担保融资模式的供应链中，对于价格承诺契约，有：

(1)假设 $\theta>\dfrac{1}{2}$。如果 $\left[c>c_4\text{ 且 }k\geqslant\max\left(\dfrac{\theta}{1-\theta},k_6\right)\right]$ 或 $\left(c<c_4\text{ 且 }\dfrac{\theta}{1-\theta}<k\leqslant k_6\right)$，且 $w_{gp}=\dfrac{a\mu c(1+r_g)}{2\theta x(1-s)(b\delta+c)}$，那么供应链能够实现完全协调。

(2)假设 $\theta \leqslant \dfrac{1}{2}$。如果 $(c < c_5$ 且 $k \geqslant k_7)$ 或 $(c > c_5$ 且 $k < k_7)$，且 $w_{gp} = \dfrac{a\mu c(1+r_g)}{x(1-s)(b\delta+c)}$，那么供应链能够实现完全协调。

(3)以下五种情形供应链不能实现完全协调：

① $c > c_4$ 且 $k < \max\left(\dfrac{\theta}{1-\theta}, k_6\right)$；② $c < c_4$ 且 $k < \dfrac{\theta}{1-\theta}$；③ $c < c_4$ 且 $k > k_6$；

④ $c < c_5$ 且 $k < k_7$；⑤ $c > c_5$ 且 $k > k_7$。

其中 $c_5 = \dfrac{b\theta x^2(1-s)(1+2\theta)}{(1+r_g)}$，

$$k_7 = \frac{2c(1-s)+2c\theta(1+r_g)+b\theta x^2(1-s)(1-2\theta)}{(1-\theta)\left[bx^2(1+2\theta)(1-s)-2c(1+r_g)\right]}。$$

命题4.6表明，当 $\theta > 1/2$ 且供应链完全协调时，农户的利润为 $\Pi_{gp}(Q_{gp}) = ckx(1+r_g)(1-\theta)\dfrac{a^2\mu^2}{4\theta x(1-s)(b\delta+c)^2}$，企业的利润为

$$\Theta_{gp}(Q_{gp}) = \frac{a^2\mu^2\left[\theta xb\delta(1-s)+2\theta xc(1-s)-\mu c(1+r_g)\right]}{4\theta x(1-s)(b\delta+c)^2},$$

银行的利润为 $\Omega_{gp}(Q_{gp}) = \dfrac{a^2\mu^2 cr_g}{4(1-s)(b\delta+c)^2}$，政府总收入为 $\Psi_{gp} = \dfrac{a^2\mu^2 sc}{4(1-s)(b\delta+c)^2}$。当 $\theta \leqslant 1/2$ 且供应链完全协调时，农户的最优期望利润为

$$\Pi_{gp}(Q_{gp}) = \frac{a^2\mu^2 ck(1+r_g)}{4(1-s)(b\delta+c)^2},$$

企业的最优期望利润为

$$\Theta_{gp}(Q_{gp}) =$$

$$\frac{a^2\mu^2\left[b\delta x(1-s)+2cx(1-s)-2\mu c(1+r_g)-cx\lambda_e(1-k)(1+r_g)(1-2\theta)\right]}{4x(1-s)(b\delta+c)^2},$$

银行的最优期望利润为 $\Omega_{gp}(Q_{gp}) = \dfrac{a^2\mu^2 c\left[r_g + (2\theta - 1)(1 + r_g)(1 - k)\lambda_0\right]}{4(1-s)(b\delta + c)^2}$，

政府总支出为 $\dfrac{a^2\mu^2 c\left[(1 + r_g)(1 - k)(1 - 2\theta)\lambda_g - s\right]}{4(1-s)(b\delta + c)^2}$。

三、基于收益共享契约的供应链协调

情境1:丰收年和灾害年都不会破产

农户在丰收年和灾害年获得的农产品收购款和收益共享的款项分别为 $w_{gr}Q_{gr}x + (1 - \varphi)p_{gr1}Q_{gr}x$ 和 $w_{gr}Q_{gr}\theta x + (1 - \varphi)p_{gr2}Q_{gr}\theta x$，而农户需要偿还的贷款金额都为 $cQ_{gr}^2(1 + r_g)/(1 - s)$。如果农户在丰收年和灾害年都不会破产，那么农户的生产投入量 Q_{gr} 应当满足 $w_{gr}Q_{gr}\theta x + (1 - \varphi)p_{gr2}Q_{gr}\theta x > cQ_{gr}^2(1 + r_g)/(1 - s)$，农产品市场价格高于批发价格应当满足 $w_{gr} < a - bQ_{gr}x$。农户的期望利润函数为

$$\mathrm{II}_{gr}(Q_{gr}) = k\left[w_{gr}Q_{gr}x - \frac{cQ_{gr}^2(1 + r_g)}{1 - s} + (1 - \varphi)p_{gr1}Q_{gr}x\right]$$
$$+ (1 - k)\left[w_{gr}Q_{gr}\theta x - \frac{cQ_{gr}^2(1 + r_g)}{1 - s} + (1 - \varphi)p_{gr2}Q_{gr}\theta x\right] \tag{4.15}$$

将 $p = a - bq$ 代入期望利润函数，丰收年的销售价格 $p_{gr1} = a - bQ_{gr}x$，灾害年的销售价格 $p_{gr2} = a - bQ_{gr}\theta x$，化简可得农户的期望利润函数如下:

$$\mathrm{II}_{gr}(Q_{gr}) = -\frac{cQ_{gr}^2(1 + r_g)}{1 - s} - \overline{\varphi}b\delta Q_{gr}^2 + (\overline{\varphi}a + w_{gr})\mu Q_{gr} \tag{4.16}$$

在收益共享契约的政企担保模式中，核心企业的承诺价格若满足 $w_{gr} < \dfrac{a\left[1 - (1 - s)bx\gamma_3\overline{\varphi}\right]}{1 + (1 - s)bx\gamma_3}$，则农户的最优生产投入量为 $Q_{gr}^* = (a\overline{\varphi} + w_{gr})(1 - s)\gamma_3$，其中

$$\gamma_3 = \min\left\{\frac{\mu}{2(1-s)b\delta\overline{\varphi}+2c(1+r_g)}, \frac{\theta x}{(1-s)\overline{\varphi}b\theta^2 x^2 + c(1+r_g)}\right\}。$$

表4.8显示了供应链各成员的最优值。

表4.8　情境1下供应链各成员的最优值

供应链成员	最优值
Π_{gr}^*	$\gamma_3(w_{br}+a\overline{\varphi})^2(1-s)\left[\mu - \overline{\varphi}b\delta\gamma_3(1-s) - c\gamma_3(1+r_g)\right]$
Θ_{gr}^*	$\gamma_3(w_{br}+a\overline{\varphi})(1-s)\left[(\varphi a - w_{gr})\mu - b\varphi\delta\gamma_3(1-s)(w_{br}+a\overline{\varphi})\right]$
Ω_{gr}^*	$cr_g\gamma_3^2(w_{gr}+a\overline{\varphi})^2(1-s)$
CS_{gr}	$\frac{1}{2}b\delta\gamma_3^2(1-s)^2(w_{gr}+a\overline{\varphi})^2$
Ψ_{gr}	$sc(1-s)\gamma_3^2(w_{gr}+a\overline{\varphi})^2$
SW_{gr}	$\gamma_3(w_{gr}+a\overline{\varphi})(1-s)\left[a\mu - \gamma_3\left(\frac{1}{2}b\delta(1-s)+c-cs\right)(w_{gr}+a\overline{\varphi})\right]$

【**命题4.7**】在情景1采用政企担保融资模式的供应链中,对于收入共享契约,有:

(1)当$c>c_6$且$k>k_8$,满足$w_{gr}<\dfrac{(1+r_g)ac+(\theta-1)(1-s)ab\overline{\varphi}\theta x^2}{(1+r_g)c+(\theta\overline{\varphi}+1)(1-s)b\theta x^2}$,

且$a\mu\left[(1+r_g)c+(1-s)\overline{\varphi}b\theta^2 x^2\right]=2\theta x(b\delta+c)(a\overline{\varphi}+w_{gr})(1-s)$时,供应链能够实现完全协调。

(2)当$c>c_6$且$k<k_8$或$c<c_6$,满足$ac(1+r_g)=(1-s)(ac\overline{\varphi}+b\delta w_{gr}+cw_{gr})$且$w_{gr}<\dfrac{2ac(1+r_g)+ab\overline{\varphi}(2\delta-x\mu)(1-s)}{2(1+r_g)c+b(1-s)(2\overline{\varphi}\delta+x\mu)}$时,供应链能够实现协调。

其中,$c_6=\dfrac{(\theta+2)(1-s)\overline{\varphi}b\theta x^2}{1+r_g}$,

$$k_8 = \frac{\theta\left[(1+r_g)c + (1-s)\overline{\varphi}\,b\theta^2 x^2\right]}{(1-\theta)\left[(1+r_g)c - (\theta+2)(1-s)\overline{\varphi}\,b\theta x^2\right]}。$$

情境2：丰收年不会破产，灾害年会破产

农户在丰收年和灾害年获得的农产品收购款分别为 $w_{gr}Q_{gr}x$ 和 $w_{gr}Q_{gr}\theta x$，而农户需要偿还的贷款金额都为 $cQ_{gr}^2(1+r_g)/(1-s)$。如果农户在丰收年不会破产，灾害年会破产，那么农户的生产投入量 Q_{gr} 应当满足

$$w_{gr}Q_{gr}\theta x + (1-\varphi)p_{gr2}Q_{gr}\theta x < \frac{cQ_{gr}^2(1+r_g)}{1-s} < w_{gr}Q_{gr}x + (1-\varphi)p_{gr1}Q_{gr}x，$$

农产品市场价格高于批发价格应当满足 $a - bQ_{gr}x > w_{gr}$。

农户的期望利润函数为

$$\Pi_{gr}(Q_{gr}) = k\left[w_{gr}Q_{gr}x - \frac{cQ_{gr}^2(1+r_g)}{1-s} + (1-\varphi)p_{gr1}Q_{gr}x\right] \quad (4.17)$$

将 $p = a - bq$ 代入期望利润函数，丰收年的销售价格 $p_{gr1} = a - bQ_{gr}x$，灾害年的销售价格 $p_{gr2} = a - bQ_{gr}\theta x$，化简可得农户的期望利润函数如下：

$$\Pi_{gr}(Q_{gr}) = k\left\{-\left[\frac{c(1+r_g)}{1-s} + \overline{\varphi}\,bx^2\right]Q_{gr}^2 + (w_{gr} + \overline{\varphi}\,a)Q_{gr}x\right\} \quad (4.18)$$

假定在收益共享契约下的政企担保模式中满足 $w_{gr} < \dfrac{a - bx\gamma_4 a\overline{\varphi}(1-s)}{1 + bx\gamma_4(1-s)}$，则农户的最优生产投入量为 $Q_{gr}^* = (a\overline{\varphi} + w_{gr})(1-s)\gamma_4$，其中

$$\gamma_4 = \max\left\{\frac{x}{2\overline{\varphi}\,bx^2(1-s) + 2c(1+r_g)}, \frac{\theta x}{\overline{\varphi}\,b\theta^2 x^2(1-s) + c(1+r_g)}\right\}。$$

此时农户在灾害年有破产风险，而在丰收年没有破产风险。表4.9显示了供应链各成员的最优值。

表4.9 情境2下供应链各成员的最优值

供应链成员	最优值
Π_{gr}^{*}	$k\gamma_4\left(w_{gr}+a\bar{\varphi}\right)^2(1-s)\left[x-\bar{\varphi}b\gamma_4(1-s)x^2-c\gamma_4(1+r_g)\right]$
Θ_{gr}^{*}	$\gamma_4\left(w_{gr}+a\bar{\varphi}\right)(1-s)\left[\left(\varphi a-w_{br}\right)\mu-b\varphi\delta\gamma_4(1-s)\left(w_{gr}+a\bar{\varphi}\right)\right]$ $+(1-k)\gamma_4\left(w_{gr}+a\bar{\varphi}\right)^2(1-s)\lambda_e\left[\theta x-\bar{\varphi}(1-s)b\gamma_4\theta^2x^2-c\gamma_4(1+r_g)\right]$
Ω_{gr}^{*}	$cr_g\gamma_4^2\left(w_{gr}+a\bar{\varphi}\right)^2(1-s)$ $+(1-k)\gamma_4\left(w_{gr}+a\bar{\varphi}\right)^2(1-s)\lambda_0\left[\theta x-\bar{\varphi}(1-s)b\gamma_4\theta^2x^2-c\gamma_4(1+r_g)\right]$
CS_{gr}	$\dfrac{1}{2}b\delta\gamma_4^2(1-s)^2\left(w_{br}+a\bar{\varphi}\right)^2$
Ψ_{gr}	$sc(1-s)\gamma_4^2\left(w_{br}+a\bar{\varphi}\right)^2-\lambda_g\gamma_4(1-k)(1-s)\left(a\bar{\varphi}+w_{gr}\right)^2$ $\left[c\gamma_4(1+\gamma_g)+\bar{\varphi}b\gamma_4\theta^2x^2(1-s)-\theta x\right]$
Π_{gr}	$\gamma_4(1-s)\left(a\bar{\varphi}+w_{gr}\right)\left[-(c+b\delta)(1-s)\left(a\bar{\varphi}+w_{gr}\right)\gamma_4+a\mu\right]$
SW_{gr}	$\gamma_4\left(w_{gr}+a\bar{\varphi}\right)^2(1-s)\left[\mu-\dfrac{1}{2}b\delta\gamma_4(1-s)-c\gamma_4(1-s)\right]$ $+\mu\gamma_4\left(w_{gr}+a\bar{\varphi}\right)(1-s)\left(a\varphi-w_{gr}\right)$

【命题4.8】在情境2采用政企担保融资模式的供应链中,对于收入共享契约,有:

(1) 如果 $\theta>\dfrac{1}{2}$ (或 $\theta<\dfrac{1}{2}$, $\bar{\varphi}>\dfrac{(1-2\theta)(1+r_g)c}{(2-\theta)(1-s)b\theta x^2}$) , 且 $w_{gr}=\dfrac{a\mu\left[(1+r_g)c+(1-s)\bar{\varphi}b\theta^2x^2\right]}{2\theta x(b\delta+c)(1-s)}-a\bar{\varphi}$,那么供应链实现协调。

(2) 如果 $\theta<\dfrac{1}{2}$, $\bar{\varphi}<\dfrac{(1-2\theta)(1+r_g)c}{(2-\theta)(1-s)b\theta x^2}$ 且 $w_{gr}=\dfrac{(1-s)a\mu\bar{\varphi}bx^2+a\mu c(1+r_g)}{x(1-s)(b\delta+c)}$ $-a\bar{\varphi}$,那么供应链实现协调。

为了进一步探究政企担保融资模式,我们采用数值仿真的方式,对比收益共享契约下和分散决策下各方期望利润,参数设置如下:$c=3,a=20,b=0.6,s=0.02,r_g=0.0584,k=0.7,\theta=0.6,x_0=6$。

如图4.2所示,政企担保融资模式下,收益共享契约与分散决策相比,当农户在丰收年不会破产,灾害年会破产时,核心企业可以通过调整批发价格和收益分享比例,实现供应链成员收益的帕累托改进。另外,供应链可以同时实现帕累托改进和完全协调。

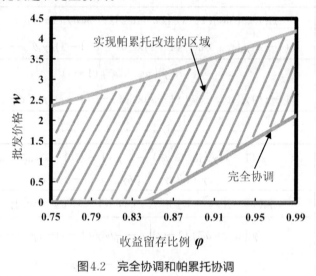

图4.2　完全协调和帕累托协调

第五节　农业供应链成员融资策略选择研究

一、价格承诺契约下,银行融资、政企担保融资模式的比较

对不同融资模式下,采用价格承诺契约时的决策、成员期望利润进行比较。

情境1:丰收年和灾害年都不会破产

【命题4.9】价格承诺契约下,银行融资与政企担保融资的最优决策比较:

(1)当 $\dfrac{w_{gp}}{w_{bp}} > \dfrac{1+r_g}{(1-s)(1+r_b)}$ 时, $Q_{gp}^* > Q_{bp}^*$,否则 $Q_{gp}^* \leqslant Q_{bp}^*$ 。

(2)当 $\dfrac{w_{gp}^2}{w_{bp}^2} > \dfrac{1+r_g}{(1-s)(1+r_b)}$ 时, $\Pi_{gp} > \Pi_{bp}$,否则 $\Pi_{gp} \leqslant \Pi_{bp}$ 。

(3)当 $\dfrac{w_{gp}^2}{w_{bp}^2} > \dfrac{r_b\left(1+r_g\right)^2}{r_g\left(1-s\right)\left(1+r_b\right)^2}$ 时,$\Omega_{gp}^* > \Omega_{bp}^*$,否则 $\Omega_{gp}^* \leqslant \Omega_{bp}^*$。

命题4.9(1)表明,在政企担保的核心企业承诺价格低于银行融资的承诺价格时,农户在银行融资模式下的生产投入量更高。命题4.9(2)表明,如果政企担保融资承诺价格与银行融资承诺价格的平方比大于一个阈值,则政企担保融资模式下农户的预期利润较高,否则就较低。命题4.9(3)表明,政企担保融资承诺价格与银行融资承诺价格的平方比大于固定值时(阈值),则政企担保融资模式下银行预期收益较高,否则就较小。

如图4.3所示,在价格承诺契约下,当农户在丰收年和灾害年都不会破产时,ρ_1 和 ρ_2 线上的所有点都满足两种情境下农户的期望收益相等,即 ρ_1 表示 $\Pi_{gp} = \Pi_{bp}$;ρ_2 线上的所有点都满足两种情境下核心企业的期望收益相等,即 ρ_2 表示 $\Theta_{gp} = \Theta_{bp}$。区域A表示当政企担保与银行融资下的承诺价格比例 w_{gp}/w_{bp} 低于固定值时,农户倾向于政企担保,核心企业倾向于银行融资。区域B表示当政企担保与银行融资下的承诺价格比例 w_{gp}/w_{bp} 介于 ρ_1,ρ_2 两条线之间时,农户与核心企业双方都倾向于银行融资。区域C表示当政企担保与银行融资下的承诺价格比例 w_{gp}/w_{bp} 高于固定值时,农户倾向于银行融资,核心企业倾向于政企担保融资。

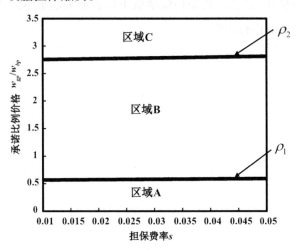

图4.3　各成员融资偏好分析

情境2:丰收年不会破产,灾害年会破产

【命题4.10】价格承诺契约下,银行融资与政企担保融资的最优决策比较:

(1)当 $\dfrac{w_{gp}^2}{w_{bp}^2} > \dfrac{(1+r_g)}{(1-s)(1+r_b)}$ 时,$Q_{gp}^* > Q_{bp}^*$,否则 $Q_{gp}^* < Q_{bp}^*$。

(2)当 $\dfrac{w_{gp}^2}{w_{bp}^2} > \dfrac{1+r_g}{(1-s)(1+r_b)}$ 时,$\Pi_{gp}^* > \Pi_{bp}^*$,否则 $\Pi_{gp}^* \leqslant \Pi_{bp}^*$。

命题4.10(1)表明,在政企担保的核心企业承诺价格与银行融资的承诺价格的平方比值大于固定值时,农户在政企担保融资模式下的生产投入量更高;在政企担保的核心企业承诺价格与银行融资的承诺价格的平方比值小于固定值时,农户在银行融资模式下的生产投入量更高。命题4.10(2)表明,在政企担保的核心企业承诺价格与银行融资的承诺价格的平方比值大于固定值时,银行在政企担保融资模式下的期望收益更高;在政企担保的核心企业承诺价格与银行融资的承诺价格的平方比值小于固定值时,农户在银行融资模式下的期望收益更高。

如图4.4所示,随着承诺价格比例的增加,农户的预期收入继续增加,农户将倾向于政企担保融资。企业将倾向于政府在 ρ_3 到 ρ_5 地区的企业担保融资。当批发价格比过高时,政企担保融资下的企业采购成本继续增加,因此,企业将偏好传统的银行融资。

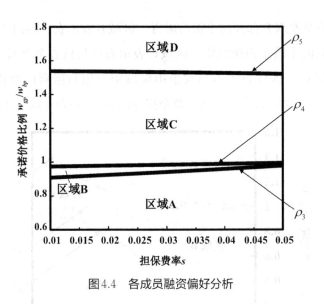

图4.4　各成员融资偏好分析

二、收益共享契约下,银行融资、政企担保融资模式的比较

情境1:丰收年和灾害年都不会破产

关于最优决策的对比,在银行融资模式下,农户最优生产投入量为

$Q_{br}^* = (w_{br} + a\overline{\varphi})\gamma_1$,其中

$$\gamma_1 = \min\left\{\frac{\mu}{2\left[b\delta\overline{\varphi} + c(1+r_b)\right]}, \frac{\theta x}{(1+r_b)c + \overline{\varphi}b\theta^2 x^2}\right\}。$$

在政企担保融资模式下,农户最优生产投入量为 $Q_{gr}^* = (a\overline{\varphi} + w_{gr})(1-s)\gamma_3$,其中

$$\gamma_3 = \min\left\{\frac{\mu}{2(1-s)b\delta\overline{\varphi} + 2c(1+r_g)}, \frac{\theta x}{(1-s)\overline{\varphi}b\theta^2 x^2 + c(1+r_g)}\right\}。$$

如图4.5所示,在收益共享契约下,当农户在丰收年和灾害年都不会破产时,ρ_2上的所有点都满足两种情境下农户的期望收益相等,即 $\Pi_{br} = \Pi_{gr}$;ρ_1 和 ρ_3 上的所有点都满足两种情境下核心企业的期望收益相等,即 $\Theta_{br} = \Theta_{gr}$。区域A表示当政企担保融资与银行融资的承诺价格比例 w_{gr}/w_{br} 低于固定值时,

农户与核心企业双方都倾向于银行融资。区域B表示农户倾向于银行融资，核心企业倾向于政企担保融资。区域C表示农户与核心企业双方都倾向于政企担保融资。区域D表示当政企担保融资与银行融资的承诺价格比例 w_{gr}/w_{br} 高于固定值时，农户倾向于政企担保融资，核心企业倾向于银行融资。

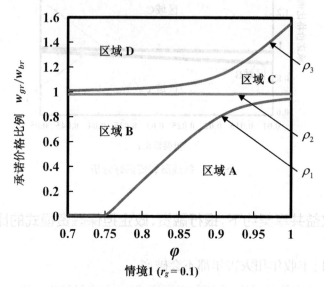

情境1 ($r_g = 0.1$)

图4.5　各成员融资偏好分析

情境2：丰收年不会破产，灾害年会破产

本部分只研究丰收年不会破产，灾害年会破产的情境。关于最优决策的对比，在银行融资模式下，农户最优投入生产量为 $Q^*_{br} = (w_{br} + a\overline{\varphi})\gamma_2$，其中

$$\gamma_2 = \max\left\{ \frac{x}{2\left[(1+r_b)c + \overline{\varphi}bx^2\right]}, \frac{\theta x}{(1+r_b)c + \overline{\varphi}b\theta^2 x^2} \right\}。$$ 在政企担保融资模

式下，农户最优投入生产量为 $Q^*_{gr} = (a\overline{\varphi} + w_{gr})(1-s)\gamma_4$，其中

$$\gamma_4 = \max\left\{ \frac{x}{2\overline{\varphi}bx^2(1-s) + 2c(1+r_g)}, \frac{\theta x}{\overline{\varphi}b\theta^2 x^2(1-s) + c(1+r_g)} \right\}。$$

如图4.6所示，在收益共享契约下，当农户在丰收年不会破产，灾害年会破产时，政企担保融资下的社会福利高于银行融资，随着批发价格的升高，政企担保融资和银行融资下的农户投产量差距越来越小。

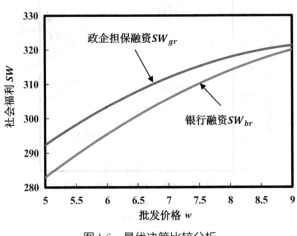

图4.6　最优决策比较分析

如图4.7所示,在收益共享契约下,当农户在丰收年和灾害年都不会破产时,ρ_5线上的所有点都满足两种情境下农户的期望收益相等,即 $\Pi_{br} = \Pi_{gr}$;ρ_4 和 ρ_6 线上的所有点都满足两种情境下核心企业的期望收益相等,即 $\Theta_{br} = \Theta_{gr}$。区域A表示当政企担保融资与银行融资的承诺价格比例 w_{gr}/w_{br} 低于固定值时,农户与核心企业双方都倾向于银行融资。区域B表示农户倾向于银行融资,核心企业倾向于政企担保融资。区域C表示农户与核心企业双方都倾向于政企担保融资。区域D表示当政企担保融资与银行融资的承诺价格比例 w_{gr}/w_{br} 高于固定值时,农户倾向于政企担保融资,核心企业倾向于银行融资。

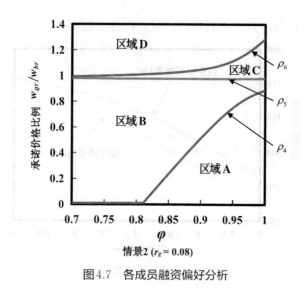

情景2 ($r_g = 0.08$)

图4.7　各成员融资偏好分析

第六节　本章小结

作为缓解农户资金匮乏的手段,"农户＋政府＋核心企业(买方)＋第三方金融机构"这一新兴的供应链金融融资模式正逐步应用,这一融资模式以政府(政府为主体的农业担保企业)担保其上下游的农户向银行贷款,从而降低银行等金融机构的信贷风险,进而提高农户贷款意愿和动力,实现农户生产力的提升。

本章主要探究了资金缺乏的农户、核心企业,在面临银行融资模式及政企担保融资模式时,如何选择最优的融资模式。在仅有银行融资模式或政企担保融资模式时,无论农户有无破产风险,价格承诺契约都无法实现帕累托改进。当两种融资模式共存时,在无破产风险的价格承诺契约下,当银行融资的承诺价格较高,核心企业的留存收益比例较高时,能够实现融资均衡,农户与核心企业都偏好银行融资;当政企担保融资的承诺价格较高,核心企业的留存收益比例较高时,能够实现融资均衡,农户与核心企业都偏好政企担保融资。当两种模式共有时,在有破产风险的价格承诺契约下,当银行融资的承诺价格较高,核心企业的留存收益比例较高时,能够实现融资均衡,农户与核心企业都偏好银行融资;当政企担保融资的承诺价格较高,核心企业的留存收益比例较高时,能够实现融资均衡,农户与核心企业都偏好政企担保融资。

　　本章研究也有其局限性:只研究了市场需求充沛的情形,现实中农产品的市场需求会存在一定的随机性;在研究过程中提供了一个固定的担保比例,实际中决策担保比例并不固定;在实践案例中,农业供应链可能会包含多个农户和企业,本章仅讨论了由一个农户和一个企业组成的二级供应链。

第五章 三级生鲜农产品供应链的期权契约协调机制研究

第一节 引　言

契约农业在发达国家和发展中国家日益普及,它为农户提供了必要的保障,以维持其持续经营和农产品的稳定供应(Federgruen et al.,2019)。美国超过60%的大型农场采用了契约制度,约占农产品年产值的40%(Niu,2016)。此外,与仅涉及两个主体之间的交易相比,涉及三个主体的交易能更有效地处理现实中的情景,如农户、食品加工商、零售商之间的供应链关系。

在本章的研究中,研究对象是一个由风险厌恶的农户、风险中性的供应商和风险厌恶的零售商组成的三级契约农业供应链。供应商先与农户签订购销契约,并确定契约参数,然后农户按照契约种植新鲜农产品(FAP)。在种植过程中,农户通常面临由极端天气和自然灾害等无法控制的因素引起的产量不确定性(Peng & Pang,2019)。此外,FAP在分销过程中也会出现很高的损失率(Cai,2013),这将加剧整个渠道流通过程中FAP供应的不确定性。供应商还将与零售商签订订单契约,零售商向顾客销售加工后的FAP。供应商首先加工初步的FAP,并设定契约参数,然后零售商根据契约确定订单数量。此时零售商无法准确衡量实际市场需求,因此面临需求的不确定性。在农户的不确定产出、分销过程中的损失率和零售商的需求不确定性的综合影响下,整条供应链中的FAP供需之间出现严重的不平衡,这最终会降低各方和供应链的利润。

契约农业可以解决上述问题并增加供应链的利润。Ye等(2020)指出,通过各种形式的契约,具有随机产量和需求的契约农业供应链可以实现协调,如期权契约和成本分摊契约,能促进供应链成员之间的合作。期权契约是用于对冲供应链风险的有效工具,在供应链中被广泛使用(Yang et al.,2017)。例如,中国电信自2009年以来每年采购规模达到1000亿元的采购契约中就使用了认购期权契约(Wang & Chen,2015)。在2011年,期权契约还占惠普采购总额的35%。然而,在农业领域使用这类契约仍然很少见。成本分摊契约是一种常用的契约形式,用于通过共享成本来分担对方的不确定风险(Liu et al.,2020),在农业供应链中有许多应用(Song et al.,2019;Ye et al.,2020)。

许多现有的关于契约农业的研究假设农户为风险中性(Federgruen et al.,2019;Chen et al.,2021)。然而,为了更贴近实际情况,本章考虑到面对产出的不确定性,农户具有风险厌恶的特征。零售商在面对需求的不确定性时也具有风险厌恶的特征。作为供应链的领导者和契约设计者,供应商在面对风险厌恶的农户时,应提供一种能有效分担其产出风险并降低其风险厌恶系数的契约。当面对风险厌恶的零售商时,供应商应提供什么样的契约给零售商呢? 基于此,本章研究了以下问题:第一,哪种类型的契约会让整条供应链,包括规避风险的农户、领先的供应商和规避风险的零售商,变得更好? 第二,损失率、风险规避系数和期权参数对供应链成员决策的影响是什么? 第三,供应链成员将如何选择契约?

为了回答这些问题,本章考虑了一个场景,即作为供应链领导者的供应商是供应商与规避风险的零售商之间的交易,以及规避风险的农户与供应商之间的交易中的契约设计者。与Yang(2017)等学者类似,本章基于博弈论分析了三种期权契约的协调策略,即看涨期权契约、看跌期权契约和双向期权契约。看涨期权契约是最常用的对冲风险的工具,看跌期权契约在期货市场中经常使用,双向期权契约可以提高供应链的灵活性。每一种期权契约都有自己的优势,因此对它们进行比较研究是非常必要的。此外,为了协调农户的生产行为,本章还考虑了成本分担契约。

查阅相关文献后,本章首次将产量和需求的不确定性、制造商和零售商的最优决策、三种期权契约机制及制造商和零售商之间的风险规避同时纳入三级契约农业供应链。具体而言,本章研究侧重于获得各种场景下供应链充分协调和帕累托改进的条件,并同时提供供应链成员对契约的选择偏好。在CVaR准则下,本章研究揭示了供应链成员的合作机制、风险规避系数和分销过程中的损失率对其战略、利润和效用的影响。

第二节 模型描述

假设天气和其他不可预测的因素导致产量存在不确定性(Shi & Cao, 2020),随机产出因子 y 是一个非负的随机变量,其累积分布函数(CDF)为 $G(y)$,概率密度函数(PDF)为 $g(y)$。此外,市场需求 x 是不确定且非负的,存在累积分布函数 $F(x)$ 和概率密度函数 $f(x)$。由于成品生产环境相对稳定,本章假设供应商在加工过程中没有产量不确定性,还假设供应链的每个成员在信息上是独立和对称的。

在配送期间,FAP 可能会在配送过程中遇到损失,如数量和质量损失。本章考虑数量损失(Cai et al., 2013)。农户产出后,从农户装载到运输至供应商的过程中,由于装卸、包装、挤压、运输等自然因素造成的损失率为 β_s。供应商装载产品并运输到零售商的过程中所存在的损失率为 β_r。假设损失在配送过程中由供应商承担,在现实生活中,损失率很可能随着供应链的推进而降低,因此,假设 $0 < \beta_r < \beta_s < 1$。为了简化公式,假设 $\Gamma(t) = \int_0^{(1-\beta_s)t} x f(x) \mathrm{d}x$。

风险偏好是影响农户和零售商决策的最重要因素。因此,本章专注于研究风险规避的农户和零售商的行为。金融和运营管理中一个普遍使用的风险度量是 CVaR 准则(Rockafellar & Uryasev, 2000),它衡量了平均利润低于 λ 分位数水平的情况,并具有良好的计算特性。假设 Π 是决策者的随机利润,定义 $\lambda - \text{CVaR}$ 值为

$EU=\max\left\{\alpha-E[\alpha-\Pi]^{+}/\lambda\right\}$，其中 $[x]^{+}=\max\{x,0\}$，α 为实数，表示损失的阈值(Fan et al.,2020)，λ 表示风险规避系数，$\lambda\in(0,1]$。λ 的值越小，决策者就会越厌恶风险。当 $\lambda=1$ 时，CVaR 模型退化为风险中性模型和 $EU=E(\Pi)$。在 CVaR 准则下，决策者的目标是最小化其随机利润的下行风险，即使 CVaR 的价值最大化。

本章研究的协调机制与期权契约有关。通常，期权契约可以是看涨期权契约，也可以是看跌期权契约，其特征在于期权价格 o_i 和行权价格 e。对于看涨期权契约，期权价格 o_1 是零售商向供应商支付的预留一单位补货能力的津贴，行权价格 e 是零售商向供应商支付的行权一单位看涨期权的费用。对于看跌期权契约，期权价格 o_2 是零售商向供应商支付的取消或退回订购的一单位产品的津贴，行权价格 e 是供应商向零售商支付的行权一单位的退款看跌期权。当零售商不确定需要改变订单数量的方向时，零售商可以以单价 o_3 购买双向期权，这使他有权根据在行权时的需求实现情况上调或下调初始订单 (Yang et al.,2017)。此外，成本分摊契约被企业广泛使用，以减轻或消除供应链成员因信息不对称而造成的双重边际化问题(Liu et al.,2020)。本章考虑了供应商和农户之间有和没有补货成本分摊契约的两种情景。在补货成本分摊契约中，供应商从现货市场承担农户补货成本的一部分($1-\varphi$，$0\leqslant\varphi<1$)，以鼓励农户履行自己的订单要求。

为了确保零售商、供应商和农户愿意参与供应链，且三种类型的期权契约具有意义，假设 $p(1-\beta_r)>e(1-\beta_r)+o_3>e(1-\beta_r)+o_1>w_r(1-\beta_r)>e(1-\beta_r)-o_2>e(1-\beta_r)-o_3$ 和 $w_f>c_f$。为确保零售商订购初始数量和期权契约数量，我们假设 $e(1-\beta_r)+o_1>w_r(1-\beta_r)>o_1$ 且 $e(1-\beta_r)+o_3>w_r(1-\beta_r)>o_3$。为了避免农户不种植的小概率情况，我们假设 $s_f>c_f$。

第三节　集中式与分散式供应链决策

一、集中供应链决策

在基准模型中,首先,供应商向农户和零售商提供批发价格契约,并设定批发价格(w_f, w_r)。然后,农户确定初始FAP的生产投入R,零售商确定给供应商的初始订单数量Q,供应商向农户提供相同的初始FAP订单数量Q。之后,农户投资种植并向供应商交付初始FAP。当农户的产量无法满足供应商的订单数量时,农户将以s_f的价格从现货市场订购初始产品来完成订单。最后,供应商加工后将产品交付给零售商,零售商以销售价格p出售给客户。

在一个集中的环境下,所有的供应链成员(供应商、农户和零售商)组成一个垂直整合的实体,一个风险的领导者供应商决定每个渠道的最佳生产输入R_T和库存水平Q_T。在这样一个完整的供应链中,预期的供应链的整体利润如下:

$$E\Pi_T^{CD} = E\left[p\min\left[(1-\beta_r)Q_T, x\right] - c_s Q_T - c_f R_T - s_f\left(\frac{Q_T}{1-\beta_s} - yR_T\right)^+ \right]$$

$$= p(1-\beta_r)Q_T - p\int_0^{(1-\beta_r)Q_T} F(x)\mathrm{d}x - c_s Q_T - c_f R_T - s_f R_T \int_{\frac{Q_T}{R_T(1-\beta_s)}}^{} G(y)\mathrm{d}y.$$

第一项是销售的总收入,第二项和第三项分别是处理和种植初始FAP的成本,第四项是农户在低产量的情况下从现货市场购买初始FAP的成本。集中供应链的最优决策详见命题5.1。

【命题5.1】$E\Pi_T^{CD}$与Q_T和R_T共同凹,最优(Q_T^*, R_T^*)的唯一求解为

$$Q_T^* = \frac{1}{(1-\beta_r)}F^{-1}\left(1 - \frac{C_s + C_\eta}{P(1-\beta_r)}\right)$$

$$\int_0^\eta yg(y)\mathrm{d}y = \frac{c_f}{s_f} \tag{5.1}$$

其中$\eta = \dfrac{Q_T^*}{R_T^*(1-\beta_s)}$, $C_\eta = \dfrac{s_f}{1-\beta_s}G(\eta)$。

为了确保 Q_T^* 有意义，假设 $p(1-\beta_r) > C_s + C_\eta$。

二、分散供应链决策

在分散决策中，考虑零售商的订单问题，零售商的随机利润函数表示如下：$\Pi_r^{DD} = p\min[(1-\beta_r)Q_0, x] - w_r(1-\beta_r)Q_0$，风险规避零售商在 CVaR 准则下的效用函数为

$$EU_r^{DD} = \alpha_r^{DD} - \frac{1}{\lambda_r}\int_0^{(1-\beta_r)Q_0}[\alpha_r^{DD} + w_r(1-\beta_r)Q_0 - px]^+ f(x)\mathrm{d}x$$

$$- \frac{1}{\lambda_r}\int_{(1-\beta_r)Q_0}^{+\infty}[\alpha_r^{DD} - (p-w_r)(1-\beta_r)Q_0]^+ f(x)\mathrm{d}x。$$

下面考虑农户的种植规划问题，农户的利润函数为

$$\Pi_r^{DD} = \frac{Q_0 w_f}{1-\beta_s} - c_f R_0 - s_f\left(\frac{Q_0}{1-\beta_s} - yR_0\right)^+。$$

第一项是农户从向供应商出售初始 FAP 中获得的收入，第二项是农户的种植成本，第三项是农户在低产量的情况下从现货市场购买初始 FAP 的成本。农户的效用函数为

$$EU_r^{DD} = \alpha_f^{DD} - \frac{1}{\lambda_r}\int_0^{\frac{Q_0}{R_0(1-\beta_s)}}\left(\alpha_f^{DD} - \frac{Q_0 w_f}{1-\beta_s} + c_f R_0 + \frac{Q_0 s_f}{1-\beta_s} - s_f R_0 y\right)^+ g(y)\mathrm{d}y$$

$$- \frac{1}{\lambda_r}\int_{\frac{Q_0}{R_0(1-\beta_s)}}^{+\infty}\left(\alpha_r^{DD} - \frac{Q_0 w_f}{1-\beta_s} + c_f R_0\right)^+ g(y)\mathrm{d}y。$$

分散供应链的均衡解在命题 5.2 中描述。

【命题 5.2】在分散的供应链中：

(1)对于零售商来说，最优损失阈值为 $\alpha_r^{DD} = (p-w_r)(1-\beta_r)Q_0$，且最优初始订单量为 $Q_0^* = \frac{1}{1-\beta_r}F^{-1}\left[\frac{\lambda_r(p-w_r)}{P}\right]$。

(2)对于农户来说，最优损失阈值为 $\alpha_r^{DD} = \frac{Q_0 w_f}{1-\beta_s} - c_f R_0$，且唯一最优 R_0^*

满足以下公式:

$$\int_0^{\eta_1} y g(y)\mathrm{d}y = \frac{\lambda_f c_f}{s_f} \tag{5.2}$$

其中 $\eta_1 = \dfrac{Q_0^*}{R_0^*(1-\beta_s)}$,因此,零售商的最优预期利润和效用是 $E\Pi_r^{DD*} = P\Gamma(Q_0^*)+(1-\lambda_r)\times(p-w_r)(1-\beta_r)Q_0^*$,且 $E\Pi_r^{DD*} = \dfrac{P}{\lambda_r}\Gamma(Q_0^*)$。农户的最优预期利润和效用如下:

$$
\begin{aligned}
E\Pi_f^{DD*} &= \frac{Q_0^*}{1-\beta_s}\left[w_f - s_f G(\eta_1) - \frac{(1-\lambda_f)c_f}{\eta_1}\right] \\
EU_f^{DD*} &= \frac{Q_0^*}{1-\beta_s}\left[w_f - \frac{s_f G(\eta_1)}{\lambda_f}\right]
\end{aligned}
\tag{5.3}
$$

供应商的最优预期利润为 $E\Pi_f^{DD*} = \left[w_r(1-\beta_r) - \dfrac{w_f}{1-\beta_s} - c_s\right]Q_0^*$。

【命题5.3】在分散的供应链中,有

(1)如果 $\lambda_f = 1$,那么 $\eta_1 = \eta$,$Q_0^* < Q_T^*$,且 $R_0^* < R_T^*$。

(2)如果 $0 < \lambda_f < 1$,那么,$\dfrac{Q_0^*}{R_0^*} < \dfrac{Q_T^*}{R_T^*}$。

命题5.3(1)表明,当农户处于风险中性时,分散决策下的订单量和生产投入总是小于集中决策下的订单量和生产投入。命题5.3(2)表明,当农户厌恶风险时,分散决策下的订单量和生产投入不能同时与集中决策下的订单数量相同,即无法达到完全协调的条件。因此,当零售商是风险厌恶的、农户是风险厌恶的或风险中性的时,仅采用批发价格契约不能完全协调具有不确定产量和随机需求的三级FAP供应链。

第四节　三种期权契约的协调策略分析

在期权契约中,首先,供应商向零售商提供了带有期权契约的批发价格契约,向农户提供了批发价格契约或补货成本分摊契约,并设定了批发价格 (w_f, w_r)、期权价格 $o_i(i=1,2,3)$、行权价格 e 和农户的补货成本分摊比例 φ。然后,农户根据初期的生产投入 R,在初期的 FAP 上进行决策,零售商确定初期的订购数量 Q 和期权的订购数量 q,供应商向农户提供相同的初期 FAP 的总订购数量 $Q+q$。然后,农户投资种植并将初期的 FAP 交付给供应商。当农户的产量无法满足供应商的总订购数量时,农户将以 s_f 的价格从现货市场订购初期产品来完成订单,或者执行补货成本分摊契约。最后,供应商经过加工后向零售商供应产品,零售商以销售价格 p 将其售卖给顾客,并决定是否执行期权契约。

一、看涨期权契约

(一)带有批发价格契约的看涨期权契约

在这种情况下,当实际市场需求超过初始订单数量 Q_1 时,零售商可以执行看涨期权契约,以价格 e 向供应商补货。因此,零售商的利润表示为:

$$\Pi_r^{CO} = p \min\left[(1-\beta_r)(Q_1+q_1), x\right] - o_1 q_1 - w_r(1-\beta_r)Q_1 \\ -e \min\left[\left[x-(1-\beta_r)Q_1\right]^+, (1-\beta_r)q_1\right]。$$

第一项是零售商的销售收入,第二项是零售商的期权订购成本,第三项是零售商的初始订购成本,第四项是行使看涨期权契约的成本。风险规避零售商在 CVaR 准则下的效用函数为

$$EU_r^{CO} = \alpha_r^{CO} - \frac{1}{\lambda_r} \int_0^{(1-\beta_r)Q_1} \left[\alpha_r^{CO} + w_r(1-\beta_r)Q_1 + o_1 q_1 - px\right]^+ f(x)dx \\ -\frac{1}{\lambda_r} \int_{(1-\beta_r)Q}^{(1-\beta_r)(Q_1+q_1)} \left[\alpha_r^{CO} - (e-w_r)(1-\beta_r)Q_1 + o_1 q_1 - (p-e)x\right]^+ f(x)dx \\ -\frac{1}{\lambda_r} \int_{(1-\beta_r)(Q_1+q_1)}^{+\infty} \left[\alpha_r^{CO} - (p-w_r)(1-\beta_r)Q_1 - (p-e)(1-\beta_r)q_1 + o_1 q_1\right]^+ f(x)dx$$

$$\tag{5.4}$$

农户的利润表示为 $\Pi_f^{CO} = \dfrac{w_f(Q_1+q_1)}{1-\beta_s} - c_f R_1 - s_f \left(\dfrac{Q_1+q_1}{1-\beta_s} - yR_1\right)^+$，效

用函数为

$$EU_f^{CO} = \alpha_f^{CO} - \frac{1}{\lambda_f}\int_0^{\frac{Q_1+q_1}{R_1(1-\beta_s)}}\left[\alpha_f^{CO} - \frac{(Q_1+q_1)w_f}{1-\beta_s} + c_f R_1 + \frac{(Q_1+q_1)s_f}{1-\beta_s} - ys_f R_1\right]^+$$

$$g(y)\mathrm{d}y - \frac{1}{\lambda_f}\int_{\frac{Q_1+q_1}{R_1(1-\beta_s)}}^{+\infty}\left[\alpha_f^{CO} - \frac{(Q_1+q_1)w_f}{1-\beta_s} + c_f R_1\right]^+ g(y)\mathrm{d}y。$$

【命题5.4】在看涨期权契约中，假设 $(p-e)(1-\beta_r)w_r > po_1$，有

(1)对于零售商来说，最优损失阈值为

$\alpha_r^{CO} = (p-w_r)(1-\beta_r)Q_1 + (p-e)(1-\beta_r)q_1 - o_1 q_1$，$EU_r^{CO}$ 与 Q_1,q_1 共

同凹，且最优 (Q_1^*,q_1^*) 的唯一求解为

$$Q_1^* = \frac{1}{(1-\beta_r)}F^{-1}\left\{\frac{\lambda_r[(e-w_r)(1-\beta_r)+o_1]}{e(1-\beta_r)}\right\}$$

$$q_1^* = \frac{1}{(1-\beta_r)}F^{-1}\left\{\frac{\lambda_r[(p-e)(1-\beta_r)-o_1]}{(p-e)(1-\beta_r)}\right\} -$$

$$\frac{1}{(1-\beta_r)}F^{-1}\left\{\frac{\lambda_r[(e-w_r)(1-\beta_r)+o_1]}{e(1-\beta_r)}\right\}。$$

(2)对于农户来说，最优损失阈值为 $\alpha_f^{CO} = \dfrac{w_f(Q_1+q_1)}{1-\beta_s} - c_f R_1$，且唯一最

优 R_1^* 满足

$$\int_0^{\frac{Q_1^*+q_1^*}{R_1^*(1-\beta_s)}} yg(y)\mathrm{d}y = \frac{\lambda_f c_f}{s_f} \tag{5.5}$$

命题5.4(1)表明，$Q_1^* < Q_0^* < Q_1^* + q_1^*$，而零售商的最优预期利润和效用

分别为

$$E\Pi_r^{CO*} = (p-e)\Gamma(Q_1^*+q_1^*) + e\Gamma(Q_1^*)$$
$$+ (1-\lambda_r)\{(1-\beta_r)[(p-w_r)Q_1^* + (p-e)q_1^*] - o_1 q_1^*\},$$

$$EU_r^{CO*} = \frac{p-e}{\lambda_r}\Gamma(Q_1^* + q_1^*) + \frac{e}{\lambda_r}\Gamma(Q_1^*)$$
$$+ \lambda_r\{(1-\beta_r)[(p-w_r)Q_1^* + (p-e)q_1^*] - o_1 q_1^*\}.$$

从等式(5.2)和(5.5)又可知，$\eta_1 = \dfrac{Q_0^*}{R_0^*(1-\beta_s)} = \dfrac{Q_1^* + q_1^*}{R_1^*(1-\beta_s)}$，因此，农户的最优预期利润和效用如下：

$$E\Pi_f^{CO*} = \left[w_f - s_f G(\eta_1) - \frac{(1-\lambda_f)c_f}{\eta_1} \right]\frac{Q_1^* + q_1^*}{1-\beta_s}$$
$$EU_f^{CO*} = \left[w_f - \frac{s_f G(\eta_1)}{\lambda_f} \right]\frac{Q_1^* + q_1^*}{1-\beta_s} \tag{5.6}$$

从等式(5.3)和(5.6)开始，$E\Pi_f^{CO*} > E\Pi_f^{DD*}$，$EU_f^{CO*} > EU_f^{DD*}$。这些结果表明，在实施看涨期权契约后，农户的最优预期利润和效用将得到提高。供应商的利润函数为

$$\Pi_s^{CO} = o_1 q_1 + w_r(1-\beta_r)Q_1 + e\min\{(1-\beta_r)q_1, [x-(1-\beta_r)Q_1]^+\}$$
$$- \frac{(Q_1 + q_1)w_f}{1-\beta_s} - c_s(Q_1 + q_1).$$

因此，在带有批发价格契约的看涨期权契约中，供应商的最优预期利润为

$$E\Pi_s^{CO*} = [(Q_1^* + q_1^*) - \Gamma(Q_1^*)] + (Q_1^* + q_1^*)\left(\frac{p\lambda_r o_1}{p-e} - \frac{w_f}{1-\beta_s} - c_s \right)$$
$$+ (1-\lambda_r)[(w_r Q_1^* + e q_1^*)(1-\beta_r) + o_1 q_1^*].$$

【命题5.5】在看涨期权契约中，有

（1）如果 $\lambda_f = 1$，$o_1 = \dfrac{(p-e)[c_s + c_\eta - p(1-\beta_r)(1-\lambda_r)]}{\lambda_r p}$，且

$\dfrac{w_r(1-\lambda_r - o_1)}{1-\beta_r} < e < \dfrac{p[w_r(1-\beta_r) - o_1]}{w_r(1-\beta_r)}$，那么 $Q_1^* + q_1^* = Q_T^*$，且 $R_1^* = R_T^*$。

（2）如果 $0 < \lambda_f < 1$，那么对于任何 o_1 和 e，有 $\dfrac{Q_1^* + q_1^*}{R_1^*} < \dfrac{Q_T^*}{R_T^*}$。

命题5.5(1)表明，当农户是风险中性，且 (o_1, e) 满足某种关系条件时，供

应链可以完全协调。此外,图 5.1 提供了期权行权价格对每个成员的最优预期利润和效用的影响的数值结果,设置以下参数值:x 和 y 都遵循正态分布,$\mu=200$,$\sigma=40$,$\mu_1=1$,$\sigma_1=0.2$,$p=20$,$\lambda_r=0.9$,$\beta_r=0.1$,$\beta_s=0.2$,$c_s=2$,$w_r=16.5$,$c_f=6$,$s_f=7.1$,$w_f=7.5$,$o_1=1.5$。图 5.1(a)显示,在区间(14.79,17.5)内,供应链也可以实现帕累托改进。命题 5.5(2)表明,当农户是风险厌恶的,并且无论 o_1 和 e 如何,期权契约下的订购数量和生产投入永远无法达到全面协调的条件。然而,图 5.1(b)显示,在区间(16.26,17.5)内,供应链可以实现帕累托改进。

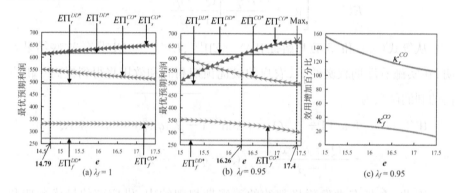

图 5.1　在带有批发价格契约的看涨期权契约中选择行权价格的影响

图 5.1(a)和 5.1(b)可以确定供应链是否能够完全协调。零售商的最优预期利润随着 e 的增加而减少,供应商的最优预期利润先增加后减少,并且在 $e=17.4$ 时达到最大值。当农户有风险厌恶时,农户的最优预期利润随着 e 的增加而减小,并会增加生产投入,以应对现货价格波动和产量不确定性的风险。同时,当 o 给定且 e 增加时,零售商会减少总订购量,供应商也会相应减少订购量,这可能会导致农户的生产成本增加和生产过剩,最终降低其利润;当农户是风险中性时,农户的最优预期利润与 e 无关。此外,零售商和农户的预期利润总是大于分散决策下的预期利润,能否实现帕累托改进取决于供应商利润的变化。

在图 5.1(c)中,$K_r^{CO}=(EU_r^{CO*}-EU_r^{DD*})/EU_r^{DD*}\times 100\%$ 表示零售商的最优效用增长率,$K_f^{CO}=(EU_f^{CO*}-EU_f^{DD*})/EU_f^{DD*}\times 100\%$ 表示看涨期权契约

中农户的最优效用增长率。我们确定了在期权契约下,零售商和农户的最优效用相比于分散决策有所增加。然而,增长率随着期权行权价格的增加而减少。因此,不论是利润还是效用,在给定期权价格的情况下,较小的行权价格对零售商和农户来说更好。

(二)带有补货成本分摊契约的看涨期权契约

当零售商和农户具有风险厌恶时,为了实现供应链的全面协调,本研究考虑了一种补货成本分摊契约,用于供应商和农户之间的交易。他们分享从农户现货市场购买初始 FAP 的成本,在产量低的情况下减少现货价格的影响,并对农户的风险厌恶程度进行对冲。农户分担补货成本比例为 φ,供应商分担补货成本比例为 $1-\varphi$。供应商和农户之间的交易是否带有补货成本分摊契约对零售商的均衡结果没有影响,包括最优初始订购数量和认购期权订购数量。因此,$E\Pi_r^{CC^*}=E\Pi_r^{CO^*}$,这样就可以获得农户的利润函数:

$$\Pi_f^{CC}=\frac{(Q_1+q_1)w_f}{1-\beta_s}-c_fR_1^C-\phi s_f(\frac{Q_1+q_1}{1-\beta_s}-yR_1^C)^+。$$

那么,风险厌恶农户的效用函数为

$$EU_f^{CC}=\alpha_f^{CC}-\frac{1}{\lambda_f}\int_0^{\frac{Q_1+q_1}{R_1^C(1-\beta_s)}}\left[\alpha_f^{CC}-\frac{(Q_1+q_1)w_f}{1-\beta_s}+c_fR_1^C+\frac{\phi s_f(Q_1+q_1)}{1-\beta_s}\right.$$
$$\left.-\phi s_f R_1^C y\right]$$
$$g(y)\mathrm{d}y-\frac{1}{\lambda_f}\int_{\frac{Q_1+q_1}{R_1^C(1-\beta_s)}}^{+\infty}\left[\alpha_f^{CC}-\frac{(Q_1+q_1)w_f}{1-\beta_s}+c_fR_1^C\right]^+ g(y)\mathrm{d}y。$$

与命题 5.4 相似,可以得到以下结果:最优损失阈值为 $\alpha_f^{CC}=\frac{(Q_1+q_1)w_f}{1-\beta_s}-c_fR_1^C$,且农户唯一的最优 $R_1^{C^*}$ 满足

$$\int_0^{\eta_1^C}yg(y)\mathrm{d}y=\frac{\lambda_f c_f}{\varphi s_f} \tag{5.7}$$

其中 $\eta_1^C=\frac{Q_1^*+q_1^*}{R_1^{C^*}(1-\beta_s)}$。因此,农户的最优预期利润和效用如下:

$$E\Pi_f^{CC*} = \left[w_f - \varphi s_f G(\eta_1^c) - \frac{(1-\lambda_f)c_f}{\eta_1^c} \right] \frac{Q_1^* + q_1^*}{1-\beta_s}$$

$$EU_f^{CC*} = \left[w_f - \frac{\varphi s_f G(\eta_1^c)}{\lambda_f} \right] \frac{Q_1^* + q_1^*}{1-\beta_s} \tag{5.8}$$

供应商的利润公式为

$$\Pi_s^{CC} = o_1 q_1 + w_r(1-\beta_r)Q_1 - e \min\left[(1-\beta_r)q_1, [x - (1-\beta_r)Q_1]^+\right]$$

$$- (1-\phi)s_f \left(\frac{Q_1 + q_1}{1-\beta_s} - y R_1^C \right)^+ - \frac{(Q_1 + q_1)w_f}{1-\beta_s} - c_s(Q_1 + q_1)。$$

因此，在带有补充成本分摊契约的看涨期权契约中，供应商的最优预期利润为

$$E\Pi_s^{CC*} = e\left[\Gamma(Q_1^* + q_1^*) - \Gamma(Q_1^*) \right] + \left[\frac{p\lambda_r o_1}{p-e} - \frac{w_f + (1-\phi)s_f G(\eta_1^c)}{1-\beta_s} - c_s \right]$$

$$(Q_1^* + q_1^*) + (1-\lambda_r)\left[(w_r Q_1^* + eq_1^*)(1-\beta_r) + o_1 q_1^*\right] + \frac{(1-\phi)\lambda_f c_f R_1^{C*}}{\phi}。$$

【命题5.6】如果 $o_1 = \dfrac{(p-e)\left[c_s + c_\eta - p(1-\beta_r)(1-\lambda_r)\right]}{\lambda_r p}$，$\varphi = \lambda_f$，且

$$\frac{w_f(1-\beta_r) - o_1}{(1-\beta_r)} < e < \frac{p\left[w_r(1-\beta_r) - o_1\right]}{w_r(1-\beta_r)}，那么 \ Q_1^* + q_1^* = Q_T^*, \ R_1^{C*} = R_T^*。$$

命题5.6表明，在某些条件下，供应链可以实现完全协调。图5.2和图5.3（其中 $\varphi = \lambda_f = 0.95$，其他参数与上述相同）显示，在某些条件下，供应链可以实现帕累托改进。如果供应商希望通过风险规避来协调农户的行为，则需要通过分享农户的风险规避程度来减少农户的生产投入和过度生产成本，从而增加供应链的总利润。因此，从本质上讲，补货成本分摊契约是一种风险共担机制。此外，它进一步说明了供应链协调是一种风险转移过程。即供应商首先通过设置补货成本分摊比率 ϕ 来分享农户的风险，然后通过设置认购期权参数 (o_1, e) 将风险转移给零售商，最终实现整条供应链的协调。

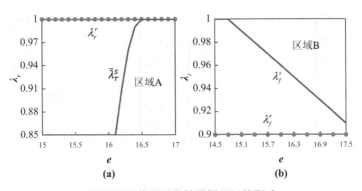

图5.2 风险规避对帕累托区间的影响

在图5.2(a)中,当$\lambda_r < \bar{\lambda}_r^s$时,$E\Pi_s^{CC*} > E\Pi_s^{DD*}$;当$\lambda_r < \lambda_r^r$时,$E\Pi_r^{CC*} > E\Pi_r^{DD*}$。因此,区域A代表了帕累托改进的区域,帕累托改进区间随着零售商的风险规避系数λ_r而减小。当零售商的风险规避程度较小时,供应商可以通过稍微降低行权价格e来分担风险,这意味着供应商可以适当地增加e以增加自己的利润。在图5.2(b)中,当$\lambda_f > \lambda_f^s$时,$E\Pi_s^{CC*} > E\Pi_s^{DD*}$;当$\lambda_f > \lambda_f^r$时,$E\Pi_r^{CC*} > E\Pi_r^{DD*}$。因此,区域B代表了帕累托改进的区域,帕累托改进区间随着农户的风险厌恶系数的增加而增加。当农户的风险厌恶程度较小,供应商将分担更少的补货成本(因为$\varphi = \lambda_f$)。此外,较小的e可以确保其利润的增长,这可以为零售商提供一个增加订单数量的动机。

在图5.3(a)中,当$\beta_r < \beta_r^s$时,$E\Pi_s^{CC*} > E\Pi_s^{DD*}$;当$\beta_r < \beta_r^r$时,$E\Pi_r^{CC*} > E\Pi_r^{DD*}$。因此,区域A代表了帕累托改进的区域,帕累托改进区间随着从供应商到零售商的分配过程中的损失率而减小。在图5.3(b)中,当$\beta_s < \beta_s^s$时,$E\Pi_s^{CC*} > E\Pi_s^{DD*}$;当$\beta_s < \beta_s^r$时,$E\Pi_r^{CC*} > E\Pi_r^{DD*}$。因此,区域B代表帕累托改进的区域,帕累托改进区间也随着从农户到供应商的分配过程中的损失率而减少。这表明,作为损失承担者的供应商可以通过在损失率较大时增加认购期权行权价格来保证自己的利润;然而当损失率过大时,供应商将无法对这部分损失进行补偿,从而无法增加自己的利润,此时,供应链无法实现帕累托改进。

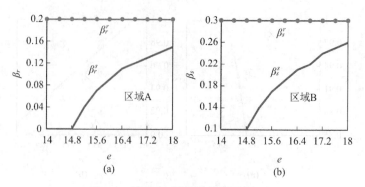

图5.3 损失率对帕累托区间的影响

【推论5.1】在看涨期权契约中,

$(1)\dfrac{\partial Q_1^*}{\partial \lambda_r}>0,\dfrac{\partial (Q_1^*+q_1^*)}{\partial \lambda_r}>0,\dfrac{\partial R_1^*}{\partial \lambda_r}>0,\dfrac{\partial R_1^{c*}}{\partial \lambda_r}>0,\dfrac{\partial R_1^*}{\partial \lambda_f}>0,\dfrac{\partial R_1^{c*}}{\partial \lambda_f}>0_{\circ}$

$(2)\dfrac{\partial Q_1^*}{\partial o_1}>0,\dfrac{\partial (Q_1^*+q_1^*)}{\partial o_1}<0,\dfrac{\partial q_1^*}{\partial o_1}<0,\dfrac{\partial R_1^*}{\partial o_1}<0,\dfrac{\partial R_1^{c*}}{\partial o_1}<0,$

$\dfrac{\partial Q_1^*}{\partial e}>0,\dfrac{\partial (Q_1^*+q_1^*)}{\partial e}<0,\dfrac{\partial q_1^*}{\partial e}<0,\dfrac{\partial R_1^*}{\partial e}<0,\dfrac{\partial R_1^{c*}}{\partial e}<0_{\circ}$

推论5.1(1)表明,零售商的风险规避程度越高,他对市场需求的估计就越保守,初始订购数量和总订购数量将越小,农户的生产投入也会减少。然而,农户的风险规避程度越高,他就会增加生产投入以应对不确定的产出风险和高补货成本。推论5.1(2)表明,当认购期权价格或行权价格增加时,零售商会增加初始订购数量并减少期权订购数量,以避免期权订购的高成本,且总的订单数量也会减少,农户的生产投入将相应减少。

二、看跌期权契约

(一)带有批发价格契约的看跌期权契约

在这部分中,当实际市场需求低于初始需求时,零售商可以执行看跌期权契约,以价格e将产品返还给供应商。因此,零售商的利润函数为

$$\Pi_r^{PO}=p\min\left[(1-\beta_r)Q_2,x\right]-o_2q_2-w_r(1-\beta_r)Q_2-e\{\min\left[(1-\beta_r)Q_2-x,(1-\beta_r)q_2\right]\}^+_{\circ}$$

第一项是零售商的销售收入,第二项是零售商的期权订货成本,第三项是零售商的初始订货成本,第四项是行使看跌期权的收入。风险规避零售商的效用函数为

$$
EU_r^{PO} = \alpha_r^{PO} - \frac{1}{\lambda_r} \int_0^{(1-\beta_r)(Q_2 - q_2)} \left[\alpha_r^{PO} - e(1-\beta_r)q_2 + w_r(1-\beta_r)Q_2 + o_2 q_2 - px \right]^+
$$

$$
f(x)\mathrm{d}x - \frac{1}{\lambda_r} \int_{(1-\beta_r)(Q_2 - q_2)}^{(1-\beta_r)Q_2} \left[\alpha_r^{PO} - (e-w_r)(1-\beta_r)Q_2 + o_2 q_2 - (p-e)x \right]^+
$$

$$
f(x)\mathrm{d}x - \frac{1}{\lambda_r} \int_{(1-\beta_r)Q_2}^{+\infty} \left[\alpha_r^{PO} - (p-w_r)(1-\beta_r)Q_2 + o_2 q_2 \right]^+ f(x)\mathrm{d}x_\circ
$$

那么,农户的利润函数为 $\mathrm{II}_f^{PO} = \dfrac{Q_2 w_f}{1-\beta_s} - c_f R_2 - s_f \left(\dfrac{Q_2}{1-\beta_s} - y R_2 \right)^+$,效用

函数为

$$
EU_f^{PO} = \alpha_f^{PO} - \frac{1}{\lambda_f} \int_0^{\frac{Q_2}{R_2(1-\beta_s)}} \left(\alpha_f^{PO} - \frac{Q_2 w_f}{1-\beta_s} + c_f R_2 + \frac{s_f Q_2}{1-\beta_s} - s_f y R_2 \right)^+ g(y)\mathrm{d}y
$$

$$
- \frac{1}{\lambda_f} \int_{\frac{Q_2}{R_2(1-\beta_s)}}^{+\infty} \left(\alpha_f^{PO} - \frac{Q_2 w_f}{1-\beta_s} + c_f R_2 \right)^+ g(y)\mathrm{d}y_\circ
$$

【命题5.7】在看跌期权契约中,假设 $e(p-w_r)(1-\beta_r) > po_2$,有

(1)对于零售商来说,最优损失阈值为 $\alpha_r^{PO} = (p-w_r)(1-\beta_r)Q_2 - o_2 q_2_\circ$

EU_r^{PO} 与 Q_2 和 q_2 共同凹,且最优 (Q_2^*, q_2^*) 的唯一求解为

$$
Q_2^* = \frac{1}{1-\beta_r} F^{-1} \left\{ \frac{\lambda_r \left[(p-w_r)(1-\beta_r) - o_2 \right]}{(p-e)(1-\beta_r)} \right\},
$$

$$
q_2^* = \frac{1}{1-\beta_r} F^{-1} \left\{ \frac{\lambda_r \left[(p-w_r)(1-\beta_r) - o_2 \right]}{(p-e)(1-\beta_r)} \right\} - \frac{1}{1-\beta_r} F^{-1} \left(\frac{\lambda_r o_2}{e(1-\beta_r)} \right)_\circ
$$

(2)对于农户来说,最优损失阈值为 $\alpha_f^{PO} = \dfrac{o_2 w_f}{1-\beta_s} - c_f R_2$,且唯一最优 R_2^*

满足

$$
\int_0^{\frac{Q_2^*}{R_2^*(1-\beta_s)}} y g(y)\mathrm{d}y = \frac{\lambda_f c_f}{s_f} \tag{5.9}
$$

命题5.7(1)表明,$Q_2^* - q_2^* < Q_0^* < Q_2^*$,零售商的最优预期利润和效用分别为

$$E\Pi_r^{PO*} = (p-e)\Gamma(Q_2^*) + e\Gamma(Q_2^* - q_2^*) + (1-\lambda_r)[(1-\beta_r)(p-w_r)Q_2^* - o_2 q_2^*],$$

$$EU_r^{PO*} = \frac{p-e}{\lambda_r}\Gamma(Q_2^*) + \frac{e}{\lambda_r}\Gamma(Q_2^* - q_2^*) + \lambda_r[(1-\beta_r)(p-w_r)Q_2^* - o_2 q_2^*]。$$

从等式(5.2)和(5.9)可知,$\eta_1 = \dfrac{Q_0^*}{R_0^*(1-\beta_s)} = \dfrac{Q_2^*}{R_2^*(1-\beta_s)}$。

因此,农户的最优预期利润和效用如下:

$$
\begin{aligned}
E\Pi_f^{PO*} &= \left[w_f - s_f G(\eta_1) - \frac{(1-\lambda_f)c_f}{\eta_1}\right]\frac{Q_2^*}{1-\beta_s} \\
EU_f^{PO*)} &= \left[w_f - \frac{s_f G(\eta_1)}{\lambda_f}\right]\frac{Q_2^*}{(1-\beta_s)}
\end{aligned}
\tag{5.10}
$$

由等式(5.3)和(5.6)可知,$E\Pi_f^{PO*} > E\Pi_f^{DD*}$,且 $EU_f^{PO*} > EU_f^{DD*}$。这些结果表明,在增加看跌期权契约后,农户的最优预期利润和效用将得到提高。供应商的利润为 $\Pi_s^{PO} = o_2 q_2 + w_r(1-\beta_r)Q_2 - e[\min[(1-\beta_r)q_2,(1-\beta_r)Q_2 - x]]^+ - \dfrac{Q_2 w_f}{1-\beta_s} - c_s Q_2$。

因此,在带有批发价格契约的看跌期权契约中,供应商的最优预期利润为

$$
\begin{aligned}
E\Pi_s^{PO*} = &\, e[\Gamma(Q_2^*) - \Gamma(Q_2^* - q_2^*)] + (1-\lambda_r)o_2 q_2^* \\
&+ \left\{(1-\beta_r)\left[w_r - \frac{e\lambda_r(p-w_r)}{p-e}\right] + \frac{p\lambda_r o_2}{p-e} - \frac{w_f}{1-\beta_s} - c_s\right\}Q_2^*。
\end{aligned}
$$

【命题5.8】在看跌期权契约中,有:

(1)如果 $\lambda_f = 1$,

$$o_2 = \frac{(p-e)(c_s + c_\eta) - p(1-\beta_r)[p(1-\lambda_r) + \lambda_r w_r - e]}{\lambda_r p},$$

且 $\dfrac{po_2}{(p-w_r)(1-\beta_r)}<e<\dfrac{w_r(1-\beta_r)+o_2}{1-\beta_r}$ ，那么 $Q_2^*=Q_T^*$，且 $R_2^*<R_T^*$。

(2)如果 $0<\lambda_f<1$，那么对于任何 o_2 和 e，有 $\dfrac{Q_2^*}{R_2^*}<\dfrac{Q_T^*}{R_T^*}$。

命题 5.8(1)表明，在某些条件下，供应链可以完全协调。根据图 5.1(a)，在看跌期权契约下的供应链也可以在区间(14.79,17.5)内实现帕累托改进，这与看涨期权契约下的情况类似。命题 5.8(2)表明，在农户具有任意风险厌恶程度和预期销售量时，看跌期权契约下的订货量和生产投入量无法达到完全协调的条件。然而，图 5.4(a)显示了供应链可以在(15,17.89)的区间内实现帕累托的改进。在图 5.4 中，$o_2=2$，其他参数与前文相同。

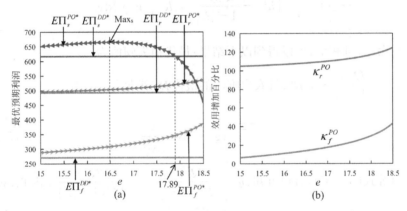

图5.4　在带有批发价格契约的看跌期权契约中选择行权价格的影响

在图 5.4(b)，$K_r^{PO}=(EU_r^{PO*}-EU_r^{DD*})/EU_r^{DD*}*100\%$ 表示零售商的最优效用增长率，$K_f^{PO}=(EU_f^{PO*}-EU_f^{DD*})/EU_f^{DD*}*100\%$ 表示看跌期权契约中农户的最优效用增长率。我们确定在与分散的供应链相比较时，看跌期权契约中零售商和农户的最优效用都得到了提高，尤其是当零售商的效用翻倍时。此外，增长比例随着行权价格的增加而增加。因此，对于零售商和农户来说，给定利润或效用的期权价格时，较大的行权价格更好。

(二)带有补货成本分摊契约的看跌期权契约

与看涨期权契约类似,我们在供应商和农户之间的交易中考虑了补货成本分摊契约。因此,我们确定如下:$E\Pi_r^{PC*}=E\Pi_r^{PO*}$,因此得到农户的利润函数为 $\Pi_f^{PC}=\dfrac{Q_2 w_f}{1-\beta_s}-c_f R_2^C-\phi s_f\left(\dfrac{Q_2}{1-\beta_s}-yR_2^C\right)^+$。那么,风险厌恶农户的效用函数为

$$EU_f^{PC}=\alpha_f^{PC}-\frac{1}{\lambda_f}\int_0^{\frac{Q_2}{R_2^C(1-\beta_s)}}\left(\alpha_f^{PC}-\frac{Q_2 w_f}{1-\beta_s}+c_f R_2^C+\frac{\phi s_f Q_2}{1-\beta_s}-\phi s_f yR_2^C\right)^+ g(y)\mathrm{d}y$$
$$-\frac{1}{\lambda_f}\int_{\frac{Q_2}{R_2^C(1-\beta_s)}}^{+\infty}\left(\alpha_f^{PC}-\frac{Q_2 w_f}{1-\beta_s}+c_f R_2^C\right)^+ g(y)\mathrm{d}y。$$

与命题5.4相似,可以得到以下结果:最优损失阈值为

$\alpha_f^{PC}=\dfrac{Q_2 w_f}{1-\beta_s}-c_f R_2^C$,且农户唯一的最优 R_2^{C*} 满足

$$\int_0^{\frac{Q_2^*}{R_2^C(1-\beta_s)}}yg(y)\mathrm{d}y=\frac{\lambda_f c_f}{\varphi s_f}\tag{5.11}$$

由等式(5.7)和(5.11)可知,$\eta_1^C=\dfrac{Q_1^*+q_1^*}{R_1^{C*}(1-\beta_s)}=\dfrac{Q_2^*}{R_2^{C*}(1-\beta_s)}$。因此,农户的最优预期利润和效用如下:

$$E\Pi_f^{PC*}=\left[w_f-\varphi s_f G(\eta_1^C)-\frac{(1-\lambda_f)c_f}{\eta_1^C}\right]\frac{Q_2^*}{1-\beta_s}$$
$$E U_f^{PC*}=\left[w_f-\frac{\varphi s_f G(\eta_1^C)}{\lambda_f}\right]\frac{Q_2^*}{1-\beta_s}\tag{5.12}$$

供应商的利润公式为

$$\Pi_s^{PC}=o_2 q_2+w_r(1-\beta_r)Q_2-e\{\min[(1-\beta_r)q_2,(1-\beta_r)Q_2-x]\}^+$$
$$-(1-\phi)s_f(\frac{Q_2}{1-\beta_s}-yR_2^C)^+-\frac{Q_2 w_f}{1-\beta}-c_s Q_2。$$

因此,在带有补货成本分摊契约的看跌期权契约中,供应商的最优预期

利润为

$$E\Pi_s^{PC*} = e\left[\Gamma(Q_2^*) - \Gamma(Q_2^* - q_2^*)\right] + (1 - \lambda_r)o_2 q_2^* + \frac{(1-\phi)\lambda_f c_f R_2^{C*}}{\phi}$$

$$+ \left\{(1-\beta_r)\left[w_r - \frac{e\lambda_r(p - w_r)}{p - e}\right] + \frac{p\lambda_r o_2}{p - e} - \frac{w_f + (1-\phi)s_f G(\eta_1^c)}{1 - \beta_s} - c_s\right\}Q_2^*.$$

【命题 5.9】如果 $o_2 = \dfrac{(p - e)(c_s + c_\eta) - p(1 - \beta_r)\left[p(1 - \lambda_r) + \lambda_r w_r - e\right]}{\lambda_r p}$,

$\varphi = \lambda_f$, 且 $\dfrac{po_2}{(p - w_r)(1 - \beta_r)} < e < \dfrac{w_r(1 - \beta_r) + w_r}{1 - \beta_r}$, 那么 $Q_2^* = Q_T^*$, 且 $R_2^* = R_T^*$。

与使用补货成本分摊契约的看涨期权契约类似,命题5.9指出当农户的补货成本分摊比例等于他的风险厌恶系数并且 (o_2, e) 满足一定的关系条件时,供应链可以完全协调。同时,与图5.2和图5.3相同,供应链也可以实现帕累托改进,零售商和农户的风险厌恶程度对帕累托改进区间的影响与使用认购期权契约相同,分配过程中的两种损失率也是如此。

【推论 5.2】在看跌期权契约中,

(1) $\dfrac{\partial Q_2^*}{\partial \lambda_r} > 0, \dfrac{\partial(Q_2^* - q_2^*)}{\partial \lambda_r} > 0, \dfrac{\partial R_2^*}{\partial \lambda_r} > 0, \dfrac{\partial R_2^*}{\partial \lambda_r} > 0, \dfrac{\partial R_2^*}{\partial \lambda_f} < 0, \dfrac{\partial R_2^{C*}}{\partial \lambda_f} < 0$。

(2) $\dfrac{\partial Q_2^*}{\partial o_2} < 0, \dfrac{\partial(Q_2^* - q_2^*)}{\partial o_2} < 0, \dfrac{\partial q_2^*}{\partial o_2} < 0, \dfrac{\partial R_2^*}{\partial o_2} < 0, \dfrac{\partial R_2^{C*}}{\partial o_2} < 0$,

$\dfrac{\partial Q_2^*}{\partial e} > 0, \dfrac{\partial(Q_2^* - q_2^*)}{\partial e} < 0, \dfrac{\partial q_2^*}{\partial e} > 0, \dfrac{\partial R_2^*}{\partial e} > 0, \dfrac{\partial R_2^{C*}}{\partial e} > 0$。

推论5.2(1)表明,零售商风险厌恶程度越高,对市场需求估计越保守,初始订单量和最低预期销售量越小,农户的生产投入也随之减少。然而,农户的风险厌恶程度越高,他就越会增加生产投入,以应对不确定的产量风险和高昂的补给成本。推论5.2(2)表明,当期权价格上涨时,零售商会减少初始订购数量以减少剩余产品数量或使用看跌期权契约并减少更多的期权订购数量,以避免期权订购的高成本。在这种情况下,最低预期销售数量将会变得更高。农户的生产投入将根据初始订单数量的减少而减少。当行权价格上涨时,结果与期权价格上涨相反。

三、双向期权契约

(一)带有批发价格契约的双向期权契约

在这部分中,当实际市场需求高于或低于初期订单量Q_3时,零售商可以执行双向期权来以价格e补充或退还产品。在这种情况下,零售商的利润函数为

$$\Pi_r^{BO} = p\min\left[(1-\beta_r)Q_3, x\right] + e\left\{\min\left[(1-\beta_r)Q_3 - x, (1-\beta_r)q_3\right]\right\}^+$$
$$+ (p-e)\min\left\{\left[x-(1-\beta_r)Q_3\right]^+, (1-\beta_r)q_3\right\} - o_3 q_3 - w_r(1-\beta_r)Q_3。$$

第一项是零售商的销售利润,第二项是行使看跌期权的利润,第三项是行使看涨期权的利润,第四项是零售商的选择订购成本,第五项是零售商的初始订购成本。规避风险零售商的效用函数为

$$EU_r^{BO} = \alpha_r^{BO} - \frac{1}{\lambda_r}\int_0^{(1-\beta_r)(Q_3-q_3)}\left[\alpha_r^{BO} - e(1-\beta_r)q_3 + w_r(1-\beta_r)Q_3 + o_3 q_3 - px\right]^+ f(x)\mathrm{d}x$$
$$-\frac{1}{\lambda_r}\int_{(1-\beta_r)(Q_3-q_3)}^{(1-\beta_r)(Q_3+q_3)}\left[\alpha_r^{BO} - (e-w_r)(1-\beta_r)Q_3 + o_3 q_3 - (p-e)x\right]^+ f(x)\mathrm{d}x$$
$$-\frac{1}{\lambda_r}\int_{(1-\beta_r)(Q_3+q_3)}^{+\infty}\left[\alpha_r^{BO} - (p-w_r)(1-\beta_r)Q_3 - (p-e)(1-\beta_r)q_3 + o_3 q_3\right]^+ f(x)\mathrm{d}x。$$

农户的利润函数为

$$\Pi_f^{BO} = \frac{(Q_3+q_3)w_f}{1-\beta_s} - c_f R_3 - s_f\left(\frac{Q_3+q_3}{1-\beta_s} - yR_3\right)^+。$$ 那么,风险厌恶的农

户效用函数为

$$EU_f^{BO} = \alpha_f^{BO} - \frac{1}{\lambda_f}\int_0^{\frac{Q_3+q_3}{R_3(1-\beta_s)}}\left[\alpha_f^{BO} - \frac{(Q_3+q_3)w_f}{1-\beta_s} + c_f R_3 + \frac{s_f(Q_3+q_3)}{1-\beta_s} - s_f yR_3\right]^+$$
$$g(y)\mathrm{d}y - \frac{1}{\lambda_f}\int_{\frac{Q_3+q_3}{R_3(1-\beta_s)}}^{+\infty}\left[\alpha_f^{BO} - \frac{(Q_3+q_3)w_f}{1-\beta_s} + c_f R_3\right]^+ g(y)\mathrm{d}y。$$

以下是关于使用双向期权契约的分散供应链均衡的描述。

【命题5.10】在双向期权契约中,假设$(pw_r + pe - 2ew_r)(1-\beta_r) > po_3$,

(1)对于零售商来说,最优损失阈值为

$\alpha_r^{BO} = (p-w_r)(1-\beta_r)Q_3 + (p-e)(1-\beta_r)q_3 - o_3q_{30}$。$EU_r^{BO}$与$Q_3$和$q_3$共同凹,且最优$(Q_3^*, q_3^*)$的唯一求解为

$$Q_3^* = \frac{1}{2(1-\beta_r)}\left(F^{-1}\frac{\lambda_r\left[(2p-e-w_r)(1-\beta_r)-o_3\right]}{2(p-e)(1-\beta_r)} + \right.$$

$$\left. F^{-1}\frac{\lambda_r\left[(e-w_r)(1-\beta_r)+o_3\right]}{2e(1-\beta_r)}\right),$$

$$q_3^* = \frac{1}{2(1-\beta_r)}\left(F^{-1}\frac{\lambda_r\left[(2p-e-w_r)(1-\beta_r)-o_3\right]}{2(p-e)(1-\beta_r)} - \right.$$

$$\left. F^{-1}\frac{\lambda_r\left[(e-w_r)(1-\beta_r)+o_3\right]}{2e(1-\beta_r)}\right)。$$

(2)对于农户来说,最优损失阈值为$\alpha_f^{BO} = \frac{w_f(Q_3+q_3)}{1-\beta_s} - c_fR_3$,且$R_3^*$满足

$$\int_0^{\frac{Q_3^*+q_3^*}{R_3^*(1-\beta_s)}} yg(y)\mathrm{d}y = \frac{\lambda_f c_f}{s_f} \tag{5.13}$$

从命题5.10(1)开始,$Q_3^* - q_3^* < Q_0^* < Q_3^* + q_3^*$,而零售商的最优预期利润和效用分别为$E\Pi_r^{BO*} = (p-e)\Gamma(Q_3^* + q_3^*) + e\Gamma(Q_3^* - q_3^*) + (1-\lambda_r)\{(1-\beta_r)[(p-w_r)Q_3^* + (p-e)q_3^*] - o_3q_3^*\}$,$EU_r^{BO*} = \frac{p-e}{\lambda_r}\Gamma(Q_3^* + q_3^*) + \frac{e}{\lambda_r}\Gamma(Q_3^* - q_3^*) + \lambda_r\{(1-\beta_r)[(p-w_r)Q_3^* + (p-e)q_3^*] - o_3q_3^*\}$。

由等式(5.2)和(5.13)可知,$\eta_1 = \frac{Q_0^*}{R_0^*(1-\beta_s)} = \frac{Q_3^* + q_3^*}{R_3^*(1-\beta_s)}$,因此,农户的最优预期利润和效用如下:

$$EΠ_f^{BO*}=\left[w_f-s_fG(\eta_1)-\frac{(1-\lambda_f)c_f}{\eta_1}\right]\frac{Q_3^*+q_3^*}{1-\beta_s}$$

$$EU_f^{BO*}=\left[w_f-\frac{s_fG(\eta_1)}{\lambda_f}\right]\frac{Q_3^*+q_3^*}{1-\beta_s}$$

(5.14)

由等式(5.3)和(5.14)可知,$EΠ_f^{BO*}>EΠ_f^{DD*}$,且$EU_f^{BO*}>EU_f^{DD*}$。这些结果表明,在增加看涨期权契约后,农户的最优预期利润和效用将得到提高。

供应商的利润函数为

$$Π_s^{BO}=o_3q_3+w_r(1-\beta_r)Q_3-\frac{(Q_3+q_3)w_f}{(1-\beta_s)}-c_s(Q_3+q_3)+$$

$$e\min\left\{\begin{matrix}[x-(1-\beta_r)Q_3]^+,\\(1-\beta_r)q_3\end{matrix}\right\}-e\left\{\min[(1-\beta_r)Q_3-x,(1-\beta_r)q_3]\right\}^+。$$

因此,在带有批发价格契约的双向期权契约中,供应商的最优预期利润为

$$EΠ_s^{BO}=e[\Gamma(Q_3^*+q_3^*)-\Gamma(Q_3^*-q_3^*)]+w_r(1-\beta_r)Q_3^*+\frac{\lambda_r}{2}[(e-w_r)(1-\beta_r)+o_3]$$

$$(Q_3^*-q_3^*)+[o_3+e(1-\beta_r)]q_3^*-\left\{\frac{e\lambda_r[(2p-e-w_r)(1-\beta_r)-o_3]}{2(p-e)}+\frac{w_f}{(1-\beta_s)}+c_s\right\}$$

$$(Q_3^*+q_3^*)。$$

【命题5.11】在双向期权契约中,存在以下情况:

(1) 如果 $\lambda_f=1$, $o_3=(2p-e-w_r)(1-\beta_r)+$
$$\frac{2(p-e)[c_s+c_\eta-p(1-\beta_r)]}{\lambda_r p},$$

且 $\dfrac{po_3-pw_r(1-\beta_r)}{(p-2w_r)(1-\beta_r)}<e<\min\left[\dfrac{p(1-\beta_r)-o_3}{1-\beta_r},\dfrac{w_r(1-\beta_r)+o_3}{1-\beta_r}\right]$, 那么 $Q_3^*+q_3^*=Q_T^*$,且$R_3^*=R_T^*$。

(2)如果$0<\lambda_f<1$,那么对于任何o_3和e,有$\dfrac{Q_3^*+q_3^*}{R_3^*}<\dfrac{Q_T^*}{R_T^*}$。

命题5.11(1)表明,在某些条件下,供应链可以完全协调。根据命题5.14和图5.1(a),我们确定供应链在区间(14.79,17.5)内也可以实现帕累托改进,

这与看涨期权契约下的情况类似。命题5.11(2)表明,在农户具有风险厌恶时,双向期权契约下的订货量和生产投入永远不能同时等于集中决策下的量,即无法达到完全协调的条件。然而,图5.5(a)显示,供应链可以在区间$(15.2,17.5)$内实现帕累托改进。在图5.5中,$o_3=3$,其他参数与以上相同。在图5.5(b)中,$K_r^{BO}=(EU_r^{BO*}-EU_r^{DD*})/EU_r^{DD*}*100\%$ 表示零售商的最优效用增长率,$K_f^{BO}=(EU_f^{BO*}-EU_f^{DD*})/EU_f^{DD*}*100\%$ 代表双向期权契约中农户的最优效用增长率。

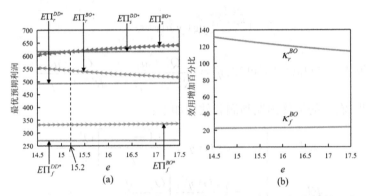

图5.5　在带有批发价格契约的双向期权契约中选择行权价格的影响

在双向期权契约中,零售商和农户的最优效用相对于分散决策而言都得到了提高,零售商的效用翻倍以上。然而,零售商的增长比例随着行权价格的增加而减少,而农户的增长比例略微增加。因此,最优效用和最优预期利润的增长趋势是一致的。

(二)带有补货成本分摊契约的双向期权契约

与看涨期权契约类似,我们在供应商和农户之间的交易中考虑了补货成本分摊契约。因此,我们确定如下:$E\Pi_r^{BC*}=E\Pi_r^{BO*}$,这样可以得到农户的利润函数为

$$\Pi_f^{BC}=\frac{(Q_3+q_3)w_f}{1-\beta_s}-c_fR_3^C-\phi s_f\left(\frac{Q_3+q_3}{1-\beta_s}-yR_3^C\right)^+。$$

那么,风险厌恶农户的效用函数为

$$EU_f^{BC} = \alpha_f^{BC} - \frac{1}{\lambda_f} \int_0^{\frac{Q_3+q_3}{R_3^C(1-\beta_s)}} \left[\alpha_f^{BC} - \frac{(Q_3+q_3)w_f}{1-\beta_s} + c_f R_3^C + \frac{\phi s_f(Q_3+q_3)}{1-\beta_s} - \phi s_f y R_3^C \right]^+ g(y)\mathrm{d}y$$

$$- \frac{1}{\lambda_f} \int_{\frac{Q_3+q_3}{R_3^C(1-\beta_s)}}^{+\infty} \left[\alpha_f^{BC} - \frac{(Q_3+q_3)w_f}{1-\beta_s} + c_f R_3^C \right]^+ g(y)\mathrm{d}y。$$

与命题 5.4 相似,我们可以得到以下结果:最优损失阈值为 $\alpha_f^{BC} = \frac{(Q_3+q_3)w_f}{1-\beta_s} - c_f R_3^C$,且农户唯一的最优 R_3^C 满足

$$\int_0^{\frac{Q_3^*+q_3^*}{R_3^{C*}(1-\beta_s)}} yg(y)\mathrm{d}y = \frac{\lambda_f c_f}{\varphi s_f} \tag{5.15}$$

由等式(5.7)和(5.15)可知,$\eta_1^C = \frac{Q_1^*+q_1^*}{R_1^{C*}(1-\beta_s)} = \frac{Q_3^*+q_3^*}{R_2^{C*}(1-\beta_s)}$。

因此,农户的最优预期利润和效用如下:

$$E\Pi_f^{BC*} = \left[w_f - \varphi s_f G(\eta_1^C) - \frac{(1-\lambda_f)c_f}{\eta_1^C} \right] \frac{Q_3^*+q_3^*}{1-\beta_s}$$

$$EU_f^{BC*} = \left[w_f - \frac{\varphi s_f G(\eta_1^C)}{\lambda_f} \right] \frac{Q_3^*+q_3^*}{1-\beta_s} \tag{5.16}$$

供应商的利润函数为

$$\Pi_s^{BC} = o_3 q_3 + w_r(1-\beta_r)Q_3 - \frac{(Q_3+q_3)w_f}{1-\beta_s} - c_s(Q_3+q_3) - (1-\phi)$$

$$s_f \left(\frac{Q_3+q_3}{1-\beta_s} - yR_3^C \right)^+ + e\min\left\{ [x-(1-\beta_r)Q_3]^+, (1-\beta_r)q_3 \right\} -$$

$$e\min\left\{ (1-\beta_r)Q_3 - x, (1-\beta_r)q_3 \right\}^+。$$

因此,在带有补货成本分担契约的看涨期权契约中,供应商的最优预期利润为

$$E\Pi_s^{BC*} = e\left[\Gamma(Q_3^* + q_3^*) - \Gamma(Q_3^* - q_3^*)\right] + \left[o_3 + e(1-\beta_r)\right]q_3^* + w_r(1-\beta_r)Q_3^*$$

$$+ \frac{\lambda_r}{2}\left[(e-w_r)(1-\beta_r) + o_3\right](Q_3^* - q_3^*) + \frac{(1-\phi)\lambda_f c_f R_3^{C*}}{\phi}$$

$$- \left\{\frac{\lambda_r e\left[(2p-e-w_r)(1-\beta_r) - o_3\right]}{2(p-e)} + \frac{w_f + (1-\phi)s_f G(\eta_1^C)}{1-\beta_s} + c_s\right\}$$

$$(Q_3^* + q_3^*)_\circ$$

【命题5.12】

如果 $o_3 = (2p - e - w_r)(1-\beta_r) + \dfrac{2(p-e)\left[c_s + c_\eta - p(1-\beta_r)\right]}{\lambda_r p}$，$\varphi =$

λ_f 且 $\dfrac{po_3 - pw_r(1-\beta_r)}{(p-2w_r)(1-\beta_r)} < e < \min\left[\dfrac{p(1-\beta_r) - o_3}{1-\beta_r}, \dfrac{w_r(1-\beta_r) + o_3}{1-\beta_r}\right]$，那么

$Q_3^* + q_3^* = Q_T^*$，且 $R_3^{C*} = R_T^*$。

与看涨期权契约和补货成本分摊契约类似，命题5.12表明，当农户的补货成本分摊比例等于其风险厌恶系数且(o_3, e)满足一定的关系条件时，供应链可以充分协调。同时，与图5.2和图5.3相同，供应链也可以实现帕累托改进。而且，零售商和农户的风险厌恶程度对帕累托改进区间的影响与看涨期权契约下相同，分配过程中的两种损失率也是如此。

【推论5.3】在双向期权契约中，

(1) $\dfrac{\partial Q_3^*}{\partial \lambda_r} > 0$，$\dfrac{\partial (Q_3^* + q_3^*)}{\partial \lambda_r} > 0$，$\dfrac{\partial (Q_3^* - q_3^*)}{\partial \lambda_r} > 0$，$\dfrac{\partial R_3^*}{\partial \lambda_r} > 0$，$\dfrac{\partial R_3^{C*}}{\partial \lambda_r} > 0$，

$\dfrac{\partial R_3^*}{\partial \lambda_f} < 0$，$\dfrac{\partial R_3^{C*}}{\partial \lambda_f} < 0$。

(2) $\dfrac{\partial (Q_3^* + q_3^*)}{\partial o_3} < 0$，$\dfrac{\partial (Q_3^* - q_3^*)}{\partial o_3} > 0$，$\dfrac{\partial q_3^*}{\partial o_3} < 0$，$\dfrac{\partial R_3^*}{\partial o_3} < 0$，

$\dfrac{\partial R_3^{C*}}{\partial o_3} < 0$，$\dfrac{\partial (Q_3^* - q_3^*)}{\partial e} > 0$。

如果 $o_3 < (p - w_r)(1-\beta_r)$，那么 $\dfrac{\partial (Q_3^* + q_3^*)}{\partial e} > 0$，$\dfrac{\partial Q_3^*}{\partial e} > 0$，且 $\dfrac{\partial R_3^{C*}}{\partial e} > 0$；

如果 $o_3 > (p - w_r)(1-\beta_r)$，那么 $\dfrac{\partial (Q_3^* + q_3^*)}{\partial e} < 0$，$\dfrac{\partial q_3^*}{\partial e} > 0$，$\dfrac{\partial R_3^*}{\partial e} < 0$，

且 $\dfrac{\partial R_3^{C*}}{\partial e} < 0$。

推论 5.3(1)表明,零售商的风险厌恶程度越高,其初始订单量、总订单量和最低预期销售量越小,农户的生产投入也会减少。然而,当农户风险厌恶程度较高时,农户会增加生产投入,以应对不确定的产出风险和较高的补给成本。推论 5.3(2)表明,当期权价格上涨时,零售商会减少期权订单数量,以避免期权订单成本过高,总订单数量会降低。然而,最低预期销售数量将会增加,农户的生产投入将根据订单总量减少。当期权价格较小且行权价格增加时,零售商会增加初始订单数量,以避免期权订单成本过高,从而增加总订单数量。农户的生产投入将根据订单总量增加。当期权价格较高且行权价格上升时,零售商会减少期权订单数量,以避免期权订单成本过高,总订单数量也会减少。农户的生产投入将根据订单总量的减少而减少。最后,当行权价格增加时,通过增加初期订单量或减少期权订购量,最小预期销售量将会增加。

第五节　期权契约的比较与选择

本节比较有和没有补货成本分摊契约的三种期权契约下零售商的最优订购量、农户的最优生产投入量及供应链成员的最优预期利润和效用,分析供应链成员对这些契约的偏好,特别考虑作为领导者的供应商的契约选择。

【命题 5.13】当 $w_r - \dfrac{o_1}{1-\beta_r} < e < \min\left[p - \dfrac{o_1}{1-\beta_r}, w_r + \dfrac{o_2}{1-\beta_r}\right]$,得到了订单数量和生产投入之间的关系,即表 5.1 所示。

表5.1　订单数量与生产投入之间的关系

期权价格	期权价格条件	订单数量关系	生产投入关系
o_1	$\left[o_2-(e-w_r)(1-\beta_r),\ \dfrac{o_3-(e-w_r)(1-\beta_r)}{2}\right]$	$Q_2^*>Q_1^*+q_1^*>Q_3^*+q_3^*$	$R_2^*>R_1^*>R_3^*$ $R_2^{C*}>R_1^{C*}>R_3^{C*}$
	$\left[\dfrac{o_3-(e-w_r)(1-\beta_r)}{2},\ o_2-(e-w_r)(1-\beta_r)\right]$	$Q_3^*+q_3^*>Q_1^*+q_1^*>Q_2^*$	$R_3^*>R_1^*>R_2^*$ $R_3^{C*}>R_1^{C*}>R_2^{C*}$
o_2	$\left[o_1+(e-w_r)(1-\beta_r),\ \dfrac{o_3-(e-w_r)(1-\beta_r)}{2}\right]$	$Q_1^*+q_1^*>Q_2^*>Q_3^*+q_3^*$	$R_1^*>R_2^*>R_3^*$ $R_1^{C*}>R_2^{C*}>R_3^{C*}$
	$\left[\dfrac{o_3+(e-w_r)(1-\beta_r)}{2},\ o_1-(e-w_r)(1-\beta_r)\right]$	$Q_3^*+q_3^*>Q_2^*>Q_1^*+q_1^*$	$R_3^*>R_2^*>R_1^*$ $R_3^{C*}>R_2^{C*}>R_1^{C*}$
o_3	$\left[2o_1+(e-w_r)(1-\beta_r),2o_1-(e-w_r)(1-\beta_r)\right]$	$Q_1^*+q_1^*>Q_3^*+q_3^*>q_2^*$	$R_1^*>R_3^*>R_2^*$ $R_1^{C*}>R_3^{C*}>R_2^{C*}$
	$\left[2o_1-(e-w_r)(1-\beta_r),2o_1+(e-w_r)(1-\beta_r)\right]$	$Q_2^*>Q_3^*+q_3^*>Q_1^*+q_1^*$	$R_2^*>R_3^*>R_1^*$ $R_2^{C*}>R_3^{C*}>R_1^{C*}$

【命题5.14】如果$o_2=(e-w_r)(1-\beta_r)+o_1$,且$o_3=(e-w_r)(1-\beta_r)+2o_1$,那么

(1) $Q_1^*+q_1^*=Q_2^*=Q_3^*+q_3^*$, $q_1^*=q_2^*=2q_3^*$, $R_1^*=R_2^*=R_3^*$, $R_1^{C*}=R_2^{C*}=R_3^{C*}$。

(2) $E\Pi_r^{CO*}=E\Pi_r^{PO*}=E\Pi_r^{BO*}$, $E\Pi_r^{CC*}=E\Pi_r^{PC*}=E\Pi_r^{BC*}$, $EU_r^{CO*}=EU_r^{PO*}=EU_r^{BO*}$。

(3) $E\Pi_f^{CO*}=E\Pi_f^{PO*}=E\Pi_f^{BO*}$, $E\Pi_f^{CC*}=E\Pi_f^{PC*}=E\Pi_f^{BC*}$, $EU_f^{CO*}=EU_f^{PO*}=EU_f^{BO*}$, $EU_f^{CC*}=EU_f^{PC*}=EU_f^{BC*}$。

(4) $E\Pi_s^{CO*}=E\Pi_s^{PO*}=E\Pi_s^{BO*}$, $E\Pi_s^{CC*}=E\Pi_s^{PC*}=E\Pi_s^{BC*}$。

根据命题5.13,当o_1、o_2和o_3满足某种关系条件时,在看涨期权契约、看跌期权契约和双向期权契约中,它们的总订购量相等,生产投入量也相等。根据命题5.14(2—4),供应链成员的利润和效用在三个期权契约下不变,无论是

零售商、供应商、农户还是整条供应链,在 $o_2 = (e - w_r)(1 - \beta_r) + o_1$ 和 $o_3 = (e - w_r)(1 - \beta_r) + 2o_2$ 时,可以选择任何一个期权契约。因此从利润和效用优化的角度来看,当供应链实现全面协调时,供应链成员可以选择任何完全相同的期权契约。

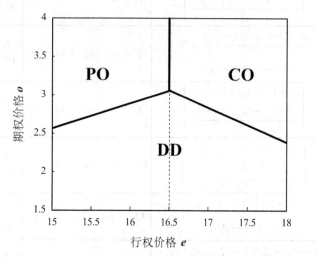

图5.6　供应商在风险规避零售商和农户条件下的契约选择

图5.6显示了当零售商和农户风险厌恶时,供应商在没有补货成本分摊契约的情况下对契约的偏好,其中 $o_3 = 1.5o, p = 25$,其他参数与前述相同。作为供应链的领导者和契约设计者,供应商的契约选择将成为整条供应链的实际选择。在图5.6中,所有契约条件和假设都得到了满足。因此,当 e 较低且 o 较高时,供应商会选择看跌期权契约;当 e 和 o 都较高时,供应商会选择看涨期权契约;当 e 适中时,供应商会选择分散决策(仅批发价格契约)。随着期权价格 o 的降低,供应商更倾向于选择分散决策,并且通常不会选择双向期权契约。

【命题5.15】当供应链能够完全协调时,

(1)如果 $s_f > c_f / \eta G(\eta)$,那么① $E\Pi_s^{CO*} > E\Pi_s^{CC*}$,$E\Pi_s^{PO*} > E\Pi_s^{PC*}$,$E\Pi_s^{BO*} > E_s^{BC*}$;② $E\Pi_f^{CO*} < E\Pi_f^{CC*}$,$E\Pi_f^{PO*} < E\Pi_f^{PC*}$,$E\Pi_f^{BO*} < E\Pi_f^{BC*}$。

(2)如果 $c_f < s_f < \dfrac{c_f}{\eta G(\eta)}$,那么① $E\Pi_s^{CO*} < E\Pi_s^{CC*}$,$E\Pi_s^{PO*} < E\Pi_s^{PC*}$,$E\Pi_s^{BO*} <$

E_s^{BC*};②$E\Pi_f^{CO*} > E\Pi_f^{CC*}$,$E\Pi_f^{PO*} > E\Pi_f^{PC*}$,$E\Pi_f^{BO*} > E\Pi_f^{BC*}$。

根据命题5.15,在供应链实现全面协调时,如果农户的现货价格$s_f >$ $c_f/[\eta G(\eta)]$,那么在补货成本分摊契约下,供应商的利润将低于没有补货成本分摊契约时的利润,这表明供应商分担的成本高于订单数量增加所带来的利润。在这种情况下,供应商为促进供应链的全面协调而牺牲了自己的利润。对于农户来说情况则相反。当不存在补货成本分摊契约时,农户独自承担高昂的补货成本;当存在补货成本分摊契约时,供应商将分担一部分高昂的补货成本,并降低产品的生产成本。因此,在补货成本分摊契约下,农户的利润将超过没有补货成本分摊契约时的利润。如果农户的现货价格$s_f <$ $c_f/[\eta G(\eta)]$,那么在补货成本分摊契约下,供应商的利润将超过没有补货成本分摊契约时的利润,因为供应商分担的成本低于订单数量增加所带来的利润。然而,在补货成本分摊契约下,农户的利润将低于没有补货成本分摊契约时的利润。

第六节　本章小结

一、研究结论

首先,当农户是风险中性时,期权契约与批发价格契约可以在一定条件下同时实现供应链的充分协调和帕累托改进。当农户规避风险时,带有批发价格契约的期权契约只能单独提高每个成员的收益,而无法使整条供应链利润最大化。然而,带有补货成本分摊契约的期权契约可以使风险厌恶的农户、领先的供应商和风险厌恶的零售商收益增加,且供应链总利润最大化。

其次,零售商的最优总订购量随着其风险厌恶系数的增加而增加,并随着期权价格的增加而减少。农户的最优生产投入量随着其风险厌恶系数和期权价格的增加而减小,随着零售商的风险厌恶系数的增加而增加。而且,看涨期权契约中最优生产投入量随着行权价格的增加而减小,看跌期权契约中最优生产投入量随着行权价格的增加而增加,双向期权契约中最优生产投入量随行权价格的增加先增加后减少。

最后,在带有补货成本分摊契约的期权契约中,供应链帕累托改进区间的长度将随着零售商风险厌恶系数的增加而减小,随着农户风险厌恶系数的增加而增加,随着损失率的增加而减小,当损失率过大时,契约不再适用。当供应链能够实现充分协调时,供应链成员在三个期权契约中的利润不会发生变化,设置合理的期权参数将使他们获得相同的利润。在带有批发价格契约的期权契约中,当农户和零售商都厌恶风险时,领先的供应商在建立三个期权契约的区间内不会选择双向期权契约。

二、管理启示

从学术角度来看,在契约农业中,本文探讨了三种期权契约是否能够鼓励农户增加生产投入量,零售商增加订购量,并促进供需平衡,在农户和零售商具有风险厌恶特征时,三级FAP供应链可以实现全面协调,并且供应链成员的利润可以增加。本研究首次尝试同时考虑农户和零售商在三级FAP供应链中的风险偏好,丰富了对农业供应链的研究,并初步探索了协调供应链的方法。

在实践中,一方面,在农户风险中性而零售商风险规避的情况下,供应商可以向零售商提供任何期权契约,并向农户提供批发价格契约,以使供应链的总利润最大化并增加各方的利润。当农户和零售商都存在规避风险时,原始契约只能增加各方的利润,而不能使总利润最大化。只有供应商分享农户补货成本的一部分,才能使供应链的总利润最大化。另一方面,通常认为双向期权契约可以更好地应对需求风险,并有利于供应链中的所有参与方。然而,本章研究结果表明,在供应链建立了三种期权契约且农户存在风险规避的情况下,对于占主导地位的供应商来说,双向期权契约的效果较差,供应商将不会向零售商提供双向期权契约。总之,供应链的领导者应该关注各方的风险规避程度和FAP的数量损失率,然后选择适当的契约并设定合理的契约参数。

尽管这些研究结果和管理启示非常重要,但仍然存在一些局限性。首先,本章只考虑了FAP的数量损失问题,没有考虑FAP的质量损失问题,以及产品的新鲜度随时间变化的情况。在现实中,消费者越来越关注农产品的新鲜度。因此,考虑新鲜度变化也是一个有意义的研究点。其次,除了农户和供应商之间的成本分摊契约,其他契约(如收入共享契约)是否也能产生相同甚至更好的效果,希望本章能够激发更多关于与产量和需求不确定性相关的契约农业供应链的研究。

第六章 基于电商平台预售订单的农业供应链融资策略研究

第一节 引 言

电子商务拥抱现代化农业,为农业发展提供了新动力。《2024中国农产品电商发展报告》(简称《报告》)显示,2023年全国农村网络零售额达2.5万亿元,同比增长12.9%,比2014年增长近13倍。

在以电子商务为主导的农产品流通模式下,以销定产的C2B预售模式显示出了优越性。《报告》显示,2023年全国农产品网络零售额达5870.3亿元,同比增长12.5%。此外,包括淘宝、京东、苏宁、拼多多在内的各大电商平台,正积极打通农业供应链,使供应端与线上需求端得以连接,重塑农产品供应链模式。电商平台不断加大了农业资金、资源倾斜力度,畅通农货上行通道,使农产品电商市场发展前景更为广阔。例如,疫情期间,借助阿里平台的渠道联动,有超过550种湖北农产品被推广,第一季度线上交易金额达到10亿元。电商平台深入农产品供应链,加速了居民线上购买农产品的习惯形成,促进农产品线上消费激增,为农产品销售提供了新思路。

电商平台在不断打开农产品销量的同时,也创造了农产品预售新模式,为助农增收提供新方式。2023年10月24日,天猫双11预售活动正式启动。预售第一小时,成交额同比增长超200%的品牌达到1300多个。依托全国180多万家农民专业合作社,结合"互联网+农业",农产品预售电商平台的域农网在2017年正式上线,立志于打造全国农产品预售平台,引领订单式农业发展。此外,天猫的预售平台喵鲜生、聚划算平台、云集电商平台等也在农产品预售中表现突出。

预售模式的最大优势在于以销定产,可以更好地连接生产、消费两端。具体而言,电商平台预售不仅帮助农户更准确地预测市场需求,解决了农产品余量库存难消化、多流量环节带来高损耗、长时间存放带来高额的冷储费用和损耗问题,还加速了资金回笼,缓解了农户资金短缺等问题。上游农户通过预售,获取消费者定金或提前付款,一定程度上缓解了生产经营资金压力。但是预售商品要求供应商在规定时间内提交农产品,前期农产品投入巨大、回报周期长,生产完成以后在运输、冷链上还需要大量资金,因此农户需要拥有充足的资金才能满足市场要求。因此,即使预售机制能为农户筹集到一定的资金,但面对农业前期及生产的巨大投入,我国大部分农户依旧面临严峻的资金短缺问题。

当前我国农业金融与农业发展仍有较大的距离,农业供应链的发展备受困扰。电商平台深入推进农业供应链金融,通过多种方式解决中小农户的融资难问题,推动农业供应链可持续发展。电商平台(核心企业)通常会从两个方面帮助农户进行融资。

一种是外部融资,依靠信用、质押等方式从资本市场获得融资,如银行等金融机构。在银行借贷模式下,电商平台作为农业供应链中的核心企业,具有物流、信息及信用等优势,因此充当着供应商与银行之间的授信角色。银行参考电商平台上的真实交易和评价数据,在获得更广泛的经营业务的同时,经营风险进一步降低。以农业细分领域电商平台"云农场"为例,农户借助"云农场"平台,可以提前几个月发布农产品的预售信息,在增加销量的同时,价格高出当地约20%。农户还可以随时通过平台向农技专家咨询种植问题,以更低的价格买到更好的化肥物料。不仅如此,"云农场"还与农业银行、华夏银行、山东农村信用联社等多家金融机构合作,推出了"云农宝",用以满足农户在生产过程中面临的资金需求。

另一种是内部融资,其中包括基于电商平台的应收型互联网供应链融资模式。电商平台参与供应链成为供应链的一部分,在经营过程中电商平台对其他企业形成了应收账款。资金供给方一般采取应收账款质押的方式,为供应链的供应商提供信贷资金。如果电商平台资金充足,其自身在综合考虑应收账款质量信息的情况下,可直接为供应商提供内部融资,称之为电商平台反向保理。例如,蒙牛旗下的"爱养牛"平台,就是一个集买卖交易、融资支付、物流配送、三方检测等功能于一体的综合性交易平台。该平台上线以后,蒙牛全面打造上游供应链金融模式,满足牧场、供应商的融资需求。平台协同蒙牛资源,联动银行、中粮资本、腾讯、联易融等金融机构,为上游供应链企业提供授信、质押、保理等多种支持方案。阿里将旗下的天猫生鲜平台与蚂蚁金服联合,共同赋能农牧龙头企业的产销全链路,从养殖种植到屠宰加工再到终端零售,新金融深度介入农牧产业链,推动了产销过程中"资金流、物流、信息流"的三流合一。此外,蚂蚁金服还通过商业保理发起了20亿元供应链金融应收账款,项目发行完成后,将为天猫商城和阿里生态中入驻的商户提供高效便捷的融资渠道,不仅有效解决了中小微企业的融资难问题,也进一步促进了供应链生态的良性协同。

内部融资还包括基于电商平台的预付型互联网供应链融资模式。在该融资模式下,供应链卖方可以提前获取收入,提高资金运营效率。常见的是预付款的内部融资模式。例如,在"云农场"电商平台的预付模式下,农场主提前几个月下订单并只需在网上预付订金,厂家依据订单需求,生产相应成分、含量的农资产品,农场主收到货物后再将剩余货款交给村站,由村站汇总交给"云农场"。这样不仅可以保证农场主的资金安全,同时还可以拿到便宜的农资。在2020年疫情期间,为进一步扩大授信额度,提振农牧民信心,保障合作牧场持续经营、稳定发展,蒙牛通过"爱养牛"平台为奶农授信的规模达100亿元。蒙牛为上游奶农提供30亿元资金,全力帮助奶农解决现金流问题,并且在3~5月牧场疫情期间,通过提前预付奶款的方式,支付10亿元资金驰援合作牧场,最大限度地缓解奶农的经营压力。

虽然电商平台预售对农业供应链的可持续发展起到了积极作用,但同时也带来了新的问题。通过电商平台预售预测未来市场的方式不一定准确,容易造成农产品库存积压,增加农户库存成本、缺货风险和贷款压力,给农户造成巨大损失。电商平台提前支付农户货款,一旦农户破产,电商平台将面临巨大损失。此外,电商平台利用自有资金为农户提供贷款,一定程度上增加了电商平台自身的资金压力,相对于成熟的银行融资方式,电商平台不一定存在融资优势。

综上所述,电商平台预售对农业供应链可持续发展起到了积极作用,但同时也带来了新的问题。基于以上实践,我们提出以下问题:电商平台的农产品预售机制对农业供应链总是有利的吗?预售机制到底为农业供应链带来了什么样的价值,对农户、核心企业决策的影响如何?电商平台在什么样的情况下会为上游农户提供融资?提供反向保理还是提前支付货款的融资方式更有利?电商平台预付农户的货款金额又应该如何设定?资金约束的农户在银行融资与电商平台融资之间的融资偏好如何?

第二节　模型描述

本章研究一个由电商平台(核心企业)、农户及银行所组成的农业供应链。农户生产产品并提供给电商平台,电商平台通过预售或者正常网络销售将农产品销往市场。假设农户自有资金为零,电商平台首先通过预售方式获取部分销售收入,然后提前向农户支付部分预售款,以缓解农户生产资金不足的状况。但由于农业前期生产需要大量投入,电商平台提前支付的货款可能仍然无法完全满足农户生产经营的资金需要。因此,受资金约束的农户需申请贷款以填补资金空缺。但在现实环境下,大部分的中小农户很难凭借自己的资金或信用获得融资,而电商平台作为农业供应链中的核心企业,凭借其强大的信用基础和资金优势,能为上游农户提供银行融资、电商平台反向保理和电商平台提前支付三种融资模式。在供应链中,各方的决策时序如图6.1所示。

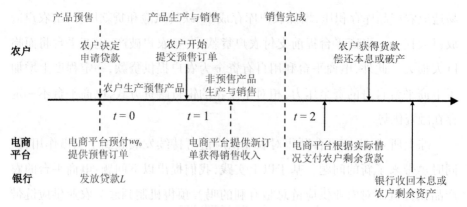

图6.1 银行融资模式下的决策时序

在 $t=0$ 时,电商平台给上游农户提供订单合同,和农户达成农产品预售与销售协议。假设电商平台预售开启后,产品预售的销量为 q_0,消费者向电商平台支付货款 pq_0。电商平台决定批发价格 w,并向农户预付 wq_0 的货款,此时电商平台预付额是由供应链内部决策的。而在 wq_0 中,预售数量是外生的,因此,下文通过批发价格的变动来分析预付额对决策等的影响。此外,在电商平台提前支付模式下,由于电商平台直接决策批发价格,下文就不再将批发价格折扣系数考虑在内。农户在综合考虑预售情况、市场批发价格等因素后,决定生产投入量 Q。

在 $t\in(0,1)$ 时间段内,农户开始农业生产。农户生产受天气等不确定因素的影响,产量具有不确定性,最终的实际产出量为 Qx,其中 x 表示单位投入的随机产出率,该形式在相关文献中常见(He & Tang,2012)。本书假设随机产出率 $x\in[x_L,x_H]$,其期望和方差分别为 $E(x)=\mu,D(x)=\sigma^2$。记 $f(x)$ 和 $F(x)$ 分别为 x 的概率密度函数与概率分布函数。假定 $F(x)$ 严格单调递增且可导。一般的,这里假定 $Qx>q_0$。

在 $t\in[1,2)$ 时间段内,电商平台向消费者销售农产品。农户生产完成后,首先通过电商平台向消费者递交预售的农产品,然后电商平台进行非预售产品的销售,农产品零售价格为 p,且批发价格满足等式 $p=a-bQx$,其中 $a(a>0)$ 表示窒息价格,当农产品零售价高于 a 时,消费者会因为价格过高而拒绝购买此农产品;$b(b>0)$为价格敏感系数,表示消费者对农产品价格的敏感程度。在不同融资模式下,预售期零售价格与非预售期零售价格一致。由于在现实销售中,零售价格可能是变动的且难以计算,根据大量的实践经验,假定电商平台会根据产品出清价格来调整预售时的价格,这样可以保证所有消费者按同样的价格购买产品。

在 $t=2$ 时,销售完成。电商平台收到销售收入后,将剩余货款支付给农户。在银行融资模式中,农户最后向银行偿还本息,未能完全偿还时农户违约。与以往研究相一致,本章假定农户是有限责任的(Zhao & Huchzermeier,2019),即当农户无法偿还本息时,农户破产且由银行或者电商平台获得农户的剩余价值。

此外,因为农户的生产能力有限,当种植规模超过一定水平时,边际成本会增加,所以农业生产呈现规模不经济的特性。以往很多研究也将农户生产成本假设成二次型生产成本函数的形式(Niu et al.,2016;叶飞等,2017;彭红军和庞涛,2020;史立刚等,2020)。本书假定农户的运营成本函数为 $C(Q)=c_0 Q+c_h(Qx-q_0)^2$,其中 c_0 为单位生产成本系数,$c_h(Qx-q_0)^2$ 表示当农户的生产量超过预售水平时,未预售的农产品会产生储藏保鲜成本,因此未预售的农产品会增加农户总成本负担。

当农户向银行申请贷款时,农户可以借助电商平台的信用,获得银行的授信贷款,授信期间农户可以获得银行的贷款支持,贷款利率为 r_b。而银行按照收益平衡原则来确定贷款利率,其期望利率等于市场无风险收益率 r_f。在电商平台融资模式下,农户通过电商平台相关审核后就可以获得贷款,贷款利率为 r_e,而它的期望资金收益率为 r_p。此外,资金收益率等于市场无风险收益率 r_f。

在电商平台反向保理融资模式下,电商平台最后扣除预付货款和贷款本息后,向农户支付剩余货款,若剩余货款未能完全抵扣贷款本息,则农户违约。在现实中,相对于银行外部融资,电商平台反向保理的资金使用成本更高,但是其信息交互等管理成本更低,本章期望进一步探究电商平台预售背景下内外部融资模式的差异。

在实际供应链运营中,电商平台为了缓解供应链的资金压力,提前向合作的供应商无偿支付货款是常见的。对于电商平台,提供反向保理融资模式可以获得额外的贷款收益;而提供提前支付的融资模式,通常可以获得农户的批发价格折扣。那么,对于电商平台,哪一种融资方式更有利?批发价格折扣系数与电商平台的贷款利率的关系如何,也将成为本章的研究重点。

与银行融资和电商平台反向保理融资不同,电商平台提前支付融资模式下,在农户决策生产投入量后,电商平台预付货款 c_oQ,在农户完成生产之后,再预付农户资金 $c_h(Qx-q_0)^2$,以满足农户的运营资金需求,因此,在该模式下,电商平台预付农户资金 $C(Q)=c_0Q+c_h(Qx-q_0)^2$。该模式下,农户无须支付任何利息,但是需要为电商平台提供一定的批发价格折扣,批发价格折扣系数记为 β。销售完成后,电商平台扣除预付款后向农户支付剩余货款。

记 Π 为农户的期望利润,Φ 为电商平台的期望利润。下标由 $i=b,e,a$ 和 $j=d$ 构成,下标 b 为银行融资模式,下标 e 为电商平台反向保理融资模式,下标 a 为电商平台提前支付融资模式,下标 d 表示分散决策。例如,下标 e,d 表示为电商平台反向保理融资模式下的分散决策模式。

本章模型基于以下几个合理假设:

(1)实践中,生产者会依据历史数据、数理预测模型等决策生产投入量。本章假定在决策开始之前,电商平台通过平台发布预售信息,获得预售量信息,并帮助农户预测未来市场状况,做出生产投入量决策。因此预售数量 q_0 是外生的,而且在预售背景下,本章中假设 $q_0>0$。

(2)我们假设 $p>w$,以确保农户是盈利的。假设市场需求足够大,且在订单农业模式下,农户所有的农产品产出都能被满足。

(3)农户实际产出量为 Qx,本文假定 $Qx>q_0$,即农户实际产出量能满足预售的订单需求,唯有如此,生产经营才得以继续。

本章模型所用的符号如表6.1所示。

表6.1　预付额内生情境下的符号

符号	说明
q_0	预售期内产品向消费者预售的数量
p	零售价 $p = a - bQx$
w	电商平台决策的批发价格
Q	农户的生产投入量
x	单位投入量随机产出因子
Qx	实际产出量
$C(Q)$	运营总成本
β	批发价格折扣系数
r_b	银行贷款利率
r_e	电商平台贷款利率
r_p	电商平台期望资金收益率
r_f	市场无风险收益率
Π_{ij}	预付额内生时的农户利润
Φ_{ij}	预付额内生时的电商平台利润，$i = b, e, a; j = d$
Ψ_{ij}	银行期望利润
i	$i = b, e, a$，分别表示银行融资模式，电商平台反向保理融资模式，电商平台提前支付融资模式
j	$j = d$，表示分散决策的供应链模式

第三节　农业供应链融资模式研究

一、基于电商平台预售的银行融资模式研究

(一)农户的利润

在银行融资模式下，电商平台根据预售订单等决定批发价格 w，在预售期给予农户的提前货款为 wq_0，农户资金不足时向银行申请的贷款为 $L = C(Q) - wq_0$。销售完成后，农户获得电商平台支付的剩余货款为 $w(Qx - q_0)$，农户应偿还银行贷款 $(1 + r_b)L$。

因此,农户的期望利润函数为

$$\Pi_{bd} = E\left[wq_0 + w(Qx - q_0) + L - C(Q) - (1 + r_b)L \right]^+$$
$$= -(1 + r_f)c_h SQ^2 + \left[w\mu + (1 + r_f)M \right]Q - (1 + r_f)c_h q_0^2 + r_f wq_0。$$

(二)电商平台的利润

电商平台通过农产品预售获得的销售收入为pq_0,预付给农户wq_0的货款,在正常销售阶段,电商平台获得销售收入$p(Qx - q_0)$。期末,电商平台支付剩余货款$w(Qx - q_0)$。因此,在银行融资模式下,电商平台期望利润函数为

$$\Phi_{bd} = E\left[pq_0 - wq_0 + p(Qx - q_0) - w(Qx - q_0) \right]$$
$$= -bSQ^2 + (a - w)Q\mu。$$

在这个部分,研究银行融资模式下农户和电商平台做的决策,使各自的利润最大化。

【命题6.1】预付额内生时,在基于电商平台预售的银行融资模式下的农业供应链金融模式中,农户与电商平台的决策均衡为(Q_{bd}^*, w_{bd}^*),

$$Q_{bd}^* = \frac{a\mu + (1 + r_f)M}{2\left[b + 2(1 + r_f)c_h \right]S},$$

$$w_{bd}^* = \frac{a\mu(1 + r_f)c_h - \left[b + (1 + r_f)c_h \right]M(1 + r_f)}{\mu\left[b + 2(1 + r_f)c_h \right]}。$$

农户最大期望利润函数为

$$\Pi_{bd}^* = (1 + r_f)c_h \frac{\left[a\mu + (1 + r_f)M \right]^2}{4\left[b + 2(1 + r_f)c_h \right]^2 S} - (1 + r_f)c_h q_0^2$$
$$+ r_f q_0 (1 + r_f)\frac{a\mu c_h - \left[b + (1 + r_f)c_h \right]M}{\mu\left[b + 2(1 + r_f)c_h \right]}。$$

电商平台最大期望利润函数为

$$\Phi_{bd}^{*}=$$

$$\frac{\left[a\mu+\left(1+r_f\right)M\right]\left\{ba\mu+2a\mu\left(1+r_f\right)c_h+\left[b+2\left(1+r_f\right)c_h\right]M\left(1+r_f\right)\right\}}{4\left[b+2\left(1+r_f\right)c_h\right]^2 S}。$$

二、基于电商平台预售的反向保理融资模式研究

(一)农户的利润

在电商平台反向保理融资模式下,电商平台通过农产品预售获得的销售收入为 pq_0。在综合考虑市场情况后制定批发价格 w,并预付给农户货款 wq_0,农户根据市场预售预测并确定生产投入量后,向电商平台申请贷款 $L=C(Q)-wq_0$,该贷款利率仍然为 r_e。销售完成后,电商平台向农户支付的剩余货款为 $\left[w(Qx-q_0)-(1+r_e)L\right]^+$,剩余货款一旦低于农户应还款额,则电商平台不再向农户另外支付货款。

农户期望利润函数为

$$\Pi_{ed}=E\left[w(Qx-q_0)-(1+r_b)L\right]^+。$$

(二)电商平台的利润

电商平台期望利润函数为

$$\Phi_{ed}=E\left\{pq_0+p(Qx-q_0)-wq_0-L-\left[w(Qx-q_0)-L(1+r_e)\right]^+\right\}。$$

【命题6.2】预付额内生时,基于电商平台预售的反向保理融资模式下的农业供应链金融模式中,农户与电商平台的决策均衡为 (Q_{ed}^*,w_{ed}^*),则有

$$Q_{ed}^*=\frac{\mu(a\mu+M)-2Sr_p q_0(1+r_p)c_h}{2\mu\left[(2+r_p)c_h+b\right]S},$$

$$w_{ed}^*=(1+r_p)\frac{(a\mu-r_p M)c_h-M(c_h+b)}{\mu\left[(2+r_p)c_h+b\right]}。$$

$$-2r_pq_0(1+r_p)c_hS\frac{(1+r_p)c_h}{\mu^2[(2+r_p)c_h+b]}。$$

农户最大期望利润函数为

$$\Pi_{ed}^* = \frac{(1+r_p)c_h[\mu(a\mu+M)-2Sr_pq_0(1+r_p)c_h]^2}{4\mu^2[(2+r_p)c_h+b]^2S}$$

$$+\frac{(1+r_p)r_pq_0[(a\mu-r_pM)c_h\mu-M\mu(c_h+b)-2r_pq_0c_h^2S(1+r_p)]}{\mu^2[(2+r_p)c_h+b]}$$

$$-c_hq_0^2(1+r_p)。$$

电商平台最大期望利润函数为

$$\Phi_{ed}^* = \frac{(c_hr_p+2c_h+b)[\mu^2(a\mu+M)^2-4S^2r_p^2q_0^2(1+r_p)^2c_h^2]}{4\mu^2[(2+r_p)c_h+b]^2S}$$

$$-\frac{(1+r_p)r_pq_0[(a\mu-r_pM)c_h\mu-M\mu(c_h+b)-2r_pq_0c_h^2S(1+r_p)]}{\mu^2[(2+r_p)c_h+b]}$$

$$+c_hq_0^2r_p。$$

三、基于电商平台预售的提前支付融资模式研究

(一)农户的利润

电商平台在农户生产前提前支付部分货款共计$C(Q)$,农户生产成本为$C(Q)$,销售完成后,扣除提前支付,农户可获得剩余货款共计$\beta wQx-C(Q)$。

农户的期望利润函数为

$$\Pi_{ad}=E[wQx-C(Q)]^+=-c_hSQ+(w\mu+M)Q-c_hq_0^2。$$

(二)电商平台的利润

电商平台期望利润函数为

$$\Phi_{ad}=E\left\{pq_0+p(Qx-q_0)-C(Q)-\left[\beta wQx-C(Q)\right]\right\}=-bSQ^2+(a-w)Q\mu_0$$

【命题6.3】预付额内生时,基于电商平台预售的提前支付融资模式下的农业供应链金融模式中,农户与电商平台的决策均衡为(Q_{ad}^*,w_{ad}^*),

$$Q_{ad}^*=\frac{a\mu+M}{2S(b+2c_h)},\quad w_{ad}^*=\frac{a\mu c_h-M(c_h+b)}{\mu(b+2c_h)}_{\circ}$$

农户最大期望利润函数为$\Pi_{ad}^*=\dfrac{c_h(a\mu+M)^2}{4S(b+2c_h)^2}-c_hq_0^{\;2}{}_{\circ}$

电商平台最大期望利润函数为$\Phi_{ad}^*=\dfrac{(a\mu+M)^2}{4S(b+2c_h)}_{\circ}$

【命题6.4】预付额内生时,不同融资模式下,最优的生产投入量与批发价格满足以下性质:

$$(1)\frac{\mathrm{d}Q_{id}^*}{\mathrm{d}\sigma^2}<0,\frac{\mathrm{d}Q_{id}^*}{\mathrm{d}q_0}>0,\frac{\mathrm{d}Q_{id}^*}{\mathrm{d}c_0}<0;\frac{\mathrm{d}Q_{id}^*}{\mathrm{d}a}>0,\frac{\mathrm{d}Q_{id}^*}{\mathrm{d}b}<0_{\circ}$$

$$(2)\frac{\mathrm{d}w_{ed}^*}{\mathrm{d}\sigma^2}<0,\frac{\mathrm{d}w_{id}^*}{\mathrm{d}q_0}<0,\frac{\mathrm{d}w_{id}^*}{\mathrm{d}c_0}>0,\frac{\mathrm{d}w_{id}^*}{\mathrm{d}a}>0,\frac{\mathrm{d}w_{id}^*}{\mathrm{d}b}<0_{\circ}$$

命题6.4表明,在任何融资模式下,预售量越多,批发价格越低,农户的生产投入量越多。

产出不确定性越大,生产经营风险越大,农户生产投入量越少,批发价格也越低。边际储藏成本系数越高,农户生产投入量越少,而批发价格越高。这是由于电商平台通过提高批发价格以激励农户增产,进而实现供应链整体利润的增长。

第四节　各情景下最优决策对比与融资策略分析

一、最优决策对比分析

【命题6.5】$w_{ad}^* < w_{bd}^* < w_{ed}^*$，$Q_{bd}^* < Q_{ed}^* < Q_{ad}^*$。

命题6.5表明，在预付额内生情境下，电商平台在反向保理融资策略中会提供更高的批发价格。

农户虽然能够控制农资投入，但季节、天气、病虫害及自然灾害的影响无法控制。因此，农产品的产出随机性一直是农业供应链研究的关键，也是农业供应链金融研究中的重要考虑因素。前文假设农户的生产具有随机性，且产出率 x 满足 $x \in [x_L, x_H]$，期望和方差分别为 $E(x) = \mu$，$D(x) = \sigma^2$。我们还假设 $Qx > q_0$，确保农户实际产出量能满足农产品预售的订单需求。产出率的期望 μ 越小，表示供应商产出不确定性风险越高（彭红军和庞涛，2018）。此外，下文数值仿真关于 μ 的取值大于一定的阈值以确保不等式 $Qx > q_0$ 总是成立。

数值仿真的参数设置如下：$c_h = 0.1$，$c_o = 4$，$r_f = 0.02$，$r_p = 0.02$，$r_b = 0.1$，$r_e = 0.15$，$\mu = 5$，$\sigma^2 = 1/3$，$a = 40$，$b = 0.1$，$q_0 = 10$。

命题6.4表明，产出不确定性 σ^2 越大，农户的生产投入量越低，批发价格也越低。这是因为 σ^2 增大表明农业生产的不确定性增加，为了降低生产经营风险，保证农业供应链的稳定性，农户与电商平台都会选择保守的决策。

图6.2表明，当三种融资模式共存时，农户的融资策略选择情况。区域 D_1 表明，当预售数量较大、产出率期望较高时，表明该农产品市场向好、产出不确定性风险小，农户选择银行融资模式更有利。区域 D_2 表明，当预售数量较小、产出率期望较低时，农户选择反向保理或者提前支付的融资模式更有利。

对于电商平台，提前支付融资模式获得的期望收益总是最高的，这是因为根据前面的命题，提前支付融资模式下批发价格最低，生产投入量最高，电商平台在该模式下不仅批发成本低，还能从数量效益获得更高的收益。

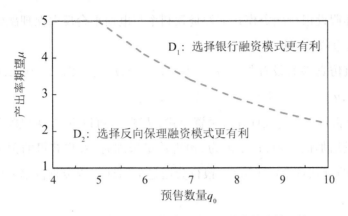

图6.2　产出率期望、预售数量对农户融资策略的影响

二、成本系数与利率对供应链的影响

在农业供应链中,成本是一个重要的考虑因素,而且非预售的农产品会产生储藏成本进而减少农户利润空间。所以本部分深入探究单位生产成本系数、边际储藏成本系数对供应链的影响,丰富农业供应链成本的研究内容。

图6.3表明,当预售数量与边际储藏成本系数都较高时,农户与电商平台选择银行融资模式更有利;而当预售数量与边际储藏成本系数都较低时,农户与电商平台选择反向保理融资模式更有利。因此,在银行融资模式下,批发价格更高、生产投入量也更大。

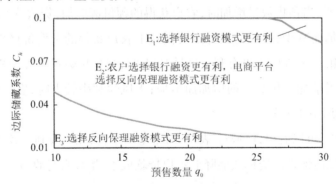

图6.3　边际储藏成本系数、预售数量对融资策略的影响

接下来进一步探究预付额内生条件下,利率对供应链成员融资策略的影

响。同样假设银行融资模式下的贷款利率与电商平台反向保理融资模式下的期望资金收益率相等,即 $r_f = r_p$。

数值仿真参数设置如下:$c_h = 0.1$,$c_o = 4$,$r_f = 0.02$,$r_p = 0.02$,$r_b = 0.1$,$r_e = 0.15$,$\mu = 5$,$\sigma^2 = 1/3$,$a = 40$,$b = 0.1$,$q_0 = 10$。

对比银行融资与反向保理融资模式,从图6.4可以看出,无风险利率随着预售数量增加而增加,这是因为,预售数量增加时,农户获得的预付货款增加,农户的贷款资金需求减少,银行会通过提高期望资金收益率来增加贷款收益。

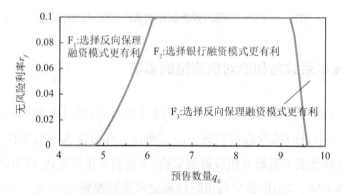

图6.4 无风险利率与预售数量对农户融资策略的影响

区域 F_1 表明,对于农户,当预售数量极小时,无风险利率增加超过一定的阈值时,银行融资模式下的贷款成本高,农户选择反向保理融资模式更有利。区域 F_2 表明,当预售数量增加时,农户获得的预付额增加,贷款总额随着预售数量的增加而减少,且此时银行融资模式下农户获得的批发价格更高,因此农户选择银行融资模式更有利。区域 F_3 表明,当预售数量增加至极大时,农户的贷款需求随预售数量的增加而增加;无风险利率较大时,农户在反向保理中获得更高的收益。

从图6.5可以看出,区域 G_1 表明,对于电商平台,无风险利率较高时,电商平台提供反向保理融资模式能降低农户贷款成本,增加自身收益。区域 G_2 则相反。

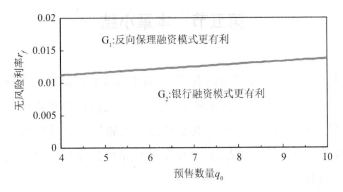

图6.5 无风险利率与预售数量对电商平台融资策略的影响

我们还发现,影响电商平台融资模式变化的利率阈值远小于农户的利率阈值,这表明电商平台融资策略的选择受利率的影响更为敏感。

图6.6表明,产出率期望与期望资金收益率是正相关的。产出率期望越小,农户生产的随机性风险越大,电商平台会制定更高的批发价格,也会制定更高的期望资金收益率以降低可能的损失。区域H_2表明,当期望资金收益率较大时,若产出率期望较小,则农户的产出不确定风险大,反向保理融资模式更高的批发价格能弥补农户增加的贷款成本,进而在反向保理融资模式下,农户能获得更高的收益。

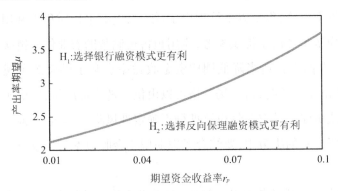

图6.6 产出率期望、利率对农户融资策略的影响

由于前文已经证明,在不同产出率期望下电商平台在提前支付融资模式的期望利润总是高于另外两种融资模式,因此这里不再继续说明。

第五节　本章小结

本章主要探究了资金约束的农户、电商平台在农产品预售背景下的融资策略分析，探究在面临银行融资模式、电商平台反向保理融资模式及电商平台提前支付融资模式时，农户与电商平台应该如何做出最优的融资模式选择，以及当三种融资模式共存时，供应链各成员应该如何做出最优的融资策略。主要结论如下：

第一，在基于电商平台预售的背景下，农产品预售数量和期望资金收益率对于供应链各成员的影响在不同融资模式下大致相同。第二，当预售数量增加时，表明农产品未来市场向好，农户可以投入更多生产以获得更高收益，电商平台的期望利润也会随着农户生产规模的增大而增加。因此，预售信息对电商平台与农户的决策具有参考意义。第三，产出不确定性越大，生产经营风险越大，农户生产投入量越少，农户与电商平台的收益都会受损。第四，在电商平台提前支付融资模式下，电商平台接受适当提高的批发价格折扣系数，能使供应链双方受益。第五，当生产与经营风险较大时，如产出率期望低、预售市场差，供应链成员倾向内部的反向保理或提前支付的融资。

基于以上讨论，得出以下管理启示：第一，电商平台应积极利用预售信息为农业供应链生产决策提供参考，应用预售机制帮助农业供应链缓解资金压力。第二，电商平台适当降低期望资金收益率有利于供应链实现共赢。第三，当预售市场较差时，若市场价格可以由供应链内部决策，电商平台选择内部融资模式更能帮助农业供应链抵御不确定性风险。第四，电商平台在为农户提供融资模式的决策中，要综合考虑期望资金收益率与批发价格折扣等多种因素。

未来的研究可以考虑以下问题：在需求不确定的情况下，买方的订购数量如何决策？批发价格如何制定？最优的融资模式是否有变化？此外，预售背景下的农产品零售价格折扣制定，以及预售数量与价格折扣的关系等也是值得研究的问题。

第七章　智慧农业背景下的供应链融资模式研究

第一节　引　言

智慧农业推动着农业产业的升级,农业在我国发展战略中的地位相当之高,而科学合理的农业供应链是实现农业发展的重要前提。然而,在我国目前的农业供应链中,由于农户的生产经营以单户经营为主、农产品从生产预备到销售历经环节过长、农业投资回收期长、吸引资本的能力弱、农产品生产易受到外界因素干扰等原因,导致中小农户的经营成本逐渐增加。与此同时,农户的融资需求无法从正规渠道得到支持,并且农业得到的信贷支持与其经济贡献严重不匹配,市场风险下需求不确定性导致的农户低履约率(涂国平和冷碧滨,2010),这进一步加大了农业供应链发展的资金约束问题(陈中洁和于辉,2020;Feng et al.,2015)。因此,要解决中小农户的融资难问题,实现供应链绩效的改进(金伟和骆建文,2016;沈建男和骆建文,2018),进而推动农业产业及智慧农业持续稳步地发展。

随着政府扶持政策的不断细化,农业产业体系的逐渐完善,科技在农业、金融中的作用越来越大,农村、农业的金融软硬件环境变好,供应链金融在农业领域的市场前景是非常广阔的。据中国报告大厅的数据显示,2023年我国农业供应链金融市场规模超过了1.5万亿元。目前,随着农业供应链金融实践的不断进行,也出现了一些典型的示范性案例。例如,"公司(核心企业)＋

农户＋银行"和"公司＋合作社＋农户＋金融机构"等多位一体的模式,已经成为农户扩大金融服务覆盖面、增强农村金融普惠性的一种路径选择。但在国内,由于农户和中小型农业企业对借贷存在认知偏差,多为风险厌恶型,多采用保守经营的方式而很少借贷。同时由于缺乏抵押担保物、申请过程烦琐等原因,农户、农企不愿意借贷。农业供应链金融主体对信贷成员的整体协同合作与供应链金融交易、征信体系等数据的收集还存在一定的困难,导致目前我国农业供应链金融的市场虽然广阔,但业务覆盖范围不广。

担保融资模式是供应链金融中解决资金缺乏的具体手段之一,通过第三方金融机构、政府或者供应链中的核心企业为缺乏资金的弱势企业提供贷款担保。2019年国务院印发的《关于有效发挥政府性融资担保基金作用切实支持小微企业和"三农"发展的指导意见》明确指出,政府性融资担保机构需要为"三农"主体所提供的支小支农担保业务占比提高到80％以上,同时降低担保费率,并每年提供30亿元资金支持政府性融资担保机构。在农业供应链金融中,所提出的"农户＋龙头企业＋金融机构"融资模式,是以供应链中占主导地位的龙头企业为主体,以其成立的农业担保公司来担保上下游的农户向第三方金融机构贷款,这使金融机构的信贷风险降低,进一步加强其上下游农户的贷款意愿和动力,从而提高供应链生产效率。这种模式本质上是在龙头企业与农户间形成"风险共担,利益共享"的紧密的生产经营方式,以达到缓解农户贷款风险、降低融资成本的目标。例如,新希望六和成立的担保公司在2019年预计为养殖场或经销商提供24亿元的融资担保。

农业供应链金融中的融资模式和利益分配机制已成为研究热点(陈永辉等,2018;黄建辉和林强,2019;郭娜和王文利,2020),买方担保融资模式是作为解决中小农户融资困难的主要手段,在业界已经开展相应的实践案例(Tunca & Zhu,2018),农业供应链中的买方担保融资是指资金约束的农户在核心企业(买方)的担保下从第三方金融机构获得融资的一种方式。买方担保融资可以解决中小农户由于生产经营或技术投入造成的资金匮乏问题,但农产品的产出随机性可能会导致担保方的利润受损甚至破产,这相较于传统的商业银行融资模式,会使买方承担更多的风险。因此,研究供应链成员如何选择融资策略的问题,具有重要的理论意义和实践价值(朱雷等,2019)。

基于上述背景,本章考虑智慧农业供应链中农产品产出随机的情境,提出以下研究问题:第一,商业银行融资模式和买方担保融资模式下供应链各成员的最优决策分别是什么? 技术投入成本如何影响供应链各成员的利润? 第二,两种融资模式下各方的融资策略是什么? 不同条件下,供应链的融资均衡是什么?

本章试图考虑以下问题:首先,探究在随机产出和成本分担的情境下,商业银行融资模式中,作为资金缺乏的农户和占主导地位的买方各自的最优经营决策问题,并探究成本分担比例和技术投入增益效果对于供应链成员利润的影响。其次,探究在随机产出和成本分担的情况下,买方担保融资模式中供应链成员各自的最优经营决策问题,并探究担保比例、成本分担比例等因素对于供应链成员利润的影响。最后,基于两种融资模式共存的情况,研究供应链各成员的融资决策问题。本章发现存在一个最优的区域,使供应链上的所有成员,都愿意接受买方担保融资模式并从中受益。

第二节　模型描述

本章考虑了一个由核心企业(买方)、农户及商业银行所组成的农业供应链,其中买方是资金充裕的,而农户拥有一定的初始资金 B,可能会面临生产经营或采购的资金约束问题。本章中供应链成员的活动顺序分为三个时段,$t=0$、$t=1$、$t=2$。在 $t=0$ 时,核心企业(买方)提供订单合同给上游农户,包括单位产品的批发价格 w,以及承诺收购所有产品,农户根据批发价格决定是否接受订单。农户接受订单后,决定自身的技术投入水平 e,如果初始资金 B 无法满足生产运营和技术投入的需要,则向商业银行进行贷款。在 $t=1$ 时,生产完成,农户将产品递交给买方,收到货款后,将连本带利归还给银行,如果无法偿还,则农户破产。在 $t=2$ 时,需求得到实现。买方将单位农产品按照零售价格 p 销售给消费者。本章认为,农产品的价格在市场上是稳定的,商业银行融资模式下的活动顺序如图7.1所示。

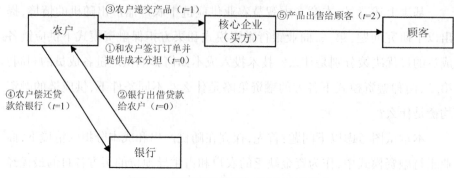

图7.1 商业银行融资模式下的活动顺序

在智慧农业背景下,考虑到农户会引入新的培育技术或种植管理设备,从而提升农产品产量、质量,或降低农产品的生产成本。本章将技术投入以提高产量的形式进行刻画,这在供应链管理领域较为常见。本章用 x 表示随机产出因子,接受订单后农户的投入为 Q,则实际产出为 Qx,这种乘法形式在相关文献中是常见的(He & Tang,2012;Du et al.,2018)。当农户决定技术投入后,使用 e 表示科技投入的水平,$Q[x+g(e)]$ 表示经过科技投入后的实际产出,其中,x 服从 $[0,1]$ 的均匀分布,$g(e)=\beta e$ 表示科技投入的增加产量,β 表示单位技术投入的增益效果。

本章考虑科技投入的成本为 $\eta_0 e^2/2$(Zhou et al.,2020;Wang,2019),其中 η_0 表示科技投入成本敏感系数,是与总的生产投入成本相关。由于上游农户是资金缺乏的,因此下游买方为保证农产品的稳定生产经营会承担部分科技投入成本 θ,农户承担 $\bar{\theta}=1-\theta$ 的比例。

本章模型基于以下几个合理假设:

【假设7.1】参数之间满足 $w<p$,这说明买方提供的批发价格一定要小于市场价格,否则买方将无法获得利润,不会参与生产经营。

【假设7.2】不考虑农产品在运输过程中的腐坏情况,这表明农产品的实际产出和买方收到的数量是相等的。

【假设7.3】为简单起见,不考虑产品的残值和缺货损失,即残值为0。这在农业供应链中也是常见的,因为农产品大部分属于易逝品。

【**假设7.4**】假设智慧农业所需要的技术投入成本与总体投入有关,如技术投入成本为 $\eta_0 e^2/2$,由于农业中的技术投入会与生产经营投入相关,故本章中 $\eta_0 = \eta cQ$, cQ 是农户的生产经营投入。这在农业供应链中具体体现在:①饲料或作物种子的改善;②自动化设备和高科技养殖方案;③土壤改造;④通过投入传感器等,监控农作物的种植情况等。这些技术投入都是与整体经营投入呈正相关。

本章模型所用的符号如表7.1所示。

表7.1　本章模型中用到的符号

符号	说明
c	单位农产品投入所需要的成本
η	科技投入成本敏感系数
Q	农户的生产投入量
p	农产品的零售价
x	随机产出因子
B	农户的初始资金
θ	买方分担技术投入成本的比例
r_0	银行利率
l	贷款总量
β	科技投入的增益系数
e	科技投入水平
w	农产品的批发价格
$0,1$	下标0,1分别表示银行融资和买方担保融资
$g(e) = \beta e$	单位生产投入中科技投入所提升的产量
$l = cQ(1 + \bar{\theta}\eta e^2/2) - B$	贷款量
Π_0	农户利润
Ω_0	买方利润
Θ_0	银行利润

另外,本章所设置的阈值如表7.2所示。

表7.2　本章用到的阈值

阈值符号	阈值含义
$\tilde{\beta}_0$	当破产点 $x_0 = 1$ 时对应的 β
$\overline{\beta}_0 = \sqrt{\overline{\theta}\eta(1+r_0)/(2p)}$	当农户利润为 0 时对应的 β
$\hat{\beta}_0 = \left[T + \sqrt{T + 8p(1+r_0)\,\overline{\theta}\eta c}\,\right]/(4p)$	当破产点 $x_0 = 0$ 时对应的 β
$T = \dfrac{2\left[2\overline{\theta}(1+r_0)+\theta\right]}{\overline{\theta}} \cdot \sqrt{\dfrac{2\overline{\theta}\eta c(cQ-B)}{Q}}$	$\hat{\beta}_0$ 中的参数

第三节　基于成本分担的商业银行融资模式

一、农户的经营决策

本节研究商业银行融资模式下农户和买方的最优决策,即使各自的利润最大化。

在开始时刻,买方和农户签订订单,由买方决定批发价格 w。然后农户决定科技投入水平 e,当初始资金无法满足生产和科技投入,即 $cQ(1+\theta\eta e^2/2) > B$,此时农户会向银行进行贷款,贷款额度为 $l = cQ(1+\theta\eta e^2/2) - B$,由于本章是基于农户资金约束的情况,故不考虑 $cQ(1+\theta\eta e^2/2) \leqslant B$。当农户生产完毕后,农户会将实际产出 $Q[x+g(e)]$ 的农产品递交给买方,买方根据订单价格 w 全部收购并支付货款。农户收取货款后,将贷款连本带利还给银行 $l(1+r_0)$。若实际产出量 $Q[x+g(e)]$ 过小,农户会面临破产,在这种情况下农户只需要偿还 $wQ[x+g(e)]$ 的金额,而银行会损失 $l(1+r) - wQ[x+g(e)]$。本章用 x_0 表示实际产出率恰好能偿还贷款(不破产),如下所示:

$$x_0 = \frac{\left[cQ\left(1+\frac{1}{2}\theta\eta e^2\right) - B\right](1+r_0)}{wQ} - g(e) \tag{7.1}$$

由于本章考虑随机产出因子 x 服从 $[0,1]$ 的均匀分布,所以农户的利润形式会跟破产点的范围有关。当 $x_0 > 0$ 时,表明农户存在破产点,并且 $x < x_0$ 时,农户会破产,无法获得利润;$x > x_0$ 时,说明农户能够偿还贷款并且盈利。当 $x_0 \leqslant 0$ 时,表明农户由于技术投入的原因,产量得到大幅度提升,使破产点消失,在这种情况下农户不会破产。

当破产点 $0 < x_0 < 1$ 时,说明农户存在破产的可能性,其期望利润函数可表示为:

$$\begin{aligned}
\Pi_0 &= \int_{x_0}^1 wQ[x+g(e)] - wQ[x_0 + g(e)]\mathrm{d}x \\
&= \frac{wQ}{2}(1-x_0)^2
\end{aligned} \tag{7.2}$$

当破产点 $x_0 \leqslant 0$ 时,说明农户由于较高的技术投入水平,使破产点消失,即农户在这种情况下不存在破产的可能性,其期望利润函数可表示为:

$$\begin{aligned}
\Pi_0 &= \int_0^1 wQ[x+g(e)]\mathrm{d}x - (1+r_0)\left[cQ\left(1+\frac{1}{2}\overline{\theta}\eta e^2\right) - B\right] \\
&= \frac{wQ}{2} + wQ\beta e - (1+r_0)\left[cQ\left(1+\frac{1}{2}\overline{\theta}\eta e^2\right) - B\right]
\end{aligned} \tag{7.3}$$

进一步分析,当 $x_0 > 1$ 时,表明技术投入的成本过高或买方所给的批发价格过低,会使农户必定破产,利润为 0。由于农户是理性的,此时不会参与生产,故本章不考虑这种情况。

二、核心企业的经营决策

本章在这部分探讨核心企业(买方)的经营决策,由于买方在农业供应链中通常占主导者优势,所以由买方先决定批发价格 w,并且为上游的农户分担 θ 比例的技术投入成本。因此买方的利润是关于 w,e 的函数,且 e 是关于 w 的函数,并且买方会决定批发价格以使自身的利润最大化。

在商业银行融资模式中,当农户完成生产后,会将所有产出的产品直接交付给买方,并得到货款。所以无论农户是否存在破产的可能性,都不会对买方的利润函数形式有所影响,买方期望利润函数可表示为

$$\Omega_0 = \int_0^1 (p - w)\left[x + g(e)\right]Q\mathrm{d}x - \frac{1}{2}\theta\eta cQe^2$$
$$= \frac{1}{2}pQ - \frac{1}{2}wQ + pQg(e) - wQg(e) - \frac{1}{2}\theta\eta cQe^2 \tag{7.4}$$

根据逆推归纳法,买方决定批发价格以使利润最大化,即由一阶导数可得到买方的最优批发价格。给定最优批发价格后,农户可决定最优技术投入水平。故可得到命题7.1。

【命题7.1】在基于成本分担的商业银行融资模式中,存在一个 $\tilde{\beta}_0 \in (\overline{\beta}_0, \hat{\beta}_0)$,当 $\beta > \tilde{\beta}_0$ 时,买方决策最优的批发价格 w_0^*,并且农户决策最优的技术投入水平 e_0^*,如下所示:

$$w_0^* = \left[p - \frac{(1+r)\overline{\theta}\eta c}{2\beta^2}\right]\left[\frac{1}{2 + \dfrac{\theta}{(1+r_0)\overline{\theta}}}\right] \tag{7.5}$$

$$e_0^* = \frac{\beta w}{(1+r)\overline{\theta}\eta c} \tag{7.6}$$

进一步看,x_0 会随着 β 的增大而减少。当 $\tilde{\beta}_0 < \beta < \hat{\beta}_0$ 时,农户存在破产的可能;当 $\beta > \hat{\beta}_0$ 时,农户不存在破产的可能性。

命题7.1表明,无论是否存在破产的可能性,农户最优的技术投入水平 e_0^* 是相同的。且命题7.1进一步显示,破产点 x_0 会随着技术投入增益效果 β 的增加而下降,这符合一定的预期。技术投入增益效果越好,说明农户能够得到越多的实际产出,而买方承诺了全部收购,所以这对农户是有益的。本章还找到了农户肯定会破产的 β 阈值 $\tilde{\beta}_0$,当 $\beta \leq \tilde{\beta}_0$ 时,农户不应该参与经营,因为此时的破产点过高,会导致农户一定破产,本章不过多讨论这种情况;当 $\beta > \hat{\beta}_0$ 时,说明技术投入的性价比非常高,此时农户投入生产,将不存在破产的可能;当 $\tilde{\beta}_0 < \beta < \hat{\beta}_0$ 时,是更为常见的情况,说明农户有一定可能性会破产。

【命题7.2】当 $\beta > \tilde{\beta}_0$ 时，e_0^*, w_0^* 会随着 η 的增加而减少。

命题7.2表明，供应链成员所决策的最优批发价格和技术投入水平会由于成本敏感系数的增加而降低，这是由于成本敏感系数越大，提升相同效果就需要越多的资金，这使农户不愿意投入更多，导致技术投入水平降低。

【命题7.3】当 $\beta > \tilde{\beta}_0$ 时，e_0^*, w_0^*, Π_0^* 会随着 β 的增加而增加。

命题7.3表明，只要不是农户一定破产的情况，那么越高的技术投入增益效果 β，会使最优的技术投入水平、批发价格、农户的利润都增加，这也是与现实相呼应的。当 β 越大时，说明相同的技术投入成本，能够带来越多的实际产出，而买方会收购全部产品，那么对于农户来说 β 越大，越能从中受益。所以农户应该选择 β 较大的科技进行投入。

三、商业银行的收益

在这一部分本章进一步讨论银行的利润，只有当农户不破产时，银行才有利可图。

当 $0 < x_0 < 1$ 时，银行利润函数可表示为

$$
\begin{aligned}
\Theta_0 &= \int_{x_0}^1 (1+r_0)\left[cQ\left(1+\frac{1}{2}\overline{\theta}\,\eta e^2\right) - B \right] \mathrm{d}x + \int_0^{x_0} wQ\left[x + g(e) \right] \mathrm{d}x - \left[cQ\left(1+\frac{1}{2}\overline{\theta}\,\eta e^2\right) - B \right] \\
&= (1+r_0)\left[cQ\left(1+\frac{1}{2}\overline{\theta}\,\eta e^2\right) - B \right](1-x_0) + \frac{wQx_0^2}{2} + x_0 wQ\beta e - \left[cQ\left(1+\frac{1}{2}\overline{\theta}\,\eta e^2\right) - B \right]
\end{aligned}
$$

$$\tag{7.7}$$

当 $x_0 \leqslant 0$ 时，银行肯定能够收回本金和利息，银行利润函数可表示为

$$
\begin{aligned}
\Theta_0 &= \int_{x_0}^1 (1+r_0)\left[cQ\left(1+\frac{1}{2}\overline{\theta}\,\eta e^2\right) - B \right] \mathrm{d}x - \left[cQ\left(1+\frac{1}{2}\overline{\theta}\,\eta e^2\right) - B \right] \\
&= r_0\left[cQ\left(1+\frac{1}{2}\overline{\theta}\,\eta e^2\right) - B \right]
\end{aligned}
$$

$$\tag{7.8}$$

当 $x_0 \geqslant 1$ 时，农户必定破产，银行无法收回所有贷款，银行利润函数可表示为

$$\Theta_0 = \int_0^1 wQ\big[x + g(e)\big]\mathrm{d}x - \left[cQ\left(1 + \frac{1}{2}\overline{\theta}\,\eta e^2\right) - B\right]$$
$$= \frac{wQ}{2} + wQ\beta e - \left[cQ\left(1 + \frac{1}{2}\overline{\theta}\,\eta e^2\right) - B\right] \tag{7.9}$$

【命题7.4】在商业银行融资模式中,资金充裕的买方成本分担将会对供应链成员的利润产生如下影响:

(1)e_0^*会随着θ增加而增加,并且e_0^*是关于θ的凸函数,w_0^*是关于θ的凹函数。

(2)Π_0是关于θ的单峰函数。

命题7.4(1)表明,当买方承担更高比例的技术投资成本时,最优技术投入水平总是增加的,并且最优技术投入水平是关于θ的凹函数,这表明资金充裕的买方承担着更多的技术投入成本,能够提升产品的科技水平。而最优的批发价格w随着成本分担比例θ的增加先增后减,这表示在θ逐渐增大的过程中,开始的成本分担的确会适当提升批发价格,但是当θ非常大的时候,买方会通过压低批发价格来保证自身的利润,所以农户会面临更大的破产风险。

命题7.4(2)表明,存在使农户利润最大的最优成本分担比例。进一步分析显示,虽然成本分担可以提高技术投入水平、增加产量,但过度的成本分担会使农户无利可图,因为此时过高的成本分担会让买方不愿意提供一个合理的批发价格给农户。所以在实际生活中,农户不应该把自身的话语权交给有实力的企业(即一味地追求高技术投入分担比例,即使自己承担的成本更少),而有实力的企业(买方)即使有足够的抗风险能力,也应该提供适当的成本分担比例,而不是一味地追求自身利润最大化,将风险转移给农户。

四、技术投入和成本分担对于供应链成员的价值

现在,我们选择数值仿真方式探究商业银行融资模式中成本分担对于每个供应链成员的价值,参数设置如下:$r_0 = 0.05, \eta = 0.5, Q = 200, p = 200, c = 50, B = 1500$。下面聚焦于解答如下问题:农户和银行是否愿意接受成本

分担,以及什么时候会接受成本分担? 接下来,本章将分析在不同 β 情况下有无成本分担对于农户和银行的价值。

　　图7.2探究了成本分担比例、技术投入增益效果对于农户的价值。当技术投入的增益效果 β 较小时,农户可以从较高的技术投资成本分担比例 θ 中获益,农户愿意分担技术投入的成本。此时,成本分担带来的收益将大于批发价格下降导致的损失,因此农户愿意接受更多的成本分担。当技术投入的增益效果 β 逐渐增加时,只有较低的成本分担比例 θ 才能使农户从成本分担中受益。此时,较高的技术投入增益效果会使农户从较低的成本分担比例受益。由此可见,当技术投入的增益效果越高时,如果买方承担了过多的技术投入成本分担比例 θ,农户的利润越容易受到损害。

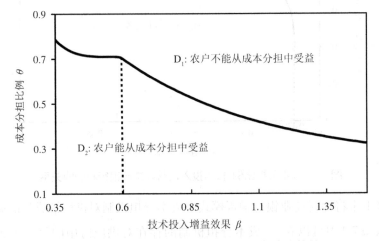

图7.2　成本分担比例、技术投入增益效果与农户的关系

　　而且在 β 逐渐增加的过程中,农户的利润会发生一个确定性变化,当 $\beta >$ 0.6时,农户将没有破产的可能性,这与命题7.1是相呼应的。随着 β 的增加,农户不愿意接受较高比例的成本分担,即农户只能从更低的成本分担比例 θ 中受益,因为此时农户本身就不会破产,并不面临原本存在的风险。

　　本章进一步探究银行何时有利可图。

　　图7.3表明,当 β 较小时($\beta < 0.47$,D_1 区域),此时无论 θ 有多大,银行的利润率均为负。这是因为此时农户的破产风险太大,银行很有可能无法收回贷

款。当β逐渐增加($\beta \geqslant 0.48$,D_2区域),银行将出现一个有利可图的区域,只要θ在D_2区域内,都可以使银行盈利。在这个过程中会存在一个适中的成本分担比例($0.47 \leqslant \beta \leqslant 0.48$),使银行有利可图。这里可以分为两种情况讨论:当成本分担比例较小时,此时农户承担的技术投入费用较高,会导致农户和银行承担较高的风险;当成本分担比例较大时,此时话语权集中在核心企业(其决定的批发价格很低),技术投入分担带来的受益远无法弥补批发价格下降带来的损失,此时银行极有可能无法收回货款。

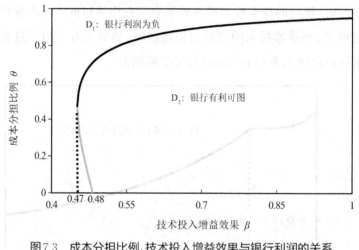

图7.3　成本分担比例、技术投入增益效果与银行利润的关系

接下来将探讨商业银行融资模式中成本分担机制对供应链成员的影响。

从图7.4中可以看出,成本分担机制的存在对供应链中的每一个成员都可能有益。而且,当买方承担的技术投入成本较高时,买方的利润总是增加的,因为技术投入所带来的收益大于所承担的技术投入成本。

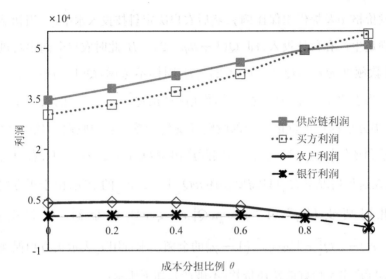

图7.4　成本分担比例与供应链各成员利润的关系

对于农户而言,存在一个适当的成本分担比例,使其收益最大化,这与命题7.1、7.4是相呼应的。当买方的成本分担比例增加时,批发价格先上升后下降。银行被认为是整条供应链中的被动接受者,当农户盈利时,银行就会盈利。随着买方成本分担比例的增加,银行利润先增加后减少。

对于整条供应链,存在一个最优的成本分担比例,使整体利润最大化。通过以上分析可以得出结论:核心企业可以通过帮助弱势农户分担成本来增加供应链各成员的利润。

第四节　基于成本分担的买方担保融资模式

一、农户的经营决策

本节研究买方担保融资模式下农户和买方的最优决策,即使各自的利润最大化。

与商业银行融资模式相同,在开始时刻,买方和农户签订订单,由买方决

定批发价格 w 及提供担保比例 γ，然后农户决定科技投入水平 e。当初始资金无法满足生产和科技投入，即 $cQ(1+\theta\eta e^2/2)>B$，此时农户会向银行进行贷款，贷款额度为 $l=cQ(1+\theta\eta e^2/2)-B$，同样不考虑 $cQ(1+\theta\eta e^2/2)\leqslant B$ 的情形。当农户生产完毕后，农户会将实际产出 $Q[x+g(e)]$ 的农产品递交给买方，买方根据订单价格 w 全部收购并支付货款。农户收取货款后，将贷款连本带利还给银行 $l(1+r_0)$。若实际产出量 $Q[x+g(e)]$ 过小，农户会面临破产，在这种情况下农户只需要偿还 $wQ[x+g(e)]$ 的金额；由于买方提供担保，此时要支付 $\gamma\{l(1+r)-wQ[x+g(e)]\}$ 的金额；银行会损失 $l\{(1+r_1)-wQ[x+g(e)]\}(1-\gamma)$ 的金额。本章用 x_1 表示买方担保融资模式下实际产出率恰好能偿还贷款(不破产)，如下所示：

$$x_1=[cQ(1+\theta\eta e^2/2)-B](1+r_1)/(wQ)-g(e) \tag{7.10}$$

当破产点 $0<x_1<1$ 时，说明农户此时存在破产的可能性，其期望利润函数可表示为

$$\Pi_1=\int_{x_1}^1 wQ[x+g(e)]-wQ[x_1+g(e)]\mathrm{d}x$$
$$=\frac{wQ}{2}(1-x_1)^2 \tag{7.11}$$

在买方担保融资模式下，农户的期望利润函数形式和商业银行融资模式时是相同的。

当破产点 $x_1\leqslant 0$ 时，说明农户由于较高的技术投入水平，使破产点消失，即农户在这种情况下不存在破产的可能性，其期望利润函数可表示为

$$\Pi_1=\int_0^1 wQ[x+g(e)]\mathrm{d}x-(1+r_1)\left[cQ\left(1+\frac{1}{2}\overline{\theta}\eta e^2\right)-B\right]$$
$$=\frac{wQ}{2}+wQ\beta e-(1+r_1)\left[cQ\left(1+\frac{1}{2}\overline{\theta}\eta e^2\right)-B\right] \tag{7.12}$$

进一步分析，当 $x_1\geqslant 1$ 时，说明技术投入的成本过高，会使农户必定破产，利润为0。由于农户是理性的，此时不会参与生产，故本章不考虑这种情况。

根据逆推归纳法，买方决策其批发价格以最大化利润，即由一阶条件可

得到买方的最优批发价格。给定最优批发价格后,农户可决定最优技术投入水平。

对农户利润函数求关于 e 的二阶导数,有 $\dfrac{d^2\Pi_1}{de^2}=wQ\dfrac{dx_1}{de}^2+wQ(x_1-1)\dfrac{d^2x_1}{de^2}>0$,类似于命题7.1,可以得到买方担保情况下农户最优的技术投入水平 $e_1^*=\dfrac{\beta w}{(1+r_1)\bar\theta\eta c}$。

二、核心企业的经营决策

本部分深入探讨买方担保融资模式下核心企业(买方)的经营决策,由于买方在农业供应链中通常占主导者优势,所以由买方先决定批发价格 w,并且为上游的农户分担 θ 比例的技术投入成本。因此买方的利润是关于 (w,e) 的函数,且 e 是关于 w 的函数,买方会决定批发价格,以使自身的利润最大化。

在买方担保融资模式中,当农户不存在破产可能性时,买方的利润函数形式和商业银行融资模式时相同;当农户存在破产可能性时,买方会承担一定比例的剩余贷款。

当 $0<x_1<1$ 时,表示农户存在破产的可能性,买方期望利润函数可表示为

$$\Omega_1=\int_0^1(p-w)\big[x+g(e)\big]Qdx-\frac{1}{2}\theta\eta cQe^2-\gamma\int_0^{x_1}wQ\big[x_1+g(e)\big]$$
$$\gamma\int_0^{x_1}wQ\big[x_1+g(e)\big]-wQ\big[x+g(e)\big]dx$$
$$=\frac{1}{2}pQ-\frac{1}{2}wQ+pQg(e)-wQg(e)-\frac{1}{2}\theta\eta cQe^2-\gamma\frac{wQx_1^2}{2}$$

$$(7.13)$$

当 $x_1\leqslant0$ 时,表示农户不存在破产的可能性,买方期望利润函数可表示为

$$\Omega_1=\frac{1}{2}pQ-\frac{1}{2}wQ+pQg(e)-wQg(e)-\frac{1}{2}\theta\eta cQe^2 \qquad(7.14)$$

当 $x_1\geqslant1$ 时,表示农户一定会破产,买方期望利润函数可表示为

$$\Omega_1 = \frac{1}{2}pQ - \frac{1}{2}wQ + pQg(e) - wQg(e) - \frac{1}{2}\theta\eta cQe^2 - \gamma\left(wQx_1 - \frac{wQ}{2}\right)$$

$$(7.15)$$

【命题7.5】在买方担保融资模式中，最优的批发价格满足以下等式：

$$-\frac{Q}{2} + pQ\beta A - 2Q\beta Aw - \theta\eta cQA^2w + \frac{\gamma(1+r_1)^2(cQ-B)^2}{2w^2Q} +$$

$$\frac{\gamma(cQ-B)\beta^2}{2\bar{\theta}\eta c} - \frac{3}{8}\gamma\beta^2 QA^2w^2 = 0 \text{ ，其中}A = \frac{\beta}{(1+r_1)\bar{\theta}\eta c} \text{ 。}$$

命题7.5表明，在买方担保融资模式中，的确存在最优的批发价格w_1^*，并且满足上式，求解较难，故本章会通过深入的数值分析进行探讨。

三、第三方金融机构的收益

对于买方担保融资中第三方金融机构，只有当农户不破产时它才能有利可图。但是由于买方的担保，当农户破产时，买方可以承担部分剩余贷款，降低第三方金融机构所承担的风险。

当$0 < x_1 < 1$时，表示农户存在破产风险，第三方金融机构的期望利润函数可表示为

$$\Theta_1 = \int_{x_1}^1 (1+r_1)\left[cQ\left(1+\frac{1}{2}\bar{\theta}\eta e^2\right) - B\right]dx + \int_0^{x_1} wQ[x + g(e)]dx$$

$$+ \gamma\int_0^{x_1}\left\{(1+r_1)\left[cQ\left(1+\frac{1}{2}\bar{\theta}\eta e^2\right) - B\right] - wQ[x+g(e)]\right\}dx -$$

$$\left[cQ\left(1+\frac{1}{2}\bar{\theta}\eta e^2\right) - B\right] = (1+r_1)\left[cQ\left(1+\frac{1}{2}\bar{\theta}\eta e^2\right) - B\right]$$

$$(1-x_1) + (1-\gamma)\left(\frac{wQx_1^2}{2} + x_1 wQ\beta e\right) + \gamma(1+r_1)\left[cQ\left(1+\frac{1}{2}\bar{\theta}\eta e^2\right) - B\right]$$

$$x_1 - \left[cQ\left(1+\frac{1}{2}\bar{\theta}\eta e^2\right) - B\right] \text{ 。}$$

$$(7.16)$$

当$x_1 \leq 0$时，表示农户肯定不会破产，此时第三方金融机构可以无风险地

收回本金和利息,其期望利润函数可表示为

$$\Theta_1 = r_1 \left[cQ \left(1 + \frac{1}{2}\bar{\theta}\eta e^2 \right) - B \right] \tag{7.17}$$

当 $x_1 \geqslant 1$ 时,表示农户一定会破产,此时第三方金融机构可以收到买方承担的担保费及农户偿还的贷款,其期望利润函数可表示为

$$\Theta_1 = (1-\gamma)\left(\frac{wQ}{2} + wQ\beta e \right) + \gamma(1+r_1)\left[cQ\left(1 + \frac{1}{2}\bar{\theta}\eta e^2 \right) - B \right] \tag{7.18}$$

第五节　融资模式比较

一、供应链各成员的最优决策对比

本节探究不同融资模式下供应链各成员最优决策发生了什么变化,比较两种融资模式的最优批发价格(w_0^* 和 w_1^*)及最优技术投入水平(e_0^* 和 e_1^*)的大小关系,以及探究不同融资模式对于破产点的影响。

【命题 7.6】两种融资模式下的最优批发价格的关系如下所示:

当 $\beta < \hat{\beta}_0$ 时,有 $w_1^* > w_0^*$;否则 $w_1^* = w_0^*$。

命题 7.6 表明,在买方担保融资模式中,当农户面临破产风险时,买方会提供比商业银行融资模式更高的批发价格,以保证农户尽量不破产。这是由于在买方担保融资模式中,如果农户破产,买方作为担保企业需要支付担保费,造成额外的损失,这就使买方会提供较高的批发价格,以保证农户处于正常生产经营的状态。

否则,买方担保融资模式下的批发价格将等于商业银行融资模式下的批发价格。总的来说,买方担保融资模式对农户有利,而买方提供担保将损失部分利润。

【命题 7.7】当 $\beta < \hat{\beta}_0$ 时,有 $e_1^* > e_0^*$;否则 $e_1^* = e_0^*$。

命题 7.7 表明,在买方担保融资模式中,只要存在破产的可能性,最优的

技术投入水平 e_1^* 总是高于商业银行融资模式时的技术投入水平 e_0^*。这是由于技术投入水平和最优批发价格是正向关系,当买方给出的批发价格越高,农户越会提高自身的技术投入水平。这也表明,买方担保融资模式可以提升农产品的技术投入,这有益于供应链的长期稳定发展。

接下来,通过数值仿真的方法探究两种不同融资模式下破产点(x_0 和 x_1)是否会存在差异,以及成本分担比例 θ 和担保比例 γ 是如何影响破产点的。

图7.5表明,在不同融资模式下,农户的破产点与成本分担比例之间的关系。在图中可以直观地看到,在买方担保融资模式下的破产点总是低于商业银行融资模式下的破产点,这就表明买方担保融资模式会降低农户的风险,让整条供应链的长期运作更加稳定。

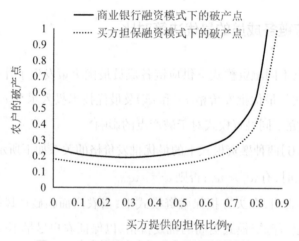

图7.5 农户的破产点与成本分担比例的关系

结论进一步表明,两种融资模式下的破产点都会随着成本分担比例的增加而先减少后递增,这与命题3.4是相呼应的。在商业银行融资模式下,农户利润是关于成本分担比例的单峰函数,意味着存在足够的成本分担比例 θ 使农户利润最大,破产点最小。所以无论从利润角度出发还是从破产点角度出发,买方都不应该提供过高的成本分担比例,否则会使农户的破产风险剧增。

接下来将探究担保比例 γ 是如何影响农户的破产点,由于商业银行融资模式中的 $\gamma = 0$,这表明商业银行融资模式中的破产点不会随着 γ 的变化而变化,故主要聚焦在买方担保融资模式下农户破产点的变化情况。

图7.6显示在两种融资模式下,农户的破产点与担保比例 γ 之间的关系。图像表明,随着担保比例 γ 的增加,买方担保融资模式的破产点会急速下降,当达到全额担保时($\gamma=1$),破产点从开始的0.2降到0.135。这是非常可观的,较低的破产点意味着农户承担的风险更小,银行也能从中获利,这会使银行更愿意贷款给农户,进一步使整条供应链的运作更加稳定。

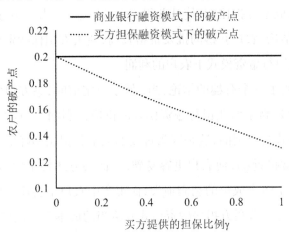

图7.6 农户的破产点与担保比例的关系

二、成本分担比例对于供应链成员利润的影响

接下来将进一步探究不同融资模式下成本分担机制的影响(见图7.7)。

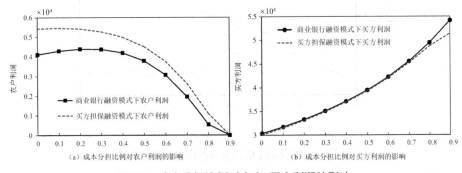

图7.7 成本分担比例对农户、买方利润的影响

图7.7(b)与预期的想法是一致的。当银行利率相同时,可知资金充裕的核心企业(买家)的两点信息:①无论商业银行融资模式或买方担保融资模式,成本分担机制总是可以提高它们的利润;②无论成本分担比例是多少,商业银行融资模式下的利润总是大于买方担保融资模式下的利润,这意味着买家以利润最大化为目标时,不会提供担保融资。

对于两种不同融资模式下的弱势农户(见图7.7(a)),可以得到两点信息:①存在适当的成本分担比例,使其获得最大的收益;②由于买方提供担保,根据命题7.1的结论,农户获得的批发价格较高,使买方担保融资模式下农户的利润大于商业银行融资模式下农户的利润。

图7.8表明了一个有趣的结论:当θ低于一定值时,买方担保融资模式的供应链利润总是高于商业银行融资模式的供应链利润。当θ接近于1时,商业银行融资模式是有利的,这是因为过度的成本分担比例降低了农户的利润(批发价格非常接近0),使农户更容易破产,而买方还要承担担保的成本,这将导致供应链中每个成员的利润损失,而现实中农户不会让出售价格低于自身的成本。这意味着买方担保融资模式和恰当的成本分担比例θ有利于供应链的长期发展,但是买方会损失少部分的利润。

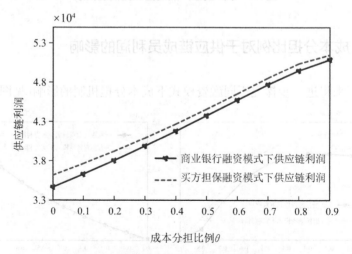

图7.8 成本分担比例对整条供应链利润的影响

三、担保比例对于供应链成员利润的影响

在本部分,我们比较了供应链各成员和整条供应链在不同担保比例和无担保情况下的利润增长率。

当 $\gamma=0$ 意味着无担保,此时农户利润为3787,买方利润为39476,供应链整体利润为43773。

图7.9表明,买方担保融资模式总是有利于农户,当 γ 增加时,农户的利润将会增加,这意味着农户往往愿意接受买方担保融资。买方的利润增长率曲线表明,无论买家担保比例 γ 是多少,都表明买方为农户分担了部分风险,这剥夺了买方的利润,导致他的利润总是小于商业银行融资模式下的利润。这进一步表明,当利率相同时,买方总是倾向于选择商业银行融资模式。

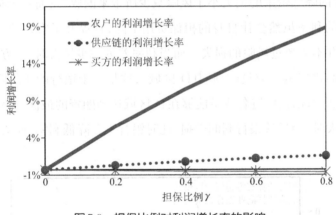

图7.9　担保比例对利润增长率的影响

整条供应链的利润增长率曲线表明一个符合事实的结论,即不管担保比例 γ 为多少,供应链的总利润在买方担保融资模式中总是大于在商业银行融资模式中。这表明买方担保融资确实有利于供应链的发展,并且随着 γ 的增加,总体利润也会增加,这是由于资金充裕的买方具有很强的风险承受力。

虽然稳定的供给是核心企业在农业供应链中关注的重要因素之一,但在现实中,选择买方担保融资模式是否只是因为买方愿意考虑供应链的长期发展? 答案远不止这些。无论是在实践中还是在学术界,都有研究表明,买方

担保融资模式的风险总是低于商业银行融资模式,这使银行愿意以较低的利率向资金缺乏的农户提供贷款。接下来将讨论在买方担保融资模式下,较低的银行利率如何影响供应链成员的融资决策。

四、基于不同银行利率下的融资模式选择

本部分在设定参数时降低了银行利率,$\Delta r = r_0 - r_1$ 表示买方担保融资模式的利率降低程度。由于较低的利率对农户总是有利的,本部分只考虑较低的利率对银行和买家的利润影响。

图 7.10 显示,当银行利率差降低一点时(D_1 区域),银行依然会选择风险较小的买方担保融资模式,而买方会选择商业银行融资模式。因为对于银行而言,利率的降低带来的损失小于风险减少所带来的收益;而对于买方而言,此时较低的利率虽然会让自身的担保费用下降,且提升了农户的产出,但是这些收益并不能超过风险的损失。而当利率差进一步扩大时,买方担保融资模式将提高供应链各成员的利润(D_2 区域),这是由于银行的风险降低,买方的收入增加,所以供应链各成员能够在 D_2 区域达到融资的最优选择。当利率差继续增大时,会导致银行利润受损,此时银行不会降低利率,而买方会一直从中受益。

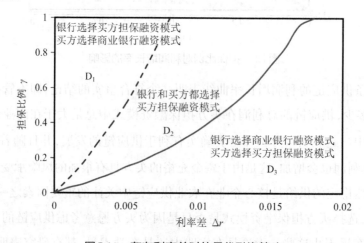

图 7.10　存在利率差时的最优融资策略

对于供应链各个成员而言,在一定条件下,买方担保融资模式的确是最优的融资策略,这会使供应链各成员及整条供应链的利润增加。

第六节 本章小结

本章主要探究了资金缺乏的农户、核心企业在面临商业银行融资模式及买方担保融资模式时,应该如何做出最优的融资模式选择。在商业银行融资模式中,缺乏资金的农户会直接向银行申请贷款,并且资金充裕的买方会分担一定比例的技术投入成本以降低农户的生产经营风险。在买方担保融资模式中,当农户向银行贷款时,买方会与银行达成协议,提供一定的担保比例。当农户发生破产时,买方会承担一部分费用偿还给银行,以分担农户的经营风险。当两种融资模式共存时,供应链各成员应该如何做出最优的融资策略?本章的结论主要有以下三点:

首先,在基于成本分担的商业银行融资模式中,供应链各成员的利润都会随着技术投入增益效果的增加而增加,并且最优的技术投入水平和批发价格也会随之更高。进一步看,当技术投入增益效果过低(小于阈值)时,农户会面临必定破产的情况,此时应该选择不参与生产经营活动。当技术投入增益效果高于这个阈值时,农户的破产点会逐渐减少直至消失,并且供应链各成员都能从中获得更高的利润。而成本分担比例的增加,只会让买方的利润增加。对于农户和银行来说,存在一个恰好的成本分担比例,使其利润最大,这表明身为主导企业的买方提供成本分担时需要考虑供应链长期稳定的发展。

其次,在基于成本分担的买方担保融资模式中,分析技术投入增益效果和成本分担比例对于供应链各成员的影响,结论表明买方担保融资模式并没有从本质上改变供应链各成员的获利性质。对于农户和银行来说,无论成本分担比例的高低,买方担保比例越大对其自身越有利;对于主导企业的买方来说,由于分担了部分的经营风险,会导致自身利润受损。

最后,当两种融资模式共存时,买方担保融资模式下的批发价格、技术投入水平都比商业银行融资模式更高,并且买方担保融资模式中农户的破产点更低。无论担保比例或成本分担比例如何变化,与商业银行融资模式相比,买方担保融资模式下农户和银行的利润总是更高,而买方会从中损失一部分利润。但是,当银行愿意降低利率后,在一个区域使得供应链各成员都会从买方担保融资模式中受益。

我们的研究为智慧农业下考虑成本分担的农业供应链金融提供了管理视角。第一,担任主导者的买方为了供应链的长期发展,应该提供一个恰当、合理的成本分担比例给农户,过高或者过低的成本分担比例都会剥夺农户和银行的利润。第二,供应链各成员可以着重选择高技术投入增益效果的产品和技术以提升其应对破产风险的能力。第三,买方担保融资模式可以降低农户的破产风险,同时也能够通过降低农户的破产点,减少破产的农户数,帮助银行从中获得更多的利润,所以对于农户和银行来说总是希望选择买方担保融资模式。第四,供应链各成员选择最优的融资模式,需要银行适当地降低利率,不仅有利于农户和买方,而且对银行而言也能从中受益。

第八章　政府对区块链使能的食品供应链的补贴策略研究

第一节　引　言

随着冷链技术的发展,企业通常采用冷链物流来运输海鲜、鸡蛋和肉类等产品,以满足消费者对生鲜产品的需求。大多数生鲜企业倾向于将物流业务外包给专业化和标准化程度高、物流网络覆盖面广、相关成本低的第三方冷链物流公司(Wu et al.,2023)。然而,冷链物流虽大大提高了生鲜产品的质量,食品安全却受到了病毒的挑战。病毒可以在食品中长期存活,这导致消费者极其担忧食品的来源及运输过程中存在的安全隐患。例如,阿里巴巴旗下的盒马鲜生超市,几名工人在处理通过冷链物流供应的食品时感染了病毒。从此,通过盒马鲜生销售的进口冷冻肉类和海鲜产品必须接受严格的检测。只有通过确保供应链的可追溯性和透明度,才能满足消费者对食品质量和安全的要求,从而提升企业的生存能力。

区块链技术是一种新兴的溯源技术,具有去中心化、公开透明、密码保护、防篡改的特点(Kamble et al.,2019)。与RFID技术等其他追溯技术相比,区块链技术具有无可比拟的产品追溯优势。供应链节点企业不仅能够利用区块链技术实时监控产品质量,还能有效识别和跟踪潜在感染的产品(Kshetri,2018)。近年来,一些行业巨头率先利用区块链技术追踪产品信息。例如,马士基利用区块链技术帮助货运、港口、海关、银行和物流公司提供商追溯产品和货物;阿里巴巴旗下天猫平台随后推出了采用区块链技术的冷链追溯系统。企业可以利用区块链的优势,提高消费者的购买力,政府也应当采取适当的策略来解决消费者对食品安全的担忧,从而改善供应链绩效(Yang et al.,2021;Wu et al.,2023)。

2019年底,新冠疫情肆虐全球,食品供应链受到严重影响。经历疫情后,消费者对食品安全更加关注,社会总体消费能力较疫情前有所下降。为了提高消费者的购买水平,政府可以继续采取抗疫策略,或者补贴区块链溯源技术的策略,解决人们对食品安全的担忧,从而改善社会生产水平和经济环境。政府补贴有多种形式,如印度政府电力部对全国范围内购买LED灯泡提供补贴。在本章中,我们关注了对区块链可追溯性的补贴,这也可以被视为对企业的一种政府补贴,以解决消费者对食品安全的担忧,并可以帮助政府对抗疫情的持续影响。

在上述背景下,区块链溯源技术和政府抗疫政策对于后疫情时代的供应链发展非常重要,但抗疫和溯源策略的成本很高。此时,政府是选择单独增加抗疫投入还是提供区块链技术补贴,又或者是同时选择抗疫和补贴策略,这值得深入探讨。因此,本章的研究问题为:第一,无论有无政府抗疫或补贴策略,在采用区块链技术时,食品供应链的最优决策是什么?第二,后疫情时代,政府应该继续采取抗疫策略还是新的补贴策略?哪个策略会更好?

本章主要分析了政府在食品供应链中采取抗疫策略或补贴策略的四种情景,着重回答了在考虑抗疫成本和区块链溯源技术成本时,政府应选择抗疫策略还是补贴策略的问题。研究结果揭示了政府策略对追溯信息水平、食品价格、供应链成员利润、消费者剩余和社会福利的影响。例如,只有当抗疫成本过高时才会采取抗疫策略,只有当溯源成本过高时才会采取补贴策略。同时,本章首次考虑了消费者对可追溯信息偏好的研究,发现无论在何种情景下,消费者对追溯信息的偏好越强烈,各方利润和社会福利就越高。

第二节　模型描述

本章构建了一个由供应商、第三方物流(3PL)和零售商组成的食品供应链,分别用 S、L 和 R 表示。供应商 S 以价格 m 将物流服务外包给第三方物流 L,并以单位批发价格 w 将产品批发给零售商 R。第三方物流将产品交付给零售商,然后零售商以单位零售价格 p 将产品销售给消费者,其中 $p > w > m > 0$(Niu,2021)。为了简化计算,假设供应商的生产成本和第三方物流的物流服务成本为零(Xu et al.,2023)。市场中消费者对产品的估值为连续变量 v,遵循密度函数 $f(v)$。假设 v 在 (0,1) 的范围内服从均匀分布(Wu et al.,2023;Yang et al.,2021;Fan et al.,2022)。

在采用区块链技术的食品供应链(FSC)情景下,更多的信息将会增加消费者对追溯信息的信任度和满足度,但同时也意味着更高的追溯成本(Wu et al.,2023)。本章将区块链溯源水平表示为 t,并假设使用区块链进行溯源的成本为 $1/2kt^2$,消费者的效用函数为 $u = v - bp + \delta t$,其中 $k > 0$ 表示使用区块链进行溯源的成本系数,$b > 0$ 是产品的价格敏感性(Wu et al.,2023;Yang et al.,2021;Shen et al.,2019)。区块链的实施不直接影响产品特性和价格敏感性,但会通过增强消费者的信任以产生积极效用。δt 表示溯源水平对消费者效用的增加,$\delta > 0$ 表示消费者对溯源信息的偏好。只有当 $v - bp + \delta t > 0$ 时,消费者才会购买该产品。因此,在采用区块链的情景下,需求函数可以表示为

$$D^B = \int_{bp-\delta t}^{1} f(v)\mathrm{d}v = 1 - bp + \delta t \tag{8.1}$$

本章将政府的抗疫努力水平表示为 e^p。在后疫情时代,政府逐步放松了对抗疫的要求并降低了抗疫努力水平,将政府的抗疫努力水平定义为 e^d。因此,在后疫情时代,政府的实际抗疫努力水平为 $e = e^p - e^d$,其中 $e = 0$ 表示政府不会采取抗疫策略。高水平的抗疫努力意味着较高的抗疫成本。因此,如果政府采取抗疫努力水平 e,将会产生成本 $1/2he^2$,其中 h 是抗疫努力的成本

系数。这种二次型函数在先前的研究中常被使用(Yang & Qian,2021;Xu et al.,2017;Li et al.,2018)。此外,政府抗疫努力水平越高,产品感染病毒的可能性越低,消费者对产品的感知效用就越高。因此,当政府采取抗疫策略时,消费者的效用函数为$u=v-bp+\theta e+\delta t$,其中θe表示抗疫努力水平对消费者效用的增加,为了简化,本章假设$\theta=1$(Yang et al.,2021)。只有当$v-bp+e+\delta t>0$时,消费者才会购买该产品。因此,在同时采取区块链和抗疫策略的情景下,需求函数可以表示为

$$D^E=\int_{bp-e-\delta t}^{1} f(v)\mathrm{d}v=1-bp+e+\delta t \qquad (8.2)$$

此外,在后疫情时代,政府除了采取抗疫策略外还可以采取补贴策略。也就是说,政府可以对每单位的区块链溯源水平进行补贴,以鼓励供应链成员提高区块链溯源水平,降低消费者对产品安全性的担忧从而提高消费者的效用。本章将补贴金额表示为st,其中$s>0$表示单位补贴水平。这种政府补贴策略在低碳供应链和绿色供应链中是常见的(Wang et al.,2019;Li et al.,2020)。至于政府是否采取抗疫策略或补贴策略,可以根据不同策略对社会和供应链带来的利益和成本划分为四种情景。本章用下标$j\in\{1,2,3,4\}$来表示不同的情景。具体而言,$j=1$表示政府不采取抗疫策略和补贴策略的情景,即模型一;$j=2$表示政府采取抗疫策略但不采取补贴策略的情景,即模型二;$j=3$表示政府采取补贴策略但不采取抗疫策略的情景,即模型三;$j=4$表示政府既采取抗疫策略又采取补贴策略的情景,即模型四。

在多级食品供应链中,供应商、第三方物流和零售商处于Stackelberg博弈,其中第三方物流是领导者,供应商是子领导者,零售商是追随者。作为领导者,第三方物流将承担区块链可追溯性成本并确定追溯水平。因此,政府的补贴只针对第三方物流。首先,政府同时决定抗疫力度e和补贴水平s。然后,第三方物流同时确定追溯水平t和物流服务价格m。最后,供应商确定批发价格w,零售商确定零售价格p。供应链成员的决策目标是最大化自身利润,而政府的决策目标是最大化社会福利。

在本章中,首先分析了食品供应链成员的最优定价策略、第三方物流的

最优追溯水平,以及政府在四种情景下的最优抗疫力度和补贴水平。然后,研究了消费者对追溯信息的偏好对所有各方利润和决策的影响。最后,对比了供应链各成员的利润。决策顺序如图8.1所示。

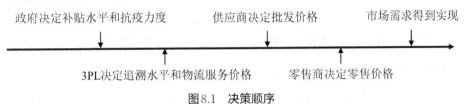

图8.1 决策顺序

第三节　不考虑政府补贴下区块链使能供应链的最优决策分析

一、模型一:政府不采取抗疫策略和补贴策略

在这种情况下,政府既不采取抗疫策略,也不实施区块链技术补贴策略。第三方物流、供应商和零售商的利润分别为

$$\Pi_{L1} = m_1(1 - bp_1 + \delta t_1) - \frac{1}{2}kt_1^2 \tag{8.3}$$

$$\Pi_{S1} = (w_1 - m_1)(1 - bp_1 + \delta t_1) \tag{8.4}$$

$$\Pi_{R1} = (p_1 - w_1)(1 - bp_1 + \delta t_1) \tag{8.5}$$

此外,消费者剩余和社会福利可以分别定义为

$$CS_1 = \int_{bp_1 - \delta t_1}^{1} (v - bp_1 + \delta t_1) f(v) \mathrm{d}v \tag{8.6}$$

$$SW_1 = \Pi_{L1} + \Pi_{S1} + \Pi_{R1} + S_1 \tag{8.7}$$

利用逆推归纳法依次求解等式(8.3)~(8.5),得到以下引理。

【引理 8.1】在模型一中,若 $k > \dfrac{\delta^2}{8b}$,供应链的最优策略是

$$w_1^* = \frac{6k}{8bk - \delta^2}, \ m_1^* = \frac{4k}{8bk - \delta^2}, \ p_1^* = \frac{7k}{8bk - \delta^2}, \ t_1^* = \frac{\delta}{8bk - \delta^2}.$$

引理8.1表明，仅当 $k > \delta^2/(8b)$ 时，供应链的每个成员（即供应商、第三方物流和零售商）才会有唯一的最优策略。条件 $k > \delta^2/(8b)$ 意味着在模型一中，区块链可追溯性的成本必须相对较大。当这个条件不满足时，可能会存在多组策略。为简单起见，本章只关注唯一的最优策略。

根据引理8.1，可以确定在模型一中，供应商、第三方物流和零售商的需求和最优利润如下：

$$D_1^{B^*} = \frac{bk}{8bk - \delta^2}, \quad \Pi_{S1}^* = \frac{2bk^2}{(8bk - \delta^2)^2}, \quad \Pi_{L1}^* = \frac{k}{2(8bk - \delta^2)}, \quad \Pi_{R1}^* =$$

$$\frac{bk^2}{(8bk - \delta^2)^2}。$$

此外，可以推导出消费者剩余和社会福利分别为

$$CS_1^* = \frac{b^2 k^2}{2(8bk - \delta^2)^2}, SW_1^* = \frac{k(14bk - \delta^2 + b^2 k)}{2(8bk - \delta^2)^2}。$$

二、模型二：政府采取抗疫策略

在这种情况下，政府采取了抗疫策略，但没有采取溯源技术补贴策略，第三方物流、供应商和零售商的利润分别为

$$\Pi_{L2} = m_2(1 - bp_2 + e_2 + \delta t_2) - \frac{1}{2} kt_2^2 \tag{8.8}$$

$$\Pi_{S2} = (w_2 - m_2)(1 - bp_2 + e_2 + \delta t_2) \tag{8.9}$$

$$\Pi_{R2} = (p_2 - w_2)(1 - bp_2 + e_2 + \delta t_2) \tag{8.10}$$

此外，消费者剩余和社会福利可以分别定义为

$$CS_2 = \int_{bp_1 - e_2 - \delta t_2}^{1} (v - bp_2 + e_2 + \delta t_2) f(v) dv \tag{8.11}$$

$$SW_2 = \Pi_{L2} + \Pi_{S2} + \Pi_{R2} + S_2 - \frac{1}{2} he_2^2 \tag{8.12}$$

利用逆推归纳法依次对公式(8.8)~(8.10)和(8.12)进行求解，可以得到以下引理。

【引理 8.2】若 $k > \dfrac{\delta^2}{8b}$ 且 $h > \dfrac{k(14bk - \delta^2 + b^2 k)}{(8bk - \delta^2)^2}$，供应链的最优策略

是 $e_2^* = \dfrac{k(14bk - \delta^2 + b^2 k)}{h(8bk - \delta^2)^2 - k(14bk - \delta^2 + b^2 k)}$，

$$w_2^* = \frac{6kh(8bk - \delta^2)}{h(8bk - \delta^2)^2 - k(14bk - \delta^2 + b^2 k)},$$

$$m_2^* = \frac{4kh(8bk - \delta^2)}{h(8bk - \delta^2)^2 - k(14bk - \delta^2 + b^2 k)},$$

$$p_2^* = \frac{7kh(8bk - \delta^2)}{h(8bk - \delta^2)^2 - k(14bk - \delta^2 + b^2 k)},$$

$$t_2^* = \frac{h\delta(8bk - \delta^2)}{h(8bk - \delta^2)^2 - k(14bk - \delta^2 + b^2 k)}。$$

引理 8.2 表明，供应链的每个成员和政府仅在 $k > (\delta^2/8b)$ 和 $h >$ $[k(14bk - \delta^2 + b^2 k)/(8bk - \delta^2)^2]$ 时才有唯一的最优策略。条件 $k > (\delta^2/8b)$ 意味着在模型二中，区块链可追溯性的成本必须相对较大，并且与模型一相同。条件 $h > [k(14bk - \delta^2 + b^2 k)/(8bk - \delta^2)^2]$ 意味着在模型二中，政府的抗疫补贴投入必须相对较大。如果 h 太小，就没有必要探讨最优值，政府将始终增加抗疫补贴投入。

根据引理 8.2，可以确定在模型二中，供应商、第三方物流和零售商的需求和最优利润如下：

$$D_2^{E*} = \frac{bkh(8bk - \delta^2)}{h(8bk - \delta^2)^2 - k(14bk - \delta^2 + b^2 k)},$$

$$\Pi_{S2}^* = \frac{2bk^2 h^2 (8bk - \delta^2)^2}{\left[h(8bk - \delta^2)^2 - k(14bk - \delta^2 + b^2 k) \right]^2},$$

$$\Pi_{L2}^* = \frac{kh^2 (8bk - \delta^2)^3}{2\left[h(8bk - \delta^2)^2 - k(14bk - \delta^2 + b^2 k) \right]^2},$$

$$\Pi_{R2}^* = \frac{bk^2 h^2 (8bk - \delta^2)^2}{\left[h(8bk - \delta^2)^2 - k(14bk - \delta^2 + b^2 k) \right]^2}。$$

此外，可以推导出消费者剩余和社会福利分别为

$$CS_2^* = \frac{b^2 k^2 h^2 (8bk - \delta^2)^2}{2 \left[h(8bk - \delta^2)^2 - k(14bk - \delta^2 + b^2 k) \right]^2},$$

$$SW_2^* = \frac{kh(14bk - \delta^2 + b^2 k)}{2 \left[h(8bk - \delta^2)^2 - k(14bk - \delta^2 + b^2 k) \right]}。$$

第四节　政府补贴下区块链使能供应链的最优决策分析

一、模型三：政府不采取抗疫策略

在这种情况下，政府采取了补贴策略，但没有采取抗疫策略。事件的顺序如图8.1所示。第三方物流、供应商和零售商的利润分别为

$$\Pi_{L3} = m_3 (1 - bp_3 + \delta t_3) - \frac{1}{2} k t_3^2 + s_3 t_3 \tag{8.13}$$

$$\Pi_{S3} = (w_3 - m_3)(1 - bp_3 + \delta t_3) \tag{8.14}$$

$$\Pi_{R3} = (p_3 - w_3)(1 - bp_3 + \delta t_3) \tag{8.15}$$

此外，消费者剩余和社会福利可以分别定义为

$$CS_3 = \int_{bp_3 - \delta t_3}^{1} (v - bp_3 + \delta t_3) f(v) \mathrm{d}v \tag{8.16}$$

$$SW_3 = \Pi_{L3} + \Pi_{S3} + \Pi_{R3} + S_3 - s_3 t_3 \tag{8.17}$$

利用逆推归纳法依次求解等式(8.13)~(8.15)和(8.17)，可以得到以下引理。

【引理 8.3】若 $k > \dfrac{(14 + b)\delta^2}{64b}$，供应链最优策略是 $s_3^* = \dfrac{k\delta(6 + b)}{64bk - \delta^2(14 + b)}$，$w_3^* = \dfrac{48k}{64bk - \delta^2(14 + b)}$，$m_3^* = \dfrac{32k}{64bk - \delta^2(14 + b)}$，$p_3^* = \dfrac{56k}{64bk - \delta^2(14 + b)}$，$t_3^* = \dfrac{\delta(14 + b)}{64bk - \delta^2(14 + b)}$。

引理8.3表明，供应链的每个成员和政府仅在 $k > (14 + b)\delta^2 / 64b$ 时才有

唯一的最优策略。条件$k>(14+b)\delta^2/64b$意味着在模型三中,区块链可追溯性的成本必须相对较高。特别地,与引理8.1相比,引理8.3指出第三方物流必须承担更高的追溯成本。这与食品供应链中的政府补贴有关。当追溯成本较低时,政府补贴将没有意义。

根据引理8.3,可以确定在模型三中,供应商、第三方物流和零售商的需求和最优利润如下:

$$D_3^{B*}=\frac{8bk}{64bk-\delta^2(14+b)},\ \Pi_{S3}^*=\frac{128bk^2}{\left[64bk-\delta^2(14+b)\right]^2},$$

$$\Pi_{R3}^*=\frac{64bk^2}{\left[64bk-\delta^2(14+b)\right]^2},$$

$$\Pi_{L3}^*=\frac{k\left\{8bk\left[512bk+\delta^2(12b+b^2-92)\right]+\delta^4(2-b)(14+b)\right\}}{2(8bk-\delta^2)\left[64bk-\delta^2(14+b)\right]^2}。$$

此外,可以推导出消费者剩余和社会福利分别为

$$CS_3^*=\frac{32b^2k^2}{\left[64bk-\delta^2(14+b)\right]^2},$$

$$SW_3^*=\frac{k\left[8bk(64bk(14+b)-\delta^2(36b+b^2+308))+\delta^4(14+b)^2\right]}{2(8bk-\delta^2)\left[64bk-\delta^2(14+b)\right]^2}。$$

二、模型四:政府采取抗疫、补贴策略

在这种情况下,政府不仅采取了抗疫策略,而且还提供区块链溯源补贴。第三方物流公司、供应商和零售商的利润分别为

$$\Pi_{L4}=m_4(1-bp_4+e_4+\delta t_4)-\frac{1}{2}kt_4^2+s_4t_4 \tag{8.18}$$

$$\Pi_{S4}=(w_4-m_4)(1-bp_4+e_4+\delta t_4) \tag{8.19}$$

$$\Pi_{R4}=(p_4-m_4)(1-bp_4+e_4+\delta t_4) \tag{8.20}$$

此外,消费者剩余和社会福利可以分别表示为

$$CS_4 = \int_{bp_4 - e_4 - \delta t_4}^{1} (v - bp_4 + e_4 + \delta t_4) f(v) \mathrm{d}v \tag{8.21}$$

$$SW_4 = \Pi_{L4} + \Pi_{S4} + \Pi_{R4} + S_4 - s_4 t_4 - \frac{1}{2} h e_4^2 \tag{8.22}$$

使用逆推归纳法依次求解等式(8.18)~(8.20)和(8.22),可以得到以下引理。

【引理8.4】若 $k > \dfrac{(14 + b)\delta^2}{64b}$ 且 $h > \dfrac{k(14 + b)}{64bk - \delta^2(14 + b)}$,供应链的最优

策略是 $s_4^* = \dfrac{hk\delta(6 + b)}{64bkh - (h\delta^2 + k)(14 + b)}$,

$e_4^* = \dfrac{k(14 + b)}{64bkh - (h\delta^2 + k)(14 + b)}$,

$w_4^* = \dfrac{48kh}{64bkh - (h\delta^2 + k)(14 + b)}$, $m_4^* = \dfrac{32kh}{64bkh - (h\delta^2 + k)(14 + b)}$,

$p_4^* = \dfrac{56kh}{64bkh - (h\delta^2 + k)(14 + b)}$, $t_4^* = \dfrac{h\delta(14 + b)}{64bkh - (h\delta^2 + k)(14 + b)}$。

引理8.4表明,只有当 $k > (14 + b)\delta^2/64b$ 且 $h > k(14 + b)/[64bk - \delta^2(14 + b)]$ 时,供应链的每个成员和政府才有唯一的最优策略。条件 $k > (14 + b)\delta^2/64b$ 意味着区块链溯源的成本必须相对较高,条件 $h > k(14 + b)/[64bk - \delta^2(14 + b)]$ 意味着在模型四中,政府的抗疫补贴必须相对较高。与引理8.2相比,引理8.4表明政府必须提供更高的抗疫补贴,这也与政府对区块链驱动的供应链提供补贴有关。

根据引理8.4,可以确定在模型四中,供应商、第三方物流公司和零售商的需求和最优利润如下:

$$D_4^* = \dfrac{8bkh}{64bkh - (h\delta^2 + k)(14 + b)}, \quad \Pi_{S4}^* = \dfrac{128bk^2h^2}{[64bkh - (h\delta^2 + k)(14 + b)]^2},$$

$$\Pi_{L4}^* = \dfrac{kh^2\{8bk[512bk + \delta^2(12b + b^2 - 92)] + \delta^4(2 - b)(14 + b)\}}{2(8bk - \delta^2)[64bkh - (h\delta^2 + k)(14 + b)]^2},$$

$$\mathrm{II}^*_{R4}=\frac{64bk^2h^2}{\left[64bkh-(h\delta^2+k)(14+b)\right]^2}。$$

此外,可以推导出消费者剩余和社会福利分别为

$$CS^*_4=\frac{32b^2k^2h^2}{\left[64bkh-(h\delta^2+k)(14+b)\right]^2},$$

$$SW^*_4=$$

$$\frac{kh\left\{8bkh\left[64bk(14+b)-\delta^2(36b+b^2+308)\right]-(14+b)^2(8bk^2-k\delta^2-h\delta^4)\right\}}{2(8bk-\delta^2)\left[64bkh-(h\delta^2+k)(14+b)\right]^2}。$$

根据引理8.1—8.4,可以得到以下推论。

【推论8.1】

$(1)\dfrac{\partial s^*_3}{\partial\delta}>0,\dfrac{\partial s^*_4}{\partial\delta}>0,\dfrac{\partial e^*_2}{\partial\delta}>0,\dfrac{\partial e^*_4}{\partial\delta}>0,\dfrac{\partial D^*_j}{\partial\delta}>0,\dfrac{\partial t^*_j}{\partial\delta}>0,$ 且 $\dfrac{\partial p^*_j}{\partial\delta}>\dfrac{\partial w^*_j}{\partial\delta}>$

$\dfrac{\partial m^*_j}{\partial\delta}>0$。

$(2)\quad\dfrac{\partial\mathrm{II}^*_{Sj}}{\partial\delta}>0,\quad\dfrac{\partial\mathrm{II}^*_{Rj}}{\partial\delta}>0,\quad\dfrac{\partial CS^*_j}{\partial\delta}>0,\quad\dfrac{\partial\mathrm{II}^*_{Ln}}{\partial\delta}>0,\quad$ 且 $\dfrac{\partial SW^*_n}{\partial\delta}>0,\quad$ 其

中 $n\in\{1,2\}$。

推论8.1(1)表明,当3PL采用区块链技术时,消费者对溯源信息的偏好 δ 越高,抗疫努力水平、补贴水平、需求水平、最优价格和溯源水平也会越高。特别地,最优价格对批发价格的影响最大,对物流服务价格的影响最小。这是因为随着消费者对溯源信息的偏好增加,供应链成员希望获得更多的产品信息以满足市场需求,从而增加了3PL的成本。因此,3PL会提高价格以提高利润。然后,供应商和零售商会提高价格以提高利润。与此同时,政府将增加补贴水平,鼓励3PL提高溯源信息水平。有趣的是,由于溯源信息对消费者的好处远远超过了增加的抗疫努力的成本,政府的抗疫努力水平也会增加。

推论8.1(2)表明,供应链成员的利润、消费者剩余和社会福利都会随着消费者对溯源信息的偏好增加而增加。因此,政府应该提高消费者对抗疫意识

的认知,从而增加消费者对产品信息溯源的偏好,这最终可以改善供应链的利润和整体社会效益。

【推论8.2】

(1)$\Pi_{Sj}^* = 2\Pi_{Rj}^*$。

(2)若 $\dfrac{\delta^2}{8b} < k \leqslant \dfrac{\delta^2}{6b}$,则 $\Pi_{Ln}^* \leqslant \Pi_{Rn}^* < \Pi_{Sn}^*$;若 $\dfrac{\delta^2}{6b} < k \leqslant \dfrac{\delta^2}{4b}$,则 $\Pi_{Rn}^* \leqslant \Pi_{Ln}^* < \Pi_{Sn}^*$;若 $k > \dfrac{\delta^2}{4b}$,则 $\Pi_{Rn}^* < \Pi_{Sn}^* < \Pi_{Ln}^*$,其中 $n \in \{1,2\}$。

推论8.2表明,在任何情况下,供应商的利润始终是零售商利润的2倍。这可能与它们在多级供应链中的权益和地位有关。当不考虑政府补贴时,第三方物流公司的利润与供应商和零售商的利润之间的关系会受到溯源成本系数 k 的影响。当溯源成本系数相对较大($k > \delta^2/4b$)时,第三方物流公司的利润始终高于供应商和零售商的利润。与实际情况一致,较小的 k 会导致较小的区块链溯源成本和较高的第三方物流公司利润。不过,令人惊讶的是,从推论8.2可以看出,当没有政府补贴的时候,如果 k 较小,则第三方物流公司的利润小于供应商和零售商的利润;如果 k 较大,则第三方物流公司的利润较高。因此,即使区块链的成本系数较高并且没有政府补贴,企业也应该积极采取区块链溯源技术。

在考虑政府补贴时,供应链成员利润之间的关系不太清楚,因此将通过数值分析来分析它们之间的关系。与以往研究类似,使用以下基本参数值进行分析:$b = 0.5, k = 5, h = 15$。图8.2显示,随着消费者对溯源信息的偏好 δ 的增加,第三方物流公司的利润也会增加。此外,无论是否考虑政府抗疫策略,当考虑政府区块链补贴策略时,第三方物流公司的利润始终高于供应商和零售商的利润。而且根据推论8.2(1),零售商的利润最小,即 $\Pi_{L3}^* > \Pi_{S3}^* > \Pi_{R3}^*$ 且 $\Pi_{L4}^* > \Pi_{S4}^* > \Pi_{R4}^*$。

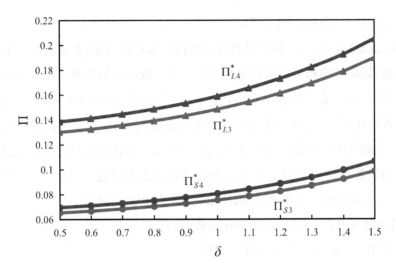

图8.2　消费者偏好系数对供应链各成员利润的影响

第五节　补贴策略的影响

本节将探讨三个问题：首先，在不确定政府是否提供补贴的情况下，探讨政府在后疫情时代是否应该采取抗疫策略，以及抗疫策略如何影响供应链成员的最优决策和利润（即模型一与模型二、模型三与模型四之间的比较）。其次，进一步探讨政府是否应该为具有区块链可追溯性的第三方物流提供补贴，并且补贴策略如何影响最优决策和利润（即模型一与模型三、模型三与模型四之间的比较）。最后，当政府只采取补贴策略或抗疫策略时，哪种策略对供应链成员、消费者和社会更有益（即模型二与模型三之间的比较）。

一、政府抗疫策略分析

通过比较模型一和模型二，模型三和模型四，可以得出以下三个命题。

【命题 8.1】当不考虑政府补贴策略时，$t_2^* > t_1^*$，$w_2^* > w_1^*$，$m_2^* > m_1^*$，$p_2^* > p_1^*$，并且 $D_2^{E*} > D_1^{B*}$；当考虑政府补贴策略时，$s_4^* > s_3^*$，$t_4^* > t_3^*$，$w_4^* > w_3^*$，

$m_4^* > m_3^*, p_4^* > p_3^*$,并且 $D_4^{E*} > D_3^{B*}$.

命题8.1表明,无论政府是否为区块链技术提供补贴,其采取抗疫策略时的需求、最优价格和可追溯性水平都高于不采取抗疫策略时。在考虑政府补贴策略时,抗疫策略下的补贴水平也更高。原因是,当政府实施抗疫策略时,消费者效用提升,市场需求增加。为了获取更高的利润,零售商将提高零售价格,进而使供应商提高批发价格,第三方物流提高物流服务价格。此时,第三方物流将拥有更多资金和动力来提高追溯水平以进一步增加市场需求。同时,政府提供更多技术补贴,鼓励第三方物流提高追溯水平。

【命题8.2】当不考虑政府补贴政策时,有

(1)$\Pi_{S2}^* > \Pi_{S1}^*, \Pi_{L2}^* > \Pi_{L1}^*, \Pi_{R2}^* > \Pi_{R1}^*$。

(2)$CS_2^* > CS_1^*, SW_2^* > SW_1^*$。

命题8.2表明,在不考虑政府补贴策略的情况下,政府的抗疫策略能够提高供应链成员的利润、消费者剩余及社会福利,从而实现各方共赢。结合命题8.1可以发现,政府采取抗疫策略时,市场需求和价格将上升,供应商和零售商的利润会增加。

对于第三方物流而言,随着物流服务价格的增加和追溯水平的提高,其所得到的利益将超过追溯成本的增加,即第三方物流的利润将增加。同时,消费者的效用也会提升,从而增加了消费者剩余。此外,由于政府采取的抗疫策略对供应链的利益远远大于实施该策略的成本,社会福利也会有所提高。因此,在后疫情时代,政府也不应放弃抗疫努力,因为无论是否有技术补贴策略,抗疫策略带来的收益远远超过成本。

【命题8.3】当考虑政府补贴政策时,有

(1)$\Pi_{S4}^* > \Pi_{S3}^*, \Pi_{L4}^* > \Pi_{L3}^*, \Pi_{R4}^* > \Pi_{R3}^*$。

(2)$CS_4^* > CS_3^*$。

(3)若 $\dfrac{k(14+b)}{64bk - \delta^2(14+b)} < h \leqslant \dfrac{kA(14+b)}{64bk - \delta^2(14+b)}$,则 $SW_4^* \leqslant SW_3^*$;若

$h > \dfrac{kA(14+b)}{64bk - \delta^2(14+b)}$,则 $SW_4^* > SW_3^*$,

$$其中 A = \frac{8bk\left[64bk(14+b) - \delta^2(b^2 + 36b + 308)\right] + \delta^4(14+b)^2}{(14+b)(8bk-\delta^2)\left[64bk - \delta^2(14+b)\right] + 128bk\delta^2}。$$

命题8.3表明,当政府为区块链追溯技术提供补贴时,类似于命题8.2,政府实施抗疫策略能够提高供应链成员的利润和消费者剩余。有趣的是,如果抗疫策略的成本系数较低,此时社会福利会降低,这与常识相悖。事实上原因有两点:一方面,抗疫策略的低成本系数会使抗疫努力水平过高,导致抗疫努力成本和抗疫效果大幅增加;另一方面,这会使政府小幅度降低技术补贴水平,那么此时追溯水平和成本都会降低,消费者的效用也会降低。那么,当抗疫努力水平的积极效应小于其负面效应时,社会福利会降低。这表明,在考虑政府补贴策略时,低成本的抗疫努力会降低社会福利,即抗疫策略可能会给整个社会带来消极影响。通过比较命题8.2和命题8.3,可以发现政府补贴可能削弱政府抗疫策略的社会效益。因此,政府应综合考虑抗疫策略与补贴策略,并选择适当应用水平。

二、政府补贴策略分析

通过比较模型一和模型三,模型二和模型四,可以得出以下三个命题。

【命题8.4】

(1)当不考虑政府的抗疫策略时,$t_3^* > t_1^*$,$w_3^* > w_1^*$,$m_3^* > m_1^*$,$p_3^* > p_1^*$,并且 $D_3^{B*} > D_1^{B*}$。

(2)当考虑政府的抗疫策略时,$e_4^* > e_2^*$,$t_4^* > t_2^*$,$w_4^* > w_2^*$,$m_4^* > m_2^*$,$p_4^* > p_2^*$,并且 $D_4^{E*} > D_2^{E*}$。

命题8.4表明,无论政府是否实施抗疫策略,有补贴策略时的需求、最优价格和可追溯性水平都高于没有补贴策略时。在考虑政府抗疫策略时,补贴策略下的抗疫力度也更高。这是因为政府实施补贴策略能够激励第三方物流提高区块链追溯水平,从而增加市场需求。与命题8.1类似,为了获取更高的利润,零售商将提高零售价格,进而使供应商提高批发价格。第三方物流也会提高物流服务价格,以确保自身利润,并弥补所增加的追溯成本。为了防止过高的补贴水平导致追溯成本急剧增加和需求下降,政府需要在考虑技术补贴策略时增加抗疫努力水平。

【命题8.5】当不考虑政府的抗疫策略时,有

(1)$\Pi_{S3}^* > \Pi_{S1}^*$,$\Pi_{L3}^* > \Pi_{L1}^*$,$\Pi_{R3}^* > \Pi_{R1}^*$。

(2)$CS_3^* > CS_1^*$,$SW_3^* > SW_1^*$。

命题8.5表明,在不考虑政府抗疫策略的情况下,政府的补贴策略可以提高供应链成员的利润、消费者剩余及社会福利,从而实现各方共赢。这与命题8.2类似。

【命题8.6】当考虑政府抗疫策略时,有

(1)$\Pi_{S4}^* > \Pi_{S2}^*$,$\Pi_{R4}^* > \Pi_{R2}^*$。

(2)$CS_4^* > CS_2^*$。

(3) 若 $h > \max\left\{\dfrac{k(14+b)\left[bkB-(8bk-\delta^2)^2\right]-kB\delta^2}{[B+\delta^2(14+b)-64bk](8bk-\delta^2)^2},\dfrac{k(14+b)}{64bk-\delta^2(14+b)}\right\}$,

则 $\Pi_{L4}^* > \Pi_{L2}^*$,否则 $\Pi_{L4}^* \leqslant \Pi_{L2}^*$。

其中 $B = \sqrt{8bk\left[512bk+\delta^2(12b+b^2-92)\right]+\delta^4(2-b)(14+b)}$。

命题8.6表明,当政府采取抗疫策略时,与命题8.5类似,政府补贴策略可以提高供应商和零售商的利润及消费者剩余。当抗疫力度的成本系数h较大时,补贴策略下的第三方物流的利润更高。原因是,较高的抗疫力度成本系数将增加政府的抗疫努力成本。因此,为了确保较高的社会福利,政府会降低抗疫努力水平,此时市场需求也会下降。然而,当政府采取补贴策略时,政府可以通过补贴来鼓励第三方物流提高追溯水平,从而增加市场需求。对于第三方物流而言,补贴水平和价格的增加带来的利益增长大于追溯成本的提高,其利润会提高。对比命题8.5和8.6,可以发现政府的抗疫策略可能会削弱其补贴第三方物流后所带来的利润增加。

与前文参数设置相同,图8.3表明,补贴策略下的社会福利始终高于没有补贴策略时(即$SW_4^* > SW_2^*$)。此外,社会福利随着消费者对追溯信息的偏好δ的增加而增加。因此,只要满足第三方物流利润增长的条件,在抗疫策略

实施的情况下,政府提供补贴就可以实现各方共赢,整体社会效益都会提升。结合命题8.6和图8.3,发现政府抗疫成本系数越高,供应链的总利益就越高,反之亦然。

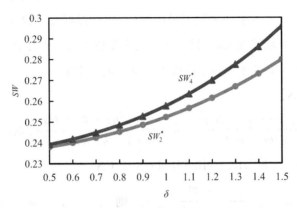

图8.3　消费者偏好系数对社会福利的影响

三、政府抗疫策略及补贴策略对比分析

本部分考虑当政府只采取一种策略时,即在后疫情时代比较两种策略(抗疫策略和补贴策略)对供应链成员、消费者和社会的利益影响。通过比较模型二和模型三,得出以下命题。

【命题8.7】

(1)若 $\dfrac{(14+b)\delta^2}{64b} < k \leqslant \dfrac{8}{14+b}$,则 $t_3^* < t_2^*$。

(2)若 $k > \max\left\{\dfrac{8}{14+b}, \dfrac{(14+b)\delta^2}{64b}\right\}$,那么,当

$$h > \max\left\{\frac{k(14+b)(14bk-\delta^2+b^2k)}{8b[k(14+b)-8]-(8bk-\delta^2)}, \frac{k(14bk-\delta^2+b^2k)}{(8bk-\delta^2)^2}\right\}$$ 时,

$t_3^* > t_2^*$,反之 $t_3^* \leqslant t_2^*$。

命题8.7表明,基于区块链技术的追溯信息水平与追溯成本系数 k 和抗疫

力度成本系数 h 有关。具体而言,当追溯成本系数 k 较小时,补贴策略下的追溯水平低于抗疫策略下的追溯水平。令人惊讶的是,这表明与政府的抗疫策略相比,政府对区块链追溯的补贴实际上会降低第三方物流的追溯水平。政府应该根据追溯成本系数来决定采用哪种策略,否则会影响区块链技术的应用。当追溯成本系数较大时,只有当抗疫力度成本系数 h 大于一个阈值时,补贴策略下的追溯水平才会高于抗疫策略下的追溯水平。

【命题8.8】

(1)若 $\dfrac{k(14bk-\delta^2+b^2k)}{(8bk-\delta^2)^2}<h<\dfrac{8k(14bk-\delta^2+b^2k)}{\delta^2(6+b)(8bk-\delta^2)}$,则 $w_3^*<w_2^*,m_3^*<m_2^*,p_3^*<p_2^*,D_3^{B*}<D_2^{E*},\Pi_{S3}^*<\Pi_{S2}^*$,并且 $CS_3^*<CS_2^*$。

(2)若 $h\geqslant\dfrac{8k(14bk-\delta^2+b^2k)}{\delta^2(6+b)(8bk-\delta^2)}$,则 $w_3^*\geqslant w_2^*$,$m_3^*\geqslant m_2^*$,$p_3^*\geqslant p_2^*$,$D_3^{B*}\geqslant D_2^{E*},\Pi_{S3}^*\geqslant\Pi_{S2}^*,\Pi_{R3}^*\geqslant\Pi_{R2}^*$,并且 $CS_3^*\geqslant CS_2^*$。

命题8.8表明,当抗疫努力的成本系数 h 较小时,补贴策略下的需求、最优价格、供应商和零售商的利润及消费者剩余都低于抗疫策略下的情况。相反,当抗疫努力的成本系数大于一个阈值时,补贴策略下的需求、最优价格、供应商和零售商的利润及消费者剩余都高于抗疫策略下的情况。抗疫努力的成本系数越小,抗疫成本就越低。政府将会对更高水平的抗疫努力进行投资,此时,市场需求和最优价格将会增加,供应商和零售商的利润及消费者剩余也会更高。第三方物流和社会福利的利润与可追溯水平和补贴水平直接相关。由于相关性比较复杂,接下来将通过数值分析来进行比较。图8.4对此进行了说明,参数设置与上文相同。

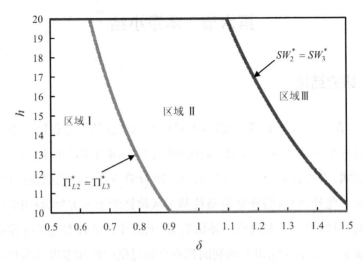

图8.4 政府和第三方物流商的抗疫和补贴策略选择

在图8.4中,区域Ⅰ表示$\Pi_{L2}^* > \Pi_{L3}^*$和$SW_2^* > SW_3^*$,即政府和第三方物流都更倾向于选择抗疫策略。区域Ⅱ表示$\Pi_{L2}^* < \Pi_{L3}^*$和$SW_2^* > SW_3^*$,即政府更倾向于选择抗疫策略,但第三方物流更倾向于选择补贴策略。区域Ⅲ表示$\Pi_{L2}^* < \Pi_{L3}^*$和$SW_2^* < SW_3^*$,即政府和第三方物流都更倾向于选择补贴策略。

图8.4显示,当抗疫努力的成本系数h和消费者对可追溯信息的偏好δ较低时,抗疫成本和区块链的追溯效果也较低。此时,抗疫策略带来的收益高于补贴策略,政府将选择抗疫策略,而为了避免高成本的追溯,第三方物流也会选择抗疫策略。当抗疫努力的成本系数h和消费者对可追溯信息的偏好δ较高时,抗疫成本高且追溯带来的收益也较高。此时,补贴策略可以激励第三方物流提高追溯水平。最终,补贴策略带来的收益大于抗疫策略。

由于政府在选择抗疫和补贴策略中是领导者,为了使社会利益最大化,政府很可能选择抗疫策略而不是补贴策略。只有当消费者对追溯信息的偏好提高时,政府才会采取补贴策略。因此,结合命题8.8,当抗疫努力的成本系数h和消费者对追溯信息的偏好δ较低时,抗疫策略可以使供应链成员、消费者和政府实现共赢。相反,补贴策略对所有各方更有利。

第六节　本章小结

一、研究结论

第一,在四种情景中,随着消费者对可追溯信息的偏好程度增加,政府的抗疫努力水平和补贴水平、需求、最优价格和追溯水平都会增加,并且供应链成员的利润、消费者剩余和社会福利也会随着消费者对追溯信息的偏好的增加而增加。此外,政府的补贴策略使基于区块链的第三方物流(3PL)获得最高的利润,但如果不考虑政府的补贴策略,无论政府是否实施了抗疫策略,不管追溯成本系数有多小,3PL的利润都不会超过供应商和零售商的利润。

第二,无论政府是否为区块链追溯技术提供补贴,抗疫策略下的需求、最优价格、追溯水平、供应链成员的利润和消费者剩余都高于没有实施抗疫策略时的情况。具体而言,当政府为追溯提供补贴时,抗疫策略下的补贴水平更高,但只有在抗疫努力的成本系数较大时,社会福利才更高。此外,政府的补贴策略可能会削弱政府抗疫策略的社会效益。

第三,无论政府是否实施抗疫策略,补贴策略下的需求、最优价格、追溯水平、供应商和零售商的利润、消费者剩余和社会福利都高于没有补贴策略时的情况。当不考虑政府的抗疫策略时,政府的补贴策略可以提高3PL的利润。而在考虑政府的抗疫策略时,只有当抗疫努力的成本系数较大时,补贴策略下3PL的利润才会更高。此外,考虑政府实施抗疫策略时,政府抗疫成本系数越高,对供应链的总体效益越高,反之亦然。

第四,在政府只能采取一种策略的情况下,当抗疫努力的成本系数较低时,补贴策略下的需求、最优价格、供应商和零售商的利润及消费者剩余都低于抗疫策略下的水平。基于区块链技术的可追溯性水平与追溯成本系数和抗疫努力相关,当追溯成本系数较低时,政府对区块链追溯的补贴实际上会降低第三方物流的追溯水平,这表明政府应根据追溯成本系数决定首先采取哪种策略,否则会影响区块链技术的应用。

二、管理启示

本章具有重要的理论和实践意义。从学术角度来看,在考虑第三方物流利用区块链技术进行产品信息追溯的背景下,本章研究了政府策略对供应链成员、消费者和社会的价值,并探讨了政府在后疫情时代是选择抗疫策略还是补贴策略的问题。本章是首次研究政府策略选择对后疫情时代产品定价、供应链成员利润、消费者剩余和社会福利的影响。本章将区块链技术和消费者对追溯信息的偏好量化地纳入食品追溯领域的模型中,这是本章在建模方面的主要贡献。通过这种方式,本章初步研究了食品供应链追溯和疫情防控,有助于相关研究人员找到后续研究的课题。

从实践角度来看,一方面,政府应提高消费者的抗疫意识,从而增加消费者对产品信息追溯的偏好,并最终改善供应链和整体社会效益。政府的策略对于经历了疫情影响的供应链的恢复至关重要,即使在后疫情时代,政府也不应放弃抗疫措施。另一方面,作为供应链的领导者,3PL应基于区块链技术提高追溯信息水平,以配合政府的策略,特别是当消费者对追溯信息的偏好相对较高时。当抗疫努力的成本系数相对较小且政府已经实施了抗疫策略时,3PL不应接受政府的补贴。对于供应商、零售商和消费者等其他各方来说,通过积极合作和提高价格可以获得更多利润。

在未来的研究中,可以从以下两个方面展开:第一,考虑供应商和零售商都采用区块链技术的情况;第二,考虑对供应链所有成员提供补贴的情况。

第九章　订单农业供应链的数字技术应用策略研究

第一节　引　言

在印度和肯尼亚等国家,尽管农业部门分别雇用了50.0％和74.0％的劳动力,但是农户仍面临贫困和饥饿等挑战。联合国粮食及农业组织(FAO)报告指出,全球每年约有40％的农作物因虫害而受损。为解决这个问题,该组织强调迫切需要在农业领域进行技术创新,利用数字技术来满足日益增加的食物需求。

物联网、云计算和区块链等数字技术在提高农业生产力方面起着关键作用(Tao et al.,2021;Peng et al.,2023)。与此同时,机器学习、机器人技术和计算机视觉技术被应用于监测环境条件和诊断作物疾病,确保有效的农业生产(Dusaderungsikul & Nof,2019;Gentilhomme et al.,2023)。以安徽省合肥市常丰县为例,农户成功地使用了物联网、大数据分析、区块链和人工智能等数字技术,使化肥使用量显著减少了30.0％,草莓产量平均增加了15.0％,经济效益大幅提高了20.3％。尽管数字技术可能提高作物的产量,但农户普遍面临资金有限和知识资源不足等限制,导致数字技术的广泛应用仍然具有挑战性。

平台的出现为解决上述挑战提供了机会。富有资本的平台不仅通过在线平台促进农产品销售,还利用数字技术帮助农户改善农业实践(如共享数字技术应用的成本),增加作物产量。例如,自2015年以来,京东与中国四川省的一家柑橘果园合作建立了一个"智慧农场",果园智能化水平大幅提升,效益提升20%以上,年产量为150万~200万千克,产量翻了一番。在2020年7月,阿里巴巴与山东省的一家公司合作建立了一个数字化蔬菜工厂,通过阿里巴巴的物联网平台,阿里巴巴社会电商淘菜菜和山东绿沃川智慧农业基地达成合作,基地使用全程智能化种植技术,延长了草莓的品尝周期,且亩产量可达到6000多千克。因此,通过与平台合作,农户可以克服由于高成本导致无法采用数字技术的问题。

虽然为农户提供数字技术的平台可以缓解他们的成本压力,但也可能加剧农户与平台之间的权力失衡和双重边际化效应。在订单农业中,买方对批发价格具有定价权,在这种情况下,作为买方的平台可能通过设置更低的批发价格将这些数字技术的成本转嫁给农户,从而进一步压缩农户的利润(Niu et al.,2016)。

与传统供应链相比,农业供应链的特点是生产不确定性较大。在实际操作中,农业种植受到诸如天气等自然因素的显著影响,导致农作物收成的不可预测性(Ye et al.,2020)。例如,在2021年,河南省发生了史无前例的洪涝灾害,大量地区出现了农作物歉收,这种不可预测性给合同履行带来了挑战。此外,对于资金有限且抗风险能力较弱的农户来说,产出不确定性加剧了他们对风险的回避心态(Jin et al.,2020),这种风险回避态度会对供应链内的决策产生重要影响(Freudenreich & Musshoff,2022)。因此,在探索平台和农户之间的数字合作机制时,必须考虑产出不确定性和风险偏好对他们选择的影响。

基于以上背景,本章提出了一个由风险厌恶的农户和风险中性的平台组成的简化订单农业供应链模型,并考虑了产出不确定性。本章的贡献和创新点如下:根据当前农业中的数字技术实践,构思了基于数字技术增加产量的模型和基于数字技术应用的合作机制模型,采用博弈论分析方法和CVaR准则来探索每个模型下供应链成员的利益,并为订单农业供应链管理提供了新的见解。从供应链合作优化的角度出发,本章设计了三种数字技术应用的合作机制,以使数字技术能够在农业领域得到应用。本章主要研究以下问题:第一,风险厌恶的农户何时会采用数字技术来种植农产品?第二,当采用数字技术时,平台和农户会选择哪种合作机制?第三,批发价格、农户的风险厌恶程度及相关参数对供应链成员决策的影响是什么?

第二节　模型描述

本章考虑一个由风险中性的平台和风险厌恶的农户组成的订单农业供应链。在种植季节开始之前,平台和农户根据以下条款签订采购合同:平台承诺以批发价格 w 购买农户生产的所有产品,然后农户根据签署的批发价格 w 确定生产投入数量 q。在销售季节开始时,平台以批发价格 w 购买所有产品,并以零售价格 p 出售,其中 $p > w > 0$(Yu et al.,2022;Tan et al.,2023)。为了减轻计算负担,本章假设平台以外部零售价格 p 清除产品,即市场潜力足够大,这在农业供应链模型中是常见的(Niu et al.,2016;2021)。此外,我们假设农户和平台在信息上是对称的。

在整个种植季节受天气条件和其他无法控制的因素影响下,农产品的收获量取决于农作物的产量(Peng & Pang,2019;Ye et al.,2020)。农产品的产量受非负连续随机变量 x 和其概率密度函数 $f(x)$、累积分布函数 $F(x)$、均值 μ 的随机影响,其中 $x \in [A, B]$(Ye et al.,2020)。因此,实际的农产品产量等于 xq。根据 Niu 等(2016)和 Ye 等(2020),我们假设农户的生产成本为 cq^2,其中 $c > 0$ 是农户投入的成本系数。较大的 c 意味着农户在生产投入方面效率不高。为了简化问题,我们进一步假设固定成本和基础生产的单位成本为零。这个假设在供应链管理中被广泛采用(Niu et al.,2021)。

目前,在农业领域中,远程感知、无线传感器网络、云计算、物联网、图像处理和卷积神经网络等数字技术被广泛应用。这些数字技术极大地增加了农产品的产量。在本研究中,假设 e 是种植农产品的数字投资水平,主要指农业采用数字技术进行种植的程度。根据以往研究(Niu et al.,2016;Zhou et al.,2020),我们假设数字投资的成本为$\frac{1}{2}\beta e^2$,其中$\beta > 0$是数字投资的成本系数。此时,农产品的总产量为$(x+\alpha e)q$,其中$\alpha > 0$表示数字投资对产量的敏感系数。

如前所述,数字技术需要大量的资本投入,而农产品的产量是随机的。因此,我们假设农户是风险厌恶型的。根据Li等(2015)和Ye等(2020),我们采用CVaR准则来衡量农户的绩效。CVaR准则衡量了低于η分位数水平的平均利润,并具有良好的计算特性(Rockafellar & Uryasev,2000;2002)。根据CVaR的一般定义,风险厌恶型农户的目标是最大化效用函数$EU = \max\limits_{v \in R} \left\{ v - \frac{1}{\eta} E(v - \Pi)^+ \right\}$,$(y)^+ = \max\{y, 0\}$,$v$是在某个$\eta$下农户利润的可能上限,并代表亏损的阈值(Fan et al.,2020),η表示风险厌恶系数或农户的风险厌恶程度,$\eta \in (0, 1]$。η的值越小,农户的风险厌恶程度就越高。$\eta = 1$表示农户是风险中性的,$EU = E\Pi$。为了确保平衡结果有意义并且农户参与交易,我们假设$0 < \kappa < 2\mu$,其中$\kappa = \frac{1}{\eta} \int_A^{F^{-1}(\eta)} x f(x) dx$,并且在$\eta = 1$时,$\kappa = \mu$。

在模型中,平台与农户之间的互动使用Stackelberg博弈来描述,其中平台是领导者,农户是追随者。根据Liu等(2021)的方法,我们假设供应链成员在平台给出批发价格w之后进行决策。具体而言,在农户不使用数字技术种植农产品的情境中,农户确定生产投入数量q_0;在农户承担数字投资成本并且数字投资水平由农户确定的情境中,农户同时确定生产投入数量q_1和数字投资水平e_1;在平台承担数字投资成本并且数字投资水平由平台确定的情境、数字投资成本由农户和平台共同承担并且数字投资水平由平台确定的情境中,平台决定数字投资水平e_2或e_3,然后农户决定生产投入数量q_2或q_3。此外,平台的决策目标是最大化$E\Omega$,而农户的决策目标是最大化EU。关键参数和决策变量总结如表9.1所示。

表9.1　模型中用到的符号及其含义

符号	含义
q	农户的生产投入数量(决策变量)
e	数字投资水平(决策变量)
w	批发价格
x	随机产出因素，$0 \leqslant A \leqslant x \leqslant B$，均值为 μ
p	零售价格，$p > w > 0$
m	平台的边际利润，$m = p - w$
c	农户努力投资的成本系数，$c > 0$
α	数字投资对产出的敏感系数，$\alpha > 0$
β	数字投资的成本系数，$\beta > 0$
λ	平台分享的数字投资成本比例，$\bar{\lambda} = 1 - \lambda$，$0 < \lambda \leqslant 1$
η	农户的风险厌恶程度，$0 < \eta \leqslant 1$
v	在某个 η 下农户利润的可能上限
Π	农户的利润
Ω	平台的利润
EU	风险厌恶型农户的效用函数
Ψ	整条供应链的预期利润
E	期望运算符

第三节　订单农业供应链的数字技术应用模式分析

一、农户不使用数字技术种植农产品的情境

在这种情况下，农户不使用数字技术种植农产品。农户和平台的利润分别为

$$\Pi_0 = wxq_0 - cq_0^2 \tag{9.1}$$

$$\Omega_0 = (p - w)xq_0 \tag{9.2}$$

风险规避的农户的效用函数为

$$
\begin{aligned}
EU_0 &= v_0 - \frac{1}{\eta} E(v_0 - \Pi_0)^+ \\
&= v_0 - \frac{1}{\eta} \int_A^B \left(v_0 + cq_0^2 - wq_0 x \right)^+ \mathrm{d}F(x)
\end{aligned}
\tag{9.3}
$$

【引理 9.1】在该情境下,损失的最佳阈值是 $v_0^* = wq_0 F^{-1}(\eta) - cq_0^2$,农户的最佳生产投入数量是 $q_0^* = \dfrac{w\kappa}{2c}$。

根据引理 9.1,农户的最优预期利润和效用、平台和整条供应链的最优预期利润分别是:$E\Pi_0^* = \dfrac{(2\mu - \kappa)\kappa w^2}{4c}$,$EU_0^* = \dfrac{\kappa^2 w^2}{4c}$,$E\Omega_0^* = \dfrac{\mu\kappa w m}{2c}$,$\Psi_0^* = \dfrac{\kappa w(2\mu p - \kappa w)}{4c}$。

【命题 9.1】(1) $\dfrac{\partial q_0^*}{\partial w} > 0$,$\dfrac{\partial E\Pi_0^*}{\partial w} > 0$,$\dfrac{\partial EU_0^*}{\partial w} > 0$;当 $w < \dfrac{p}{2}$,则 $\dfrac{\partial E\Omega_0^*}{\partial w} > 0$,否则 $\dfrac{\partial E\Omega_0^*}{\partial w} < 0$;当 $w < \dfrac{\mu p}{\kappa}$,则 $\dfrac{\partial \Psi_0^*}{\partial w} > 0$,否则,$\dfrac{\partial \Psi_0^*}{\partial w} < 0$。

(2) $\dfrac{\partial q_0^*}{\partial c} < 0$,$\dfrac{\partial E\Pi_0^*}{\partial c} < 0$,$\dfrac{\partial EU_0^*}{\partial c} < 0$,$\dfrac{\partial E\Omega_0^*}{\partial c} < 0$,$\dfrac{\partial \Psi_0^*}{\partial c} < 0$。

命题 9.1(1)表明,农户的最优生产投入数量、预期效用和利润随着批发价格 w 的增加而增加。同时,当批发价格低于某个阈值时,平台和整条供应链的最优预期利润随着批发价格的增加而增加,否则会减少,这是因为较高的批发价格使利润流向农户,而平台的利润减少。我们发现存在最优批发价格 $w_0^* = \dfrac{p}{2}$ 和 $w_0^* = \dfrac{\mu p}{\kappa}$ 的情况,使平台的预期利润 $E\Omega_0$ 和整条供应链的预期利润 Ψ_0 分别达到最优值。因此,平台可以通过设定适当的批发价格来最大化平台和整条供应链的预期利润。命题 9.1(2)表明,农户的最优生产投入数量、预期效用和利润及平台和整条供应链的最优预期利润随着农户的投入成本系数 c 的增加而减少。因此,使用数字技术种植农产品是一个较好的选择,可以降低农户的成本并增加农产品的产量。

二、农户承担数字投资成本并且数字投资水平由农户确定的情境

在这种情况下,农户会采用数字技术来种植农产品,并且数字投资的成本由农户承担,数字投资水平由农户确定。农户和平台的利润分别为

$$\Pi_1 = w(x + \alpha e_1)q_1 - cq_1^2 - \frac{1}{2}\beta e_1^2 \tag{9.4}$$

$$\Omega_1 = (p - w)(x + \alpha e_1)q_1 \tag{9.5}$$

风险规避的农户的效用函数为

$$EU_1 = v_1 - \frac{1}{\eta}E(v_1 - \Pi_1)^+ = v_1 -$$

$$\frac{1}{\eta}\int_A^B \left(v_1 - \alpha e_1 wq_1 + cq_1^2 + \frac{1}{2}\beta e_1^2 - wq_1 x\right)^+ \mathrm{d}F(x) \tag{9.6}$$

【引理9.2】在该情境下,损失的最佳阈值是 $v_1^* = wq_1 F^{-1}(\eta) + \alpha e_1 wq_1 - cq_1^2 - \frac{1}{2}\beta e_1^2$,当 $\beta > \frac{\alpha^2 w^2}{2c}$ 时,最优生产投入数量和数字投资水平分别是 $q_1^* = \frac{\beta w\kappa}{2\beta c - \alpha^2 w^2}$ 和 $e_1^* = \frac{\alpha\kappa w^2}{2\beta c - \alpha^2 w^2}$。农户的最优预期利润和效用、平台和整条供

应链的最优预期利润分别是:$E\Pi_1^* = \frac{\beta(2\mu - \kappa)\kappa w^2}{2(2\beta c - \alpha^2 w^2)}$, $EU_1^* = \frac{\beta\kappa^2 w^2}{2(2\beta c - \alpha^2 w^2)}$,

$$E\Omega_1^* = \frac{\beta\kappa wm(2\beta c\mu + \alpha^2\kappa w^2 - \alpha^2\mu w^2)}{(2\beta c - \alpha^2 w^2)^2},$$

$$\Psi_1^* = \frac{\beta\kappa w\left[2\beta c(2\mu p - \kappa w) + \alpha^2 w^2(2\kappa p - 2\mu p - \kappa w)\right]}{2(2\beta c - \alpha^2 w^2)^2}。$$

根据引理9.2,我们得到数字投资敏感系数对供应链最优决策和利润的影响,与数字投资成本系数 β 的影响相反,因此省略。

【命题9.2】(1) $\frac{\partial q_1^*}{\partial\alpha} > 0$, $\frac{\partial e_1^*}{\partial\alpha} > 0$, $\frac{\partial E\Pi_1^*}{\partial\alpha} > 0$, $\frac{\partial EU_1^*}{\partial\alpha} > 0$, $\frac{\partial E\Omega_1^*}{\partial\alpha} > 0$, $\frac{\partial\Psi_1^*}{\partial\alpha} > 0$。

(2) $\frac{\partial q_1^*}{\partial w} > 0$, $\frac{\partial e_1^*}{\partial w} > 0$, $\frac{\partial E\Pi_1^*}{\partial w} > 0$, $\frac{\partial EU_1^*}{\partial w} > 0$。

$(3) \dfrac{\partial q_1^*}{\partial c}<0, \dfrac{\partial e_1^*}{\partial c}<0, \dfrac{\partial E\Pi_1^*}{\partial c}<0, \dfrac{\partial EU_1^*}{\partial c}<0, \dfrac{\partial E\Omega_1^*}{\partial c}<0, \dfrac{\partial \Psi_1^*}{\partial c}<0$。

命题9.2(1)表明,农户的最优生产投入数量、数字投资水平、预期效用和利润及平台和整条供应链的最优预期利润都随着数字投资敏感系数 α 的增加而增加。这是因为在给定批发价格 w 的情况下,农户只能通过调整生产投入数量和数字投资水平来提高利润。数字投资敏感系数的增加表明,单位生产投入数量和数字投资水平的积极影响增强了,这将鼓励农户增加生产投入数量并提高数字投资水平。最终,农产品的产量将得到提高,由产量增加带来的效益将高于所增加的成本。命题9.2(2)表明,农户的最优生产投入数量、数字投资水平、预期效用和利润随着批发价格 w 的增加而增加。命题9.2(3)表明,农户的最优生产投入数量、数字投资水平、预期效用和利润及平台和整条供应链的最优预期利润都随着农户努力投资的成本系数 c 的增加而减少。

三、平台承担数字投资成本并且数字投资水平由平台确定的情境

在这种情况下,农户采用数字技术种植农产品,数字投资的成本由平台承担,数字投资水平由平台确定。农户和平台的利润分别为

$$\Pi_2 = w(x + \alpha e_2)q_2 - cq_2^2 \tag{9.7}$$

$$\Omega_2 = (p - w)(x + \alpha e_2)q_2 - \frac{1}{2}\beta e_2^2 \tag{9.8}$$

风险规避的农户的效用函数为

$$\begin{aligned} EU_2 &= v_2 - \frac{1}{\eta}E(v_2 - \Pi_2)^+ \\ &= v_2 - \frac{1}{\eta}\int_A^B \left(v_2 - \alpha e_2 w q_2 + cq_2^2 - wq_2 x\right)^+ \mathrm{d}F(x) \end{aligned} \tag{9.9}$$

【引理9.3】在该情境下,若 $\beta > \dfrac{\alpha^2 wm}{c}$,则最优亏损阈值为 $v_2^* = wq_2 F^{-1}(\eta) + \alpha e_2 wq_2 - cq_2^2$,最优生产投入数量和数字投资水平分别为 $q_2^* =$

$$\frac{\alpha^2(\mu-\kappa)w^2m+2\beta c\kappa w}{4c(\beta c-\alpha^2wm)}, e_2^*=\frac{\alpha(\mu+\kappa)wm}{2(\beta c-\alpha^2wm)}。$$

此时农户的最优预期利润和效用、平台和整条供应链的最优预期利润分别为

$$E\Pi_2^*=\frac{[3\alpha^2w^2m(\kappa-\mu)+2\beta cw(2\mu-\kappa)][\alpha^2(\mu-\kappa)w^2m+2\beta c\kappa w]}{16c(\beta c-\alpha^2wm)^2}$$

$$(9.10)$$

$$EU_2^*=\frac{[\alpha^2(\mu-\kappa)w^2m+2\beta c\kappa w]^2}{16c(\beta c-\alpha^2wm)^2} \tag{9.11}$$

$$E\Omega_2^*=\frac{wm[2\beta c\mu+\alpha^2wm(\kappa-\mu)][2\beta c\kappa+\alpha^2wm(\mu-\kappa)]-\beta c\alpha^2(\mu+\kappa)^2w^2m^2}{8c(\beta c-\alpha^2wm)^2}$$

$$(9.12)$$

$$\Psi_2^*=\frac{w[\alpha^2(\kappa-\mu)wm(2p+w)+2\beta c(2\mu p-\kappa w)][\alpha^2(\mu-\kappa)wm+2\beta c\kappa]-2\beta c\alpha^2(\mu+\kappa)^2w^2m^2}{16c(\beta c-\alpha^2wm)^2} \tag{9.13}$$

【命题9.3】(1)$\frac{\partial q_2^*}{\partial\alpha}>0,\frac{\partial e_2^*}{\partial\alpha}>0$。

(2)若$\mu=\kappa$，则$\frac{\partial E\Pi_2^*}{\partial\alpha}=\frac{\partial EU_2^*}{\partial\alpha}>0,\frac{\partial E\Omega_2^*}{\partial\alpha}>0,\frac{\partial\Psi_2^*}{\partial\alpha}>0$。

(3)$\frac{\partial q_2^*}{\partial c}<0,\frac{\partial e_2^*}{\partial c}<0$；当$w<\frac{p}{2}$时，$\frac{\partial e_2^*}{\partial w}>0$，否则$\frac{\partial e_2^*}{\partial w}<0$。

命题9.3(1)表明，当数字投资的成本由平台承担时，最优生产投入数量和数字投资水平会随着数字投资敏感系数α的增加而增加。命题9.3(2)表明，当农户风险中性时，最优预期效用和利润会随着数字投资敏感系数的增加而增加，原因与命题9.2类似。命题9.3(3)表明，最优生产投入数量和数字投资水平会随着农户努力投资的成本系数c的增加而减少。当批发价格低于某个阈值时，最优数字投资水平会随着批发价格的增加而增加，否则会减少。这是因为当批发价格较高时，平台的利润较低。因此，平台将减少数字投资水平以降低数字投资的成本。这与农户不使用数字技术种植农产品的情境有

所不同,这说明如果需要通过平台数字化赋能来实现农业数字化,就必须通过降低批发价格来保护平台的利润。

四、数字投资成本由农户和平台共同承担并且数字投资水平由平台确定的情境

在这种情况下,农户采用数字技术种植农产品,数字投资的成本由农户和平台共同承担,也就是说平台与农户之间达成了成本分担合同。成本分担合同在实践中非常常见(Shan et al.,2021;Wang et al.,2023)。平台的成本分担比例为λ,剩余的成本(即$\bar{\lambda}=1-\lambda$)由农户承担。由于平台是供应链的领导者,此时数字投资水平由平台确定。农户和平台的利润分别为

$$\Pi_3 = w(x+\alpha e_3)q_3 - cq_3^2 - \frac{1}{2}\bar{\lambda}\beta e_3^2 \tag{9.14}$$

$$\Omega_3 = (p-w)(x+\alpha e_3)q_3 - \frac{1}{2}\lambda\beta e_3^2 \tag{9.15}$$

风险规避的农户的效用函数为

$$
\begin{aligned}
EU_3 &= v_3 - \frac{1}{\eta}E(v_3-\Pi_3)^+ \\
&= v_3 - \frac{1}{\eta}\int_A^B \left(v_3-\alpha e_3 wq_3 + cq_3^2 + \frac{1}{2}\bar{\lambda}\beta e_3^2 - wq_3 x\right)^+ \mathrm{d}F(x)
\end{aligned} \tag{9.16}
$$

【引理9.4】在该情境下,如果$\beta>\dfrac{\alpha^2 wm}{\lambda c}$,则最优亏损阈值是$v_3^* = wq_3 F^{-1}(\eta) + \alpha e_3 wq_3 - cq_3^2 - \frac{1}{2}\bar{\lambda}\beta e_3^2$,最优生产投入数量和数字投资水平分别是$q_3^* = \dfrac{\alpha^2(\mu-\kappa)w^2 m + 2\lambda\beta c\kappa w}{4c(\lambda\beta c - \alpha^2 wm)}$,$e_3^* = \dfrac{\alpha(\mu+\kappa)wm}{2(\lambda\beta c - \alpha^2 wm)}$。

根据引理9.4,农户的最优预期利润和效用、平台和整条供应链的最优预期利润分别为

$$E\Pi_3^* = \frac{\left[\alpha^2(\mu-\kappa)w^2m + 2\lambda\beta c\kappa w\right]\overset{\left[3\alpha^2w^2m(\kappa-\mu)+2\lambda\beta c w(2\mu-\kappa)\right]}{} - 2\bar{\lambda}\beta c\alpha^2(\mu+\kappa)^2w^2m^2}{16c(\lambda\beta c - \alpha^2 wm)^2} \tag{9.17}$$

$$EU_3^* = \frac{\left[\alpha^2(\mu-\kappa)w^2m + 2\lambda\beta c\kappa w\right]^2 - 2\bar{\lambda}\beta c\alpha^2(\mu+\kappa)^2w^2m^2}{16c(\lambda\beta c - \alpha^2 wm)^2} \tag{9.18}$$

$$E\Omega_3^* =$$

$$\frac{wm\left[2\lambda\beta c\mu + \alpha^2 wm(\kappa-\mu)\right]\left[2\lambda\beta c\kappa + \alpha^2 wm(\mu-\kappa)\right] - \lambda\beta c\alpha^2(\mu+\kappa)^2w^2m^2}{8c(\lambda\beta c - \alpha^2 wm)^2}$$

$$\tag{9.19}$$

$$\Psi_3^* = \frac{\left[\alpha^2(\mu-\kappa)wm + 2\lambda\beta c\kappa\right]\overset{w\left[\alpha^2(\kappa-\mu)wm(2p+w)+2\lambda\beta c(2\mu p-\kappa w)\right]}{} - 2\beta c\alpha^2(\mu+\kappa)^2w^2m^2}{16c(\lambda\beta c - \alpha^2 wm)^2} \tag{9.20}$$

【命题9.4】(1) $\dfrac{\partial q_3^*}{\partial\alpha}>0, \dfrac{\partial e_3^*}{\partial\alpha}>0, \dfrac{\partial E\Omega_3^*}{\partial\alpha}>0$。

(2) 若 $\mu=\kappa$, 当 $0<\alpha<\sqrt{\dfrac{\lambda\beta c(\lambda p-m)}{\bar{\lambda}m^2 w}}$ 时, $\dfrac{\partial E\Pi_3^*}{\partial\alpha}=\dfrac{\partial EU_3^*}{\partial\alpha}>0$, 否则

$\dfrac{\partial E\Pi_3^*}{\partial\alpha}=\dfrac{\partial EU_3^*}{\partial\alpha}<0$;

(3) $\dfrac{\partial q_3^*}{\partial c}<0, \dfrac{\partial e_3^*}{\partial c}<0$; 当 $w<\dfrac{p}{2}$ 时, $\dfrac{\partial e_3^*}{\partial w}>0$, 否则 $\dfrac{\partial e_3^*}{\partial w}<0$。

命题9.4(1)表明,当平台和农户共同承担数字投资的成本时,最优生产投入数量和数字投资水平将随着数字投资敏感系数 α 的增加而增加。此外,无论农户是否厌恶风险,平台的最优预期利润始终会随着数字投资敏感系数的增加而增加。命题9.4(2)表明,当农户是风险中性时,农户的最优预期利润和效用先增加,然后随着数字投资敏感系数的增加而减少。

【命题9.5】(1) $\dfrac{\partial q_3^*}{\partial\lambda}<0, \dfrac{\partial e_3^*}{\partial\lambda}<0, \dfrac{\partial E\Omega_3^*}{\partial\lambda}<0$。

(2) 当 $\mu=\kappa$ 时, 若 $\dfrac{\alpha^2 wm}{\beta c}<\lambda<\dfrac{m(2\beta c-\alpha^2 wm)}{\beta pc}$, 则 $\dfrac{\partial E\Pi_3^*}{\partial\lambda}=\dfrac{\partial EU_3^*}{\partial\lambda}>0$,

否则 $\dfrac{\partial E\Pi_3^*}{\partial \lambda} = \dfrac{\partial EU_3^*}{\partial \lambda} < 0$。

命题9.5(1)表明,最优生产投入数量、数字投资水平和平台的预期利润随着成本分担比例λ的减少而减少。平台承担更多数字投资成本时,农户将减少生产投入数量,这可能是因为数字投资水平的降低会减少单位生产投入数量的产出,从而挫伤农户的积极性,最终农户选择减少生产投入数量以节约成本。随着产出的减少和成本分担比例的提高,平台的预期利润将减少。这进一步说明,平台承担更多的数字投资成本可能对农业数字化的发展不利。命题9.5(2)表明,当农户是风险中性的时,农户的最优预期利润和效用会先增加后减少,与成本分担比例λ有关。这是因为当成本分担比例相对较小时,平台的数字投资水平较高,从而减轻了农户生产投入的压力。相反,当成本分担比例过大时,平台需要控制数字投资水平较低以降低成本。此时,高产出带来的收入少于农户承担的成本,因此农户的预期利润减少。

第四节　数字技术应用模式选择研究

根据上述模型分析,本节将比较四种情境中的最优数字投资水平、生产投入数量、平台和农户的预期利润水平,并进一步分析合作模式与最优策略之间的相互作用。为避免琐碎的情况,我们假设 $\beta > \dfrac{\alpha^2 w}{c} \max\left(\dfrac{w}{2}, \dfrac{m}{\lambda}\right)$。

【命题9.6】(1) $q_3^* > q_2^* > q_0^*$, $q_1^* > q_0^*$;

(2)当 $c > \dfrac{\alpha^2 w m(\mu - \kappa)}{2\beta(\alpha^2 \mu w m + \alpha^2 \kappa w m - \kappa)}$ 时, $q_3^* > q_2^* > q_1^* > q_0^*$;

当 $\dfrac{\alpha^2 w}{\beta} \max\left(m, \dfrac{w}{2}\right) < c < \dfrac{\alpha^2 w m(\mu - \kappa)}{2\beta(\alpha^2 \mu w m + \alpha^2 \kappa w m - \kappa)}$ 且 $\dfrac{\alpha^2 w m}{\beta c} < \lambda < \dfrac{m\kappa(2\beta c + \alpha^2 w^2) + m\mu(2\beta c - \alpha^2 w^2)}{2\beta c \kappa w}$ 时, $q_3^* > q_1^* > q_2^* > q_0^*$。

当 $\dfrac{m\kappa(2\beta c+\alpha^2 w^2)+m\mu(2\beta c-\alpha^2 w^2)}{2\beta c\kappa w}<\lambda<1$ 时，$q_1^*>q_3^*>q_2^*>q_0^*$。

命题9.6(1)表明，无论谁承担数字投资的成本，只要农户使用数字技术种植农产品，农户都会增加生产投入数量，这表明企业或政府可以通过数字技术促进农业发展，提高农户种植的积极性，从而实现农户收入的增长。命题9.6(2)表明，在农户采用数字技术后，不同合作机制的生产投入数量与农户努力的成本系数 c 和成本分担比例 λ 有关。具体而言，当平台分担数字投资成本的比例相对较高时，农户在承担数字投资成本并且数字投资水平由农户确定的情境中设置最大的生产投入数量，在这种情况下，合作机制可以提高农户的积极性。当农户的努力成本系数过大或努力的成本系数和成本分担比例过小时，数字投资成本由农户和平台共同承担并且数字投资水平由平台确定的情境下农户的生产投入数量最多，尤其是当努力的成本系数过大时，此时，该情境下的合作机制可以提高农户的积极性。

【命题9.7】(1)$e_3^*>e_2^*$。

(2)当 $\beta>\dfrac{\alpha^2 w^2 m(\mu-\kappa)}{2c(\mu m+\kappa m-\kappa w)}$ 时，$e_3^*>e_2^*>e_1^*$；当 $\dfrac{\alpha^2 w}{c}\max(m,\dfrac{w}{2})<\beta<\dfrac{\alpha^2 w^2 m(\mu-\kappa)}{2c(\mu m+\kappa m-\kappa w)}$ 且 $\dfrac{\alpha^2 wm}{\beta c}<\lambda<\dfrac{m\kappa(2\beta c+\alpha^2 w^2)+m\mu(2\beta c-\alpha^2 w^2)}{2\beta c\kappa w}$ 时，$e_3^*>e_1^*>e_2^*$；当 $\dfrac{m\kappa(2\beta c+\alpha^2 w^2)+m\mu(2\beta c-\alpha^2 w^2)}{2\beta c\kappa w}<\lambda<1$ 时，$e_1^*>e_3^*>e_2^*$。

命题9.7(1)表明，在分担成本机制下，平台的数字投资水平高于仅由平台承担数字投资成本的情况。这是因为农户分担了部分数字投资成本之后，平台承担的成本减少，从而鼓励平台提高数字投资水平，这与现实情况一致。命题9.7(2)表明，在农户采用数字技术后，不同合作机制的数字投资水平受到数字投资成本系数 β 和成本分担比例 λ 的影响。具体而言，当平台分担的数字投资成本比例相对较高时，数字投资水平最高。此时，农户承担数字投资成本的合作机制可以最大程度地推动农业数字化。当数字投资成本系数过大时，无论采用何种合作机制，农户选择平台提供的数字技术比农户自行数字投资更有利于农业数字化。

【命题9.8】(1)$E\Pi_1^* > E\Pi_0^*, EU_1^* > EU_0^*$。

(2)当$\mu = \kappa$时：(i)$E\Pi^* = EU^*, E\Pi_2^* > E\Pi_0^*$；(ii)当$\dfrac{2\beta cm + \alpha^2 w^2 m}{2\beta pc} < \lambda < 1$

时，$E\Pi_3^* > E\Pi_0^*$，否则$E\Pi_3^* \leqslant E\Pi_0^*$；(iii)当$w < \dfrac{4p}{5}$且$\beta > \dfrac{2\alpha^2 wm^2}{c(4m-w)}$时，$E\Pi_2^* >$

$E\Pi_1^*$，否则 $E\Pi_2^* \leqslant E\Pi_1^*$；(iv) 当 $\max\left\{\dfrac{\alpha^2 wm}{\beta c}, \dfrac{2m}{w^2}\left(p - \sqrt{p^2 - w^2}\right)\right\} < \lambda <$

$\min\left\{1, \dfrac{2m}{w^2}\left(p + \sqrt{p^2 - w^2}\right)\right\}$且$\beta > \dfrac{2\lambda\alpha^2 w^2 m^2}{c(4\lambda pm - \lambda^2 w^2 - 4m^2)}$时，$E\Pi_3^* > E\Pi_1^*$，否

则$E\Pi_3^* \leqslant E\Pi_1^*$。

命题9.8(1)表明,当农户使用数字技术种植农产品并承担数字投资成本时,农户的最优预期利润和效用都高于传统种植模型下的水平。这表明农业数字化升级对农户始终是有益的。无论农户是否有风险偏好,他们都应积极采用数字技术进行种植。命题9.8(2)表明,如果农户是风险中性的:首先,当数字投资成本由平台承担时,农户的利润总是高于传统种植模型下的水平,这是因为数字技术的应用导致产量增加,从而使农户的利润增加。其次,当数字投资成本由平台和农户共同承担时,只有当平台的成本分担比例较大时,农户才能获得比传统种植模型更多的好处。再次,通过比较农户承担数字投资成本和平台承担数字投资成本的两种模型,发现当批发价格较低且数字投资成本系数过大时,农户更适合选择平台的数字技术赋能;而当数字投资成本系数过小时,农户应该发展数字种植技术,可以避免与平台分享利润,从而获得更多的利润。最后,通过比较我们发现,农户的利润大小受到成本分担比例和数字投资成本系数的影响。

【命题9.9】(1)$E\Omega_1^* > E\Omega_0^*$。

(2) 当 $\mu = \kappa$ 时 ： (i) $E\Omega_3^* > E\Omega_2^* > E\Omega_0^*$；(ii) 当 $\dfrac{\alpha^2 wm}{\beta c} < \lambda <$

$\min\left\{1, \dfrac{4c\beta m}{w(4c\beta - \alpha^2 w^2)}\right\}$时，$E\Omega_3^* > E\Omega_1^*$，否则$E\Omega_3^* \leqslant E\Omega_1^*$。

命题9.9(1)表明,当农户使用数字技术种植农产品并承担数字投资成本时,平台的最优预期利润高于传统种植模型下的水平。结合命题9.8(1),我们可以发现,由农户承担数字投资成本的合作机制可以使农户和平台实现双赢局面。命题9.9(2)表明,如果农户是风险中性的:平台始终可以从数字技术投资中受益。当数字投资水平由平台决定时,在成本分担合同下平台的利润是最大的。只有在成本分担比例较小的情况下,平台才会选择成本分担机制,否则平台将选择由农户独自承担数字投资。这与命题9.8(2)(iv)不同。因此,对于平台来说,无论谁承担数字投资的成本,平台始终可以从数字技术的应用中获益。从这个角度来看,平台应该鼓励农户使用数字技术种植农产品。

第五节　关键因素对数字技术应用的影响

在本节中,我们用数值实例来说明批发价格 w、农户的风险规避程度 η 和数字投资成本系数 β 对最优结果的影响。按照 Niu 等(2016)和 Ye 等(2020)的做法,我们假设参数的值如下: $c=0.005, p=1.34, \alpha=0.05, x\sim N[1,0.2^2]$ 且 $x\in[0,2]$。

一、关键参数对决策和利润的影响

图9.1显示,随着批发价格 w 的增加,农户选择的生产投入数量 q 会增加,进而导致可能的利润上限 v 和农户的最优预期利润增加。然而,当数字投资的成本由平台承担时,最优的数字投资水平先增加后减少。当批发价格较低时,数字投资成本由农户和平台共同承担下平台和整条供应链的最优生产投入数量、数字投资水平和预期利润最高,平台应提高批发价格以鼓励风险规避型农户增加生产投入数量,同时平台应增加数字投资水平,以提高利润。当批发价格较高时,农户承担数字投资成本时平台和整条供应链的最优指标

最高,平台提高批发价格会使利润流向农户,平台将减少数字投资水平以降低成本。此时,尽管提高批发价格对农户和整条供应链有利,但会降低平台的盈利能力和农业数字化水平。因此,在实践中,即使在数字农业背景下,平台也可能不会向农户提供非常高的批发价格。

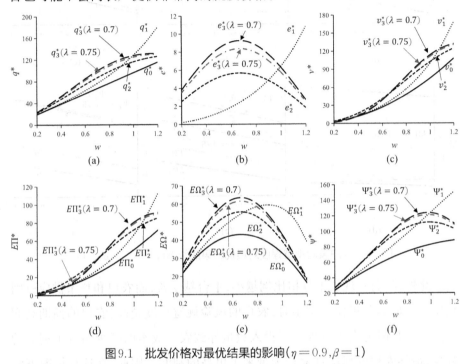

图9.1　批发价格对最优结果的影响($\eta = 0.9, \beta = 1$)

图9.2显示,农户的风险规避程度越高,他选择的生产投入数量就越少,进而导致批发价格和零售价格已知时的平台预期利润更低。在这种情况下,平台将减少数字投资水平以降低成本。因此,农产品产量减少,整条供应链的预期利润也较低。此时,农户利润的可能上限v较小。

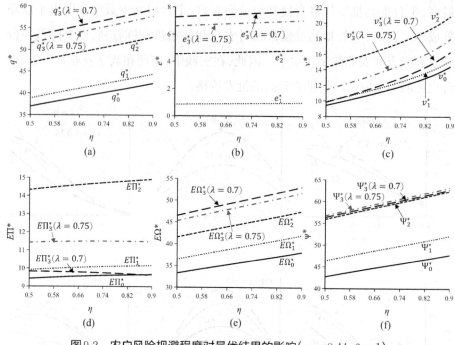

图9.2 农户风险规避程度对最优结果的影响($w=0.44, \beta=1$)

此外,我们发现成本分担比例越小,平台越受益,而农户和整条供应链则相反。当成本分担比例越小时,农户的风险规避程度越高,农户的预期利润越高。这是因为大幅减少生产投入数量导致农户成本的减少超过了利润的减少,最终农户的风险规避行为带来了更高的利润。因此,在这种情况下将选择数字投资成本由农户和平台共同承担。

图9.3显示,随着数字投资的成本系数β增加,平台和整条供应链的最优生产投入数量、数字投资水平和预期利润都会下降。在数字投资成本由农户和平台共同承担中,当平台的成本分担比例较大时,农户的预期利润随着β的增加而下降;当成本分担比例较小时,农户的预期利润先增加后减少,随着β的增加而变化。这是因为当农户分担大量数字投资成本时,由于低β,平台会进行较高水平的数字投资。此时,产量的增加为农户带来更多的利润。然而,随着β的增加,为了降低成本,平台将减少数字投资水平,产量的减少将导致农户的预期利润降低。

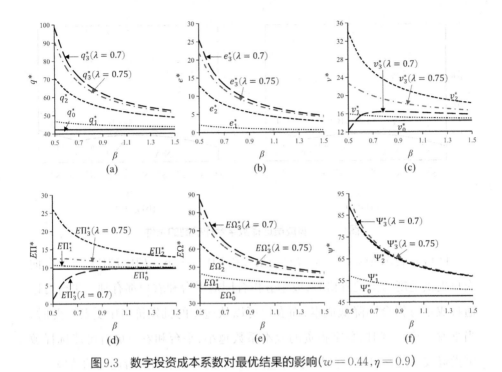

图9.3 数字投资成本系数对最优结果的影响($w=0.44,\eta=0.9$)

二、所有成员选择数字合作机制的条件

在图 9.4 中($\lambda=0.75$),区域 A 表示 $E\Omega_3^*>\max\{E\Omega_2^*,E\Omega_1^*\}$ 和 $E\Pi_2^*>\max\{E\Pi_3^*,E\Pi_1^*\}$,具体而言,当平台向农户提供较低的批发价格时,成本分担合同对平台有利。平台可以通过低批发价格和成本分担合同来降低成本,这将使农户的收入减少,成本增加。此时,如果平台承担数字投资的成本,将减轻农户的负担。因此,当批发价格较低时,数字投资的成本系数越大,平台更有可能选择数字投资成本由农户和平台共同承担并且数字投资水平由平台确定的情境,农户更有可能选择平台承担数字投资成本并且数字投资水平由平台确定的情境。

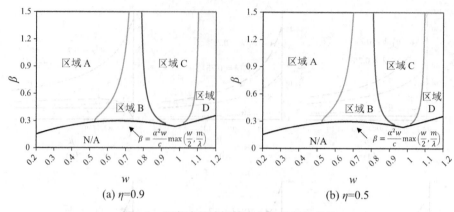

图9.4　所有成员选择数字合作机制的条件

区域B表示$E\Omega_3^* > \max\{E\Omega_2^*, E\Omega_1^*\}$和$E\Pi_3^* > \max\{E\Pi_2^*, E\Pi_1^*\}$,当平台向农户提供适度的批发价格时,成本分担合同对平台和农户都有利。平台可以通过成本分担合同降低成本,而农户可以从适度的批发价格中受益。此时,当批发价格适度时,数字投资的成本系数越小,平台和农户更有可能选择数字投资成本由农户和平台共同承担并且数字投资水平由平台确定的情境。

区域C表示$E\Omega_1^* > \max\{E\Omega_2^*, E\Omega_3^*\}$和$E\Pi_3^* > \max\{E\Pi_2^*, E\Pi_1^*\}$,当平台向农户提供相对较高的批发价格时,平台会降低成本以确保获得利润。此时,平台将选择由农户进行数字技术投资,并且平台只负责销售农产品。由于批发价格并不是非常高,农户将选择平台承担数字投资的成本,但为了鼓励平台提高数字投资水平,农户将分担部分平台的成本。因此,在批发价格并不是非常高的情况下,数字投资的成本系数越大,平台更有可能选择农户承担数字投资成本并且数字投资水平由农户确定的情境,农户更有可能选择数字投资成本由农户和平台共同承担并且数字投资水平由平台确定的情境。

区域D表示$E\Omega_1^* > \max\{E\Omega_2^*, E\Omega_3^*\}$和$E\Pi_1^* > \max\{E\Pi_2^*, E\Pi_3^*\}$,当平台向农户提供极高的批发价格时,平台选择由农户进行数字技术投资以降低成本。由于批发价格非常高,农户会选择投资数字技术,这可以减少平台的利润份额。因此,在批发价格非常高的情况下,数字投资的成本系数越小,平台和农户选择农户承担数字投资成本并且数字投资水平由农户确定的情境的可能性就越大。

简而言之，如果平台希望以适度的批发价格购买农户的农产品，那么只有通过提供农户一份成本分担合同，才能实现这种合作。如果平台希望以相对较高的批发价格购买农户的农产品，那么只有通过向农户提供传统合同，才能实现这种合作。

第六节　本章小结

本章考虑了一个由风险中性平台和风险厌恶农户组成的订单农业供应链，用于生产面临随机产量的农产品。我们发现，无论农户与平台之间达成何种合作协议，当农户使用数字技术种植农产品时，农户的生产热情和农产品产量都会增加，平台和整条供应链都能从数字技术的应用中获益。除了成本分担合同外，农户也能从数字技术的应用中受益。在农户采用数字技术种植农产品后，如果数字投资水平由平台确定，那么成本分担合同始终对平台和整条供应链最有利，并且还可以最大限度地激发农户的热情和农业数字化水平。而对于农户的利润来说则相反。如果数字投资水平由农户确定，那么由于消除了双重边际效应，这种合作模式也可能对平台和农户都有益处。随着批发价格的增加，农户将增加生产投入数量，进而增加农户的利润。数字投资水平和平台的利润随着批发价格的增加而先增加后减少。因此，在平台上为农户提供适度的批发价格可以使平台的利润最大化。随着农户的风险厌恶程度的增加，农户将减少生产投入数量，数字投资水平也会降低。

在现实中，平台会从多个农户那里购买农产品，而农户也会向多个公司销售农产品，并且市场需求很难预测，受到各种因素的影响，这可能导致供需不平衡。因此，在未来的研究中，考虑多个平台和农户及农产品市场需求的不确定性将是有价值的。此外本章关注的是农户使用数字技术种植产品时产量的线性增加。然而，在现实中，数字技术不仅可以增加农产品的产量，还可以提高农产品的质量和口感，在未来可以考虑数字技术对农产品产量和价格的影响。

第十章　研究结论

党的二十大报告对农业农村工作作出了全面部署,明确要全面推进乡村振兴。产业兴旺是乡村振兴的重要基础,加快发展乡村产业才能让农户享受更多的产业增值收益。2006年中央一号文件提出的"一村一品"已成为提高农产品附加值、拓宽农户增收渠道的重要举措,也是调整农业产业结构、发展现代农业的关键举措。截至2022年底,全国"一村一品"示范村镇累计达到4068个,其中产值超10亿元的镇有199个、超亿元的村有306个,拓宽了农民增收致富的渠道。但"一村一品"发展中出现龙头企业缺乏、合作不够紧密、信息不通畅、市场反应慢、产销脱节等问题,严重阻碍了农产品向品牌化、高端化的进一步升级。如何通过农产品供应链数字化手段有效解决这些问题,以促进"一村一品"向纵深发展,全面实现乡村振兴,成为亟待解决的重大课题。

调查发现,我国农业供应链具有技术水平低、效率低下、配送成本高、供需不平衡及质量风险高等问题。通过物联网、区块链、大数据等数字技术的赋能,打造具有订单需求驱动、端到端产业链协同、按需采摘、农产品全程冷链物流、流通企业供应链化等特点的农产品供应链,以解决质量安全、信息孤岛、利益协调、技术专业化及供需平衡等难题,这本质上就是要求农业供应链的数智化,即农产品从田头到餐桌流通过程中,供应链企业运用新型信息技术形成农产品供应链网络和生态系统。

本书主要章节的研究内容和结论如下:

第三章考虑了一个由平台和面临不确定产出的农户组成的两级供应链,

建立了在银行融资和平台融资条件下，带有或不带有平台数字赋能的博弈论模型。以下是主要发现：首先，当数字赋能降低或略微增加农户种植技术应用的成本时，农户可以从赋能中获益。有趣的是，当赋能的成本过低时，农户可能受益较小。平台在农户接受赋能后总是会受益。其次，如果破产风险较低或平台贷款利率较高，双方都更倾向于选择平台融资而非银行融资。尤其是当平台贷款利率较低时，平台更愿意向农户提供贷款服务。而平台融资能够提高平台数字赋能的水平。具体而言，随着银行贷款利率的增加，数字赋能水平也会增加，但随着平台贷款利率的增加，数字赋能水平会先减少后增加。最后，在银行融资条件下，成本共担合同可以实现帕累托改进，即一方分担另一方的成本。然而，在平台融资条件下，只有当平台承担农户的成本时，供应链才能实现帕累托改进。

第四章考虑一个由核心企业和资金受限农户组成的农业供应链，探讨了传统银行融资和政府企业担保融资两种模式。为了协调供应链，本章考虑了价格承诺契约和收益共享契约，研究结果表明，在银行融资和政府企业担保融资模式下，可以找到能够实现供应链完全协调的条件，无论选择哪种契约形式。然而，在政府企业担保融资模式下，当农户在低产季节面临破产风险，而高产季节无破产风险时，采用收益共享契约可以既实现供应链协调，又实现帕累托改进的效果，从而最大化整条供应链的利润，达到双赢局面。此外，农户和企业更倾向于选择承诺价格较高和收入分享比例较高的融资模式。而在政府企业担保融资模式下，社会福利要优于传统银行融资模式。

第五章考虑了一个包括风险厌恶的农户、风险中性的供应商和风险厌恶的零售商的三级订单农业供应链。农户面临产出不确定性，从事农产品的种植与培育；供应商在供应链中担任领导者角色，负责设计合同和生产产品；零售商向市场销售加工后的农产品。基于条件风险值（CVaR）准则，本章讨论了供应商与零售商之间的三种期权合同，同时还涉及供应商与农户之间的批发价格合同或补货成本分担合同。研究结果表明，当农户风险中性时，带或不带补货成本分担合同的期权合同均能够最大化总利润，并同时增加所有成员的利润。而在农户和零售商均风险厌恶的情况下，只有带补货成本分担合同的期权合同能够通过调整期权参数使农户的分享比例等于其风险厌恶系数,从而确保供应链的完全协调和帕累托改进。此外,通过数值分析发现,帕累托改进的区间随着零售商的风险厌恶系数和数量损失率的增加而减小,而随着农户的风险厌恶系数的增加而增大。当损失率过大时,供应商将无法增加自身利润。因此,在选择合同之前,领导者应考虑各方的风险厌恶程度及生鲜农产品的数量损失率。

第六章考虑了由一个农户和一个电商平台及银行构成的两级供应链系统,通过梳理国内外相关研究,提出本章的研究内容:首先,建立了基于电商平台预售机制下的三种融资模式,分别在预付额外生产与决策情境下,探究了农业供应链成员在银行融资、电商平台反向保理和提前支付融资模式下的最优决策与最优利润。其次,探究了产品预售机制、产出不确定性、期望资金收益率等关键参数在不同融资模式下对供应链中农户、电商平台决策与利润的影响。最后,比较三种融资模式下的最优决策与利润,并分析供应链成员最优融资策略选择问题。研究表明:预售机制不仅对农户生产投入量的决策具有很好的参考价值,还能帮助农户解决资金短缺问题,但预售数量过多时,会增加农户的金融压力;电商平台提前支付融资模式下的农户生产投入总是高于电商平台反向保理融资模式;此外,电商平台并不能从提高期望资金收益率中获得更多收益,不断增加的期望资金收益率反而会损害供应链参与方的利润;对比三种融资模式下供应链成员的期望利润,发现最优融资策略的选择不是唯一的。

第七章考虑了由一个农户和一个核心企业(买方)及第三方金融机构组成的农业供应链,在梳理国内外相关研究内容的基础上,提出本章的研究内容:首先,考虑随机产出和成本分担的情况下,商业银行融资模式中作为资金缺乏的农户和占主导地位的买方各自的最优经营决策问题,探究成本分担比例和技术投入增益效果对于供应链成员利润的影响,只有在一定条件下成本分担才对供应链各成员有价值。其次,探究随机产出和成本分担的情况下,买方担保融资模式中供应链成员各自的最优经营决策问题,并探究担保比例、成本分担比例等因素对于供应链成员利润的影响。最后,基于两种融资模式共存时供应链各成员的融资决策问题,本章发现存在一个最优的区域使供应链上的所有成员都愿意接受买方担保融资模式,并从中受益。

第八章旨在探讨政府在后疫情时代应选择反疫情策略还是补贴策略的问题,研究构建了一个三级食品供应链,由供应商、第三方物流和零售商组成。在该供应链中,第三方物流采用了区块链技术进行食品追溯,以解决消费者对食品安全的关注。随后,运用博弈论分析了不同政府反疫情或补贴策略下供应链的定价决策水平、追溯水平、抗疫努力水平和补贴水平。研究结果显示,在各种情景下,消费者对追溯信息越偏好,追溯水平和抗疫努力水平越高,对于所有参与方都更有利。因此,政府应提高消费者对防疫意识的认知度。为了造福所有参与方,政府应同时采取反疫情和补贴策略,即使在后疫情时代也是如此。有趣的是,在政府只能选择一种策略的情况下,当追溯的成本系数较低时,政府补贴实际上会导致第三方物流的追溯水平降低。该研究为政府在后疫情时代的决策提供了参考,并为区块链应用提供了新的可能性。

第九章探讨了订单农业供应链中的数字技术合作问题,该供应链由风险厌恶的农户和平台组成,农户面临产量不确定性。基于CVaR准则,本章建立了带有和不带有数字技术的博弈理论模型,并分析了三种数字合作机制。本章得出如下结论:首先,在大多数情况下,农户应使用数字技术来种植农产品,无论与平台达成何种合作协议。其次,当批发价格适中时,双方通常会选择采用成本分担的合同形式;而当批发价格较高时,双方会让农户承担数字投资成本。最后,当农户使用数字技术种植农产品时,平台不应给予过低的批发价格,尤其是对于风险厌恶程度较低的农户。有趣的是,本章还发现在成本分担合同下,农户的利润可能随着其风险厌恶程度的增加而增加。对于平台向农户提供合作协议,需综合考虑批发价格、农户的风险厌恶程度及数字投资的成本系数,找到利润和投资成本之间的平衡。该研究对于指导平台和风险厌恶的农户如何进行有效的数字种植技术合作提供了重要的指导。

参考文献

[1]   Alizamir S, Iravani F, Mamani H. An Analysis of Price vs. Revenue Protection: Government Subsidies in the Agriculture Industry[J]. Management Science, 2019(1): 32-49.

[2]   Anderson E, Monjardino M. Contract design in agriculture supply chains with random yield[J]. European Journal of Operational Research, 2019(3): 1072-1082.

[3]   Bai S Z, Jia X L. Agricultural Supply Chain Financing Strategies under the Impact of Risk Attitudes[J]. Sustainability, 2022(14): 8787.

[4]   Begen M A, Pun H, Yan X H. Supply and demand uncertainty reduction efforts and cost comparison[J]. International Journal of Production Economics, 2016(180): 125-134.

[5]   Bergen M, Steeman M, Reindorp M, et al. Supply chain finance schemes in the procurement of agricultural products[J]. Journal of Purchasing and Supply Management, 2019(2): 172-184.

[6]   Buzacott J A, Zhang R Q. Inventory Management with Asset-Based Financing. Management Science[J]. Management Science, 2004(9): 1274-1292.

[7]   Cai S, Yan Q. Online sellers' financing strategies in an e-commerce supply chain: Bank credit vs. e-commerce platform financing[J]. Electronic Commerce Research, 2023(4): 2541-2572.

[8]   Cai X Q, Chen J, Xiao Y B, et al. Fresh-product supply chain management

with logistics outsourcing[J]. Omega, 2013(4): 752−765.

[9]   Cao Y Q, Wang Q Q. The informational role of guarantee contracts[J]. European Journal of Operational Research, 2022(1): 191−202.

[10]   Cao Y, Yi C Q, Wan G Y, et al. An analysis on the role of blockchain−based platforms in agricultural supply chains[J]. Transportation Research Part E: Logistics and Transportation Review, 2022(163): 102731.

[11]   Cerqueti R, Quaranta A G. The perspective of a bank in granting credits: An optimization model[J]. Optimization Letter, 2012(5): 867−882.

[12]   Chen D Q, Ignatius J, Sun D Z, et al. Pricing and equity in cross−regional green supply chains[J]. European Journal of Operational Research, 2020(3): 970−987.

[13]   Chen F Y, Yano C A. Improving Supply Chain Performance and Managing Risk Under Weather−Related Demand Uncertainty[J]. Management Science, 2010(8): 1380−1397.

[14]   Chen J G, Chen Y J. The impact of contract farming on agricultural product supply in developing economies[J]. Production and Operations Management, 2021(8): 2395−2419.

[15]   Chen J X. The Optimal Strategies of Risk−Averse Newsvendor Model For a Dyadic Supply Chain with Financing Service[J]. Discrete Dynamics in Nature and Society, 2017(1): 4861515.

[16]   Chod J. Inventory, risk Shifting, and trade credit[J]. Management Science, 2017(10): 3207−3225.

[17]   Cong J, Pang T, Peng H J. Optimal strategies for capital constrained low−carbon supply chains under yield uncertainty[J]. Journal of Cleaner Production, 2020(256): 90−103.

[18]   Dong L X, Qiu Y Z, Xu F S. Blockchain−Enabled Deep−Tier Supply Chain Finance[J]. Manufacturing & Service Operations Management, 2023(6): 2021−2037.

[19] Du S F, Zhu Y J, Nie T F, et al. Loss-averse preferences in a two-echelon supply chain with yield risk and demand uncertainty[J]. Operational Research, 2018(2): 361-388.

[20] Dusaderungsikul P O, Nof S Y. A collaborative control protocol for agricultural robot routing with online adaptation[J]. Computers & Industrial Engineering, 2019(135): 456-466.

[21] Fan Y, Feng Y, Shou Y Y. A risk-averse and buyer-led supply chain under option contract: CVaR minimization and channel coordination[J]. International Journal of Production Economics, 2020(219): 66-81.

[22] Fan Z P, Wu X Y, Cao B B. Considering the traceability awareness of consumers: should the supply chain adopt the blockchain technology?[J]. Annals of Operations Research, 2022(2): 837-860.

[23] Fang L, Xu S. Financing equilibrium in a green supply chain with capital constraint[J]. Computers & Industrial Engineering, 2020(143): 106390.

[24] Federgruen A, Lall U, Simsek A S. Supply Chain Analysis of Contract Farming[J]. Manufacturing & Service Operations Management, 2019(2): 361-378.

[25] Feng X, Moon I, Ryu K. Supply chain coordination under budget constraints [J]. Computers & Industrial Engineering, 2015(88): 487-500.

[26] Freudenreich H, Musshoff O. Experience of losses and aversion to uncertainty-experimental evidence from farmers in Mexico[J]. Ecological Economics, 2022(195): 107379.

[27] Gentilhomme T, Villamizar M, Corre J, et al. Towards smart pruning: ViNet, a deep-learning approach for grapevine structure estimation[J]. Computers and Electronics in Agriculture, 2023(207): 107736.

[28] He X J, Tang L Y. Exploration on Building of Visualization Platform to Innovate Business Operation Pattern of Supply Chain Finance[J]. Physical Procedia, 2012(33): 1886-1893.

[29] Hu B Y, Feng Y. Optimization and coordination of supply chain with revenue sharing contracts and service requirement under supply and demand uncertainty[J]. International Journal of Production Economics, 2017(183):185−193.

[30] Hua S Y, Liu J C, Cheng T C E, et al. Financing and ordering strategies for a supply chain under the option contract[J]. International Journal of Production Economics, 2019(208): 100−121.

[31] Huang B, Wu A, Chiang D. Supporting small suppliers through buyer-backed purchase order financing[J]. International Journal of Production Research, 2018(18): 6066−6089.

[32] Jin J J, Tong X H, Wan X Y, et al. Farmers' risk aversion, loss aversion and climate change adaptation strategies in Wushen Banner, China[J]. Journal of Environmental Planning and Management, 2020(14): 2593−2606.

[33] Jing B, Chen X F, Cai G S. Equilibrium financing in a distribution channel with capital constraint[J]. Production and Operations Management, 2012(6): 1090−1101.

[34] Kamble S S, Gunasekaran A, Arha H. Understanding the blockchain technology adoption in supply chains−Indian context[J]. International Journal of Production Research, 2019(7): 2009−2033.

[35] Keren B. The single−period inventory problem: Extension to random yield from the perspective of the supply chain[J]. Omega, 2009(4): 801−810.

[36] Kirmani A, Zhu R. Vigilant against manipulation: The effect of regulatory focus on the use of persuasion knowledge[J]. Journal of Marketing Research, 2007(4): 688−701.

[37] Kouvelis P, Zhao W H. Financing the Newsvendor: Supplier vs. Bank, and the Structure of Optimal Trade Credit Contracts[J]. Operations research, 2012 (3): 566−580.

[38] Kouvelis P, Zhao W H. The Newsvendor Problem and Price-Only Contract

When Bankruptcy Costs Exist[J]. Production and Operations Management, 2011(6): 921−936.

[39] Kshetri N. Blockchain's roles in meeting key supply chain management objectives[J]. International Journal of Information Management, 2018(39): 80−89.

[40] Li J C, Zhou Y W, Huang W Y. Production and procurement strategies for seasonal product supply chain under yield uncertainty with commitment-option contracts[J]. International Journal of Production Economics, 2017 (183): 208−222.

[41] Li Q, Xiao T J, Qiu Y Z. Price and carbon emission reduction decisions and revenue-sharing contract considering fairness concerns[J]. Journal of Cleaner Production, 2018(190): 303−314.

[42] Li Y J, Deng Q Z, Zhou C, et al. Environmental governance strategies in a two-echelon supply chain with tax and subsidy interactions[J]. Annals of Operations Research, 2020(290): 439−462.

[43] Li Y, Ye F, Lin Q. Optimal lead time policy for short life cycle products under Conditional Value-at-Risk criterion[J]. Computers & Industrial Engineering, 2015(88): 354−365.

[44] Liang D, Cao W, Wang M. Credit rating of sustainable agricultural supply chain finance by integrating heterogeneous evaluation information and misclassification risk[J]. Annals of Operations Research, 2023(331): 189−213.

[45] Liao C H, Lu Q H. Coordinating a three-level fresh agricultural product supply chain considering option contract under spot price uncertainty[J]. Discrete Dynamics in Nature and Society, 2022(2): 2991241.

[46] Liu G W, Yang H F, Dai R. Which contract is more effective in improving product greenness under different power structures: Revenue sharing or cost sharing?[J]. Computers & Industrial Engineering, 2020(148): 106701.

[47] Liu R H, Tan C Q, Zhao C W. Pricing and coordination of vaccine supply chain based on blockchain technology[J]. Internet Research, 2021(6): 2096–2119.

[48] Liu Y H, Ma D Q, Hu J S, et al. Sales mode selection of fresh food supply chain based on blockchain technology under different channel competition [J]. Computers & Industrial Engineering, 2021(162): 107730.

[49] Mao H, Zhou L, Ifft J E, et al. Risk preferences, production contracts and technology adoption by broiler farmers in China[J]. China Economic Review, 2019(54): 147–159.

[50] Moussawi Haidar L, Salameh M, Nasr W. Production lot sizing with quality screening and rework[J]. Applied Mathematical Modelling, 2016(4): 3242–3256.

[51] Niu B Z, Jin D L, Pu X J. Coordination of channel members' efforts and utilities in contract farming operations[J]. European Journal of Operational Research, 2016(3): 869–883.

[52] Niu B Z, Shen Z F, Xie F F. The value of blockchain and agricultural supply chain parties' participation confronting random bacteria pollution[J]. Journal of Cleaner Production, 2021(319): 128579.

[53] Niu B Z, Xu H T, Dai Z P. Check Only Once? Health Information Exchange between Competing Private Hospitals[J]. Omega, 2022(107): 102556.

[54] Peng H J, Pang T. Optimal strategies for a three-level contract-farming supply chain with subsidy[J]. International Journal of Production Economics, 2019(216): 274–286.

[55] Peng X Z, Zhao Z Y, Wang X Y, et al. A review on blockchain smart contracts in the agri-food industry: Current state, application challenges and future trends[J]. Computers and Electronics in Agriculture, 2023(208): 107776.

[56] Pinçe Ç, Yücesan E, Bhaskara P G. Accurate response in agricultural supply

chains[J]. Omega, 2020(100): 102214.

[57] Qin J J, Fu H P, Wang Z P,et al. Financing and carbon emission reduction strategies of capital-constrained manufacturers in E-commerce supply chains[J]. International Journal of Production Economics, 2021(241): 108271.

[58] Ranganathan T, Ananthakumar U. Hedging in presence of crop yield, crop revenue and rain fall insurance[J]. Journal of Quantitative Economics, 2017 (1): 151-171.

[59] Rath S B, Preetam B, Mandal P, et al. Financing models for an online seller with performance risk in an E-commerce marketplace[J]. Transportation Research Part E: Logistics and Transportation Review, 2021(155): 102468.

[60] Rockafellar R T, Uryasev S. Conditional value-at-risk for general loss distributions[J]. Journal of banking & finance, 2002(7): 1443-1471.

[61] Rockafellar R T, Uryasev S. Optimization of conditional value-at-risk[J]. Journal of Risk, 2000(3): 21-41.

[62] Schütz P, Tomasgard A. The impact of flexibility on operational supply chain planning[J]. International Journal of Production Economics, 2011(2): 300-311.

[63] Seifert D, Seifert R W, Protopappa-Sieke M. A review of trade credit literature: Opportunities for research in operations[J]. European Journal of Operational Research, 2013(2): 245-256.

[64] Shan R B, Luo L, Kou R. Cost-sharing strategy for recycling and service investment in a closed-loop supply chain[J]. RAIRO-Operations Research, 2021(5): 2963-2990.

[65] Shen Y L, Willems S P, Dai Y. Channel selection and contracting in the presence of a retail platform[J]. Production and Operations Management, 2019(5): 1173-1185.

[66] Shi Z W, Cao E B. Contract farming problems and games under yield uncertainty[J]. Australian Journal of Agricultural and Resource Economics, 2020

(4): 1210−1238.

[67] Singh S, Bhaumik K. Contract farming for agricultural development: Review of theory and practice with special reference to India[J]. Reforming Indian Agriculture, 2008: 191−230.

[68] Song Z L, He S W. Contract coordination of new fresh produce three−layer supply chain[J]. Industrial Management & Data Systems, 2019(1): 148−169.

[69] Sun J, Keh H T, Lee A Y. Shaping Consumer Preference Using Alignable Attributes: The Roles of Regulatory Orientation and Construal Level[J]. International Journal of Research in Marketing, 2019(1): 151−168.

[70] Surti C, Celani A, Gajpal Y. The newsvendor problem: The role of prospect theory and feedback[J]. European Journal of Operational Research, 2020(1): 251−261.

[71] Tan Y Y, Guo C X, Cai D. Value-added service decision and coordination under fresh produce e-commerce considering order cancelation[J]. Managerial and Decision Economics, 2023(4): 2199−2210.

[72] Tang C S, Wang Y L, Zhao M. The Implications of Utilizing Market Information and Adopting Agricultural Advice for Farmers in Developing Economies [J]. Production and Operations Management, 2015(8): 1197−1215.

[73] Tang C S, Yang S A, Wu J. Sourcing from Suppliers with Financial Constraints and Performance Risk[J]. Manufacturing & Service Operations Management, 2017(1): 70−84.

[74] Tang R, Yang L. Financing strategy in fresh product supply chains under e-commerce environment[J]. Electronic Commerce Research and Applications, 2020(39): 100911.

[75] Tang S Y, Gurnani H, Gupta D. Managing disruptions in decentralized supply chains with endogenous supply process reliability[J]. Production and Operations Management, 2014(7): 1198−1211.

[76] Tanrisever F, Cetinay H, Reindorp M, et al. Reverse factoring for SME finance. 2015, (April 10), https://ssrn.com/abstract=2183991.

[77] Tao F, Wang Y Y, Zhu S H. Impact of blockchain technology on the optimal pricing and quality decisions of platform supply chains[J]. International Journal of Production Research, 2023(11): 3670–3684.

[78] Tao W, Zhao L, Wang G W, et al. Review of the internet of things communication technologies in smart agriculture and challenges[J]. Computers and Electronics in Agriculture, 2021(189): 106352.

[79] Tunca T I, Zhu W M. Buyer Intermediation in Supplier Finance[J]. Management Science, 2018(12): 5631–5650.

[80] Vliet K V D, Reindorp M J, Fransoo J C. The price of reverse factoring: Financing rates vs. payment delays[J]. European Journal of Operational Research, 2015(3): 842–853.

[81] Wang C F, Fan X J, Yin Z. Financing online retailers: Bank vs. electronic business platform, equilibrium, and coordinating strategy[J]. European Journal of Operational Research, 2019(1): 343–356.

[82] Wang C, Chen X. Optimal ordering policy for a price–setting newsvendor with option contracts under demand uncertainty[J]. International Journal of Production Research, 2015(20): 6279–6293.

[83] Wang D Q, Tang O, Zhang L H. A periodic review lot sizing problem with random yields, disruptions and inventory capacity[J]. International Journal of Production Economics, 2014(155): 330–339.

[84] Wang F, Diabat A, Wu L. Supply chain coordination with competing suppliers under price–sensitive stochastic demand[J]. International Journal of Production Economics, 2021(234): 108020.

[85] Wang Y X, Wen H Y, Hu Z Q, et al. Collaborative Innovation Strategy of Supply Chain in the Context of MCU Domestic Substitution: A Differential Game

Analysis[J]. Computational Economics, 2023(3): 1039–1074.

[86] Wang Z, Huo X N, Duan Y . Impact of government subsidies on pricing strategies in reverse supply chains of waste electrical and electronic equipment [J]. Waste Management, 2019(95): 440–449.

[87] Wu C F, Xu C F, Zhao Q H, et al. Research on financing strategy of low-carbon supply chain based on cost–sharing contract[J]. Environmental Science and Pollution Research, 2022(32): 48358–48375.

[88] Wu Q, Mu Y P, Feng Y. Coordinating contracts for fresh product outsourcing logistics channels with power structures[J]. International Journal of Production Economics, 2015(160): 94–105.

[89] Wu X Y, Fan Z P, Cao B B. An analysis of strategies for adopting blockchain technology in the fresh product supply chain[J]. International Journal of Production Research, 2023(11): 3717–3734.

[90] Wu Y L, Li X, Liu Q Q, et al. The analysis of credit risks in agricultural supply chain finance assessment model based on genetic algorithm and back-propagation neural network[J]. Computational Economics, 2021(20): 1–24.

[91] Wu Y Y, Yu L, Xiao N, et al. Characterization and evaluation of rice blast resistance of Chinese indica hybrid rice parental lines[J]. The Crop Journal, 2017(6): 509–517.

[92] Xiao D, Kuang X S, Chen K B. E–commerce supply chain decisions under platform digital empowerment–induced demand[J]. Computers & Industrial Engineering, 2020(150): 106876.

[93] Xiao S, Sethi S P, Liu M Q, et al. Coordinating Contracts for a Financially Constrained Supply Chain[J]. Omega, 2017(72): 71–86.

[94] Xu X H, Chen X F, Jia F, et al. Supply chain finance: A systematic literature review and bibliometric analysis[J]. International Journal of Production Economics, 2018(204): 160–173.

[95] Xu X P, He P, Xu H, et al. Supply chain coordination with green technology under cap–and–trade regulation[J]. International Journal of Production Economics, 2017(183): 433–442.

[96] Xu X P, Zhang M Y, Dou G W, et al. Coordination of a supply chain with an online platform considering green technology in the blockchain era[J]. International Journal of Production Research, 2023(11): 3793–3810.

[97] Yan B, Liu G D, Zhang Z Y, et al. Optimal financing and operation strategy of fresh agricultural supply chain[J]. Australian Journal of Agricultural and Resource Economics, 2020(3): 776–794.

[98] Yan N, Zhang Y P, Xu X, et al. Online finance with dual channels and bidirectional free–riding effect[J]. International Journal of Production Economics, 2021(231):107834.

[99] Yan Q, Luan M Q, Lin Y, et al. Equilibrium strategies in a supply chain with capital constrained suppliers: The impact of external financing[J]. Journal of Industrial & Management Optimization, 2021(6): 3027–3047.

[100] Yang H L, Zhen Z Y, Yan Q, et al. Mixed financing scheme in a capital–constrained supply chain: Bank credit and e–commerce platform financing [J]. International Transactions in Operational Research, 2021(4): 2423–2447.

[101] Yang L, Tang R H, Chen K B. Call, put and bidirectional option contracts in agricultural supply chains with sales effort[J]. Applied Mathematical Modelling, 2017(47): 1–16.

[102] Yang L, Zhang J, Shi X T. Can blockchain help food supply chains with platform operations during the COVID–19 outbreak? [J]. Electronic Commerce Research and Applications, 2021(49): 101093.

[103] Yang S, Qian W Y. Effect of government subsidies on supply chain decision–making and coordination in the context of COVID–19[J]. RAIRO–Operations Research, 2021(3): 1885–1907.

[104] Yano C A, Lee H L. Lot sizing with random yields: A review[J]. Operations Research, 1995(2): 311–334.

[105] Ye F, Lin Q, Li Y N. Coordination for contract farming supply chain with stochastic yield and demand under CVaR criterion[J]. Operational Research, 2020(1): 369–397.

[106] Yi Z L, Wang Y L, Chen Y J. Financing an Agricultural Supply Chain with a Capital‐Constrained Smallholder Farmer in Developing Economies[J]. Production and Operations Management, 2021(7): 2102–2121.

[107] Yu DD, Wan MY, Luo CC. Dynamic pricing and dual-channel choice in the presence of strategic consumers[J]. Managerial and Decision Economics, 2022(6): 2392–2408.

[108] Yu X, Zhang W G, Liu Y J. Coordination Mechanism for Contract Farming Supply Chain with Government Option Premium Subsidies[J]. Journal of Operational Research, 2019(5): 1–17.

[109] Zhang C, Wang YX, Ma P. Optimal channel strategies in a supply chain under green manufacturer financial distress with advance payment discount[J]. International Transactions in Operational Research, 2020(3): 1347–1370.

[110] Zhang L H, Zhang C, Yang J. Impacts of power structure and financing choice on manufacturer's encroachment in a supply chain [J]. Annals of Operations Research, 2023(1): 273–319.

[111] Zhao L M, Huchzermeier A. Managing supplier financial distress with advance payment discount and purchase order financing[J]. Omega, 2019(88): 77–90.

[112] Zhen X P, Shi D, Li Y J, et al. Manufacturer's financing strategy in a dual-channel supply chain: Third-party platform, bank, and retailer credit financing[J]. Transportation Research Part E, 2020(133): 101820.

[113] Zhou X J, Yang S X, Wang G L. Impacts of knowledge spillovers and cartel-

ization on cooperative innovation decisions with uncertain technology effi-ciency[J]. Computers & Industrial Engineering, 2020(143): 106395.

[114]蔡建湖,贾利爽,周青,等.考虑均值—方差风险量化的VMI供应链协调模型[J].管理科学学报,2023(3): 20-43.

[115]蔡建湖,蒋飞颖,薛婷婷,等.产出不确定环境下考虑供货承诺的定价与投入决策模型[J].控制与决策,2017(9): 1664-1671.

[116]陈剑,黄朔,刘运辉.从赋能到使能——数字化环境下的企业运营管理[J].管理世界,2020(2): 117-128, 222.

[117]陈静,魏航,陈敬贤.风险规避偏好下农副产品自然风险管理策略的选择:外部采购还是农业保险?[J].管理工程学报,2020(3): 175-190.

[118]陈军,张盟,曹群辉.考虑品牌推广补贴的农产品供应链收益共享契约[J].工业工程,2016(3): 1-6.

[119]陈祥锋,朱道立,应雯珺.资金约束与供应链中的融资和运营综合决策研究[J].管理科学学报,2008(3): 70-77, 105.

[120]陈永辉,涂虹羽,曾燕.农村供应链金融的贷款定价与生产调节机制[J].系统工程理论与实践,2018(7): 1706-1716.

[121]陈中洁,于辉.需求扰动下供应链反向保理的鲁棒决策[J].中国管理科学,2020(7): 89-101.

[122]代书桥,张旭刚,江志刚.区块链视角下供应链物流管理的优化研究[J].物流工程与管理,2023(5): 71-73,118.

[123]冯颖,高龙天,陈苏雨,等.收购价格机制对不同组织模式下订单农业供应链运作的影响[J].系统工程,2021(6): 81-89.

[124]伏红勇,但斌.不利天气影响下"公司+农户"型订单契约设计[J].中国管理科学,2015(11): 128-137.

[125]高前善.农业规模经济、农业生产方式与我国农地狭小经营的根源与出路[J].生产力研究,2007(2): 23-24,49.

[126]郭红东.龙头企业与农户订单安排与履约:理论和来自浙江企业的实证

分析[J]. 农业经济问题, 2006(2): 36–42, 79.

[127] 郭金森, 周永务, 钟远光. 基于资金约束零售商的双渠道制造商贸易信贷与提前订货折扣契约选择策略研究[J]. 系统工程理论与实践, 2017(5): 1254–1264.

[128] 郭娜, 王文利. 收购价不确定下订单农业供应链融资方式选择——外部融资 VS 内部融资[J]. 运筹与管理, 2020(12): 188–196, 230.

[129] 黄佳舟, 鲁其辉, 陈祥锋. 供应商融资中买方担保机制的价值影响研究[J]. 管理科学学报, 2022(7): 99–115.

[130] 黄建辉, 林强. 保证保险和产出不确定下订单农业供应链融资中的政府补贴机制[J]. 中国管理科学, 2019(3): 53–65.

[131] 黄建辉, 叶飞, 林强. 随机产出下考虑资金约束的农产品供应链补贴机制研究[J]. 管理学报, 2017(2): 277–285.

[132] 霍红, 贾雪莲, 徐玲玲. 电商参与融资的农产品供应链运营决策研究[J]. 工业工程与管理, 2020(3): 34–41, 74.

[133] 焦勇, 刘忠诚. 数字经济赋能智能制造新模式——从规模化生产、个性化定制到适度规模定制的革新[J]. 贵州社会科学, 2020(11): 148–154.

[134] 金伟, 骆建文. 竞争环境下面向资金约束供应商的均衡补偿策略[J]. 系统工程理论与实践, 2016(11): 2829–2838.

[135] 李娟, 徐渝, 冯耕中, 等. 基于存货质押融资业务的阶段贷款最优决策研究[J]. 运筹与管理, 2007(1): 9–13.

[136] 李丽君, 唐慧晴, 程富. 电商参与下基于市场权力结构差异的制造商定价及融资策略研究[J/OL]. 中国管理科学, 2024(7): 291–299.

[137] 李沿海, 赵玲. 供应商融资中买方的最优担保策略[J]. 中国管理科学, 2023(10): 12–19.

[138] 李志鹏, 朱淑珍, 吴筱菲. 电商参与下的供应链金融融资模式选择研究[J]. 系统工程, 2019(2): 129–138.

[139] 林强, 付文慧, 王永健. "公司+农户"型订单农业供应链内部融资决策[J].

系统工程理论与实践, 2021(5): 1162–1178.

[140] 刘涛, 康凯, 何孟雨. 供应链融资下的反向保理模式设计与机制优化: 风险规避与合作共赢视角[J]. 现代财经(天津财经大学学报), 2022(12): 77–92.

[141] 鲁其辉, 曾利飞, 周伟华. 供应链应收账款融资的决策分析与价值研究[J]. 管理科学学报, 2012(5): 10–18.

[142] 鲁其辉, 廖昌华. 区块链技术及渠道权力对绿色供应链决策影响[J]. 华东经济管理, 2023(8): 12–22.

[143] 米力阳, 尚春燕, 邱若臻. 考虑成长型企业风险偏好的闭环供应链融资模式[J]. 工业工程, 2023(2): 20–30.

[144] 彭红军, 庞涛. 产需不确定下面向资金约束供应商的供应链融资策略研究[J]. 运筹与管理, 2018(12): 10–18.

[145] 彭红军, 庞涛. 农业补贴政策下订单农业供应链融资与运作策略研究[J]. 管理工程学报, 2020(5): 155–163.

[146] 彭红军, 史立刚, 庞涛. 基于CVaR的产出随机订单农业供应链最优策略[J]. 统计与决策, 2019(20): 46–49.

[147] 浦徐进, 金德龙. 生鲜农产品供应链的运作效率比较: 单一"农超对接" vs. 双渠道[J]. 中国管理科学, 2017(1): 98–105.

[148] 綦颖, 赵曼. 数字技术赋能生鲜农产品供应链路径研究[J]. 农业经济, 2023(7): 129–130.

[149] 尚杰, 吉雪强. 区块链应用下生态农产品供应链优化[J]. 华南农业大学学报(社会科学版), 2020(4): 67–75.

[150] 沈建男, 骆建文. 资金约束供应链的付款激励与协调研究[J]. 管理工程学报, 2018(3): 112–118.

[151] 沈建男, 邵晓峰. 生产不确定下资金约束供应链的运营决策研究[J]. 管理工程学报, 2020(1): 210–222.

[152] 石大千, 李雪琴, 李丹丹. 智慧供应链建设如何提升企业绩效? ——基于

供应链韧性优化视角的分析[J/OL]. 中国管理科学, 2023, DOI: 10.16381/j.cnki.issn1003–207x.2023.0482.

[153] 史立刚, 彭红军, 丛静. 资金约束下订单农业供应链内外部融资策略研究[J]. 运筹与管理, 2020(4): 62–69.

[154] 宋驰, 熊朗羽, 李文, 等. 考虑随机产出的农产品供应链定价与协调[J]. 农业经济, 2022(8): 141–142.

[155] 宋晓晨, 毛基业. 基于区块链的组织间信任构建过程研究——以数字供应链金融模式为例[J]. 中国工业经济, 2022(11): 174–192.

[156] 苏钟海. 制造企业数据赋能实现敏捷制造系统机理研究[D]. 东北大学, 2020:17.

[157] 孙彩虹, 李振, 于辉. 产出不确定下新产品预售的鲁棒定价分析[J]. 计算机集成制造系统, 2022(4): 1246–1257.

[158] 孙新波, 苏钟海, 钱雨, 等. 数据赋能研究现状及未来展望[J]. 研究与发展管理, 2020(2): 155–166.

[159] 孙新波, 苏钟海. 数据赋能驱动制造业企业实现敏捷制造案例研究[J]. 管理科学, 2018(5): 117–130.

[160] 徒君, 黄敏, 赵世杰. 电商供应链物流服务契约设计与协调[J]. 计算机集成制造系统, 2018(6): 1579–1588.

[161] 涂国平, 冷碧滨. 基于博弈模型的"公司+农户"模式契约稳定性及模式优化[J]. 中国管理科学, 2010(3):148–157.

[162] 王聪, 郎坤, 朱雷, 等. "公司+农户"订单农业供应链信息共享决策研究[J]. 工业工程与管理, 2020(6): 191–198.

[163] 王道平, 朱梦影, 周玉. 区块链环境下基于产出不确定的供应链融资策略研究[J]. 管理评论, 2023(3): 257–266.

[164] 王明征, 周亮, 刘伟伟. 考虑违约风险时收益共享—贸易信贷契约下多个竞争零售商的供应链协调[J]. 运筹与管理, 2017(4): 1–11.

[165] 王伟, 李晓莉, 丁黎黎, 等. 碳限额交易机制下考虑零售商资金约束与订

购量竞争的供应链决策与协调研究[J].工业技术经济,2021(7):101-109.

[166]王文利,郭娜.考虑道德风险下订单农业供应链融资策略[J].系统管理学报,2020(2):240-250.

[167]王文利,郭娜.商业保险支持下订单农业供应链的运营决策[J].系统工程,2018(8):85-95.

[168]王晓博,刘伟,辛飞飞.政府担保预期、存款保险限额与银行风险承担[J].管理评论,2018(10):14-25.

[169]王永龙,蹇明.基于回购的风险分担协调契约设计[J].系统管理学报,2017(4):764-770.

[170]王志宏,施金钰,郭剑锋,等.基于预售融资和银行融资组合策略的风险规避供应链的决策研究[J].中国管理科学,2023(6):91-99.

[171]魏晓光,耿文琦,张倩,等.区块链技术赋能农产品销售供应链研究[J].南方农机,2023(6):24-27.

[172]温修春,何芳,马志强.我国农村土地间接流转供应链联盟的利益分配机制研究——基于"对称互惠共生"视角[J].中国管理科学,2014(7):52-58.

[173]肖迪,陈瑛,王佳燕,等.考虑平台数据赋能的电商供应链成本分担策略选择研究[J].中国管理科学,2021(10):58-69.

[174]肖迪,方慧敏,鲁其辉,等.平台品牌赋能情境下考虑信息不对称的供应链渠道冲突[J].控制与决策,2021(9):2123-2132.

[175]许彤.市场需求不确定条件下的订单农业供应链协调研究[J].技术经济与管理,2018(4):67-71.

[176]杨国华,刘斌.考虑退货策略和贸易信贷的库存运营策略选择研究[J].数学的实践与认识,2020(16):54-72.

[177]杨浩雄,贾怡萌,周永圣,等.产出不确定条件下农产品供应链内部融资研究[J].系统科学与数学,2023(4):914-928.

[178]叶飞,蔡子功."公司+农户"型订单农业供应链"双向补贴"机制研究[J].运筹与管理,2018(5):186-193.

[179] 叶飞, 蔡子功. "随行就市,保底收购"还是"土地入股"?——农户加盟农业组织模式的两难抉择[J]. 系统工程理论与实践, 2019(8): 2049–2057.

[180] 叶飞, 黄建辉, 林强. 资金约束下订单农业供应链中的农户最优决策[J]. 系统工程理论与实践, 2017(6): 1467–1478.

[181] 叶飞, 林强, 莫瑞君. 基于 B-S 模型的订单农业供应链协调机制研究[J]. 管理科学学报, 2012(1): 66–76.

[182] 叶飞, 林强. 销售价格受产出率影响下订单农业的定价模型[J]. 系统工程学报, 2015(3): 417–430.

[183] 叶飞, 王吉璞. 产出不确定条件下"公司+农户"型订单农业供应链协商模型研究[J]. 运筹与管理, 2017(7): 82–91.

[184] 叶飞, 谢泽飞, 蔡子功. 随机产出与需求下农户融资模式选择研究[J]. 运筹与管理, 2021, 30(9): 187–193.

[185] 于辉, 马云麟. 订单转保理融资模式的供应链金融模型[J], 系统工程理论与实践, 2015(7): 1733–1743.

[186] 余建军, 陈雨诗, 曾小燕. 预付款模式下农业供应链的生产与融资研究[J]. 运筹与管理, 2022(8): 156–163.

[187] 余星, 张卫国, 刘勇军. 基于农业保险的农产品供应链补贴机制研究[J]. 管理学报, 2017(10): 1546–1552.

[188] 袁红平, 张莉, 曹兵兵. 区块链技术赋能的馈赠型产品供应链隐私保护与信誉维护决策研究[J/OL]. 中国管理科学, 2023, DIO: 10.16381/j.cnki.issn1003–207x.2023.0496.

[189] 占济舟, 舒友国. 生产资金约束下供应商融资方式的选择策略[J]. 系统管理学报, 2017(4): 779–786.

[190] 张华, 顾新. 供应链竞争下制造商数字化转型的博弈均衡研究[J/OL]. 中国管理科学, 2024(6): 163–172.

[191] 赵霞, 吴方卫. 随机产出与需求下农产品供应链协调的收益共享合同研究[J]. 中国管理科学, 2009(5): 88–95.

[192] 赵晓敏, 翟礼滢, 蒋茵. 基于数字化赋能的平台供应链演化博弈决策[J]. 管理学报, 2023(6): 925-935.

[193] 赵忠. 基于 CVaR 的生鲜农产品供应链协调与优化[J]. 系统工程, 2018 (10): 111-117.

[194] 郑琪, 范体军. 考虑风险偏好的生鲜农产品供应链激励契约设计[J]. 管理工程学报, 2018(2): 171-178.

[195] 朱国军, 王修齐, 孙军. 工业互联网平台企业成长演化机理——交互赋能视域下双案例研究[J]. 科技进步与对策, 2020(24): 108-115.

[196] 朱雷, 王国红, 王聪. 不同融资模式下"公司+农户"订单农业供应链运营决策[J]. 工业工程与管理, 2019(5): 16-21, 31.

[197] 左晓露, 刘志学, 施文. 随机产出与需求条件下的响应性定价策略[J]. 计算机集成制造系统, 2014(10):2563-2571.

附　录

附录1　第三章结论的证明

附录1.1　阈值的符号表示法

命题 3.2	$\hat{r}_2 = \dfrac{p\alpha^2 q(1+2r_1) - \eta_{\mathrm{F}}(1+r_1)}{p\alpha^2 q + \eta_{\mathrm{F}}(1+r_1)}$ $\tilde{r}_2 = \dfrac{\eta_{\mathrm{F}}(r_1-1) + p\alpha^2 q}{2\eta_{\mathrm{F}}}$	$\beta_1 = \dfrac{p\alpha^2 q - \eta_{\mathrm{F}}(1+r_1)}{\left[2p\alpha^2 q - \eta_{\mathrm{F}}(1+R)\right](1+r_1) - p\alpha^2 q(1+R)}$ $\beta_2 = \dfrac{p\alpha^2 q - \eta_{\mathrm{F}}(1+r_1)}{(1+R)\left[p\alpha^2 q + \eta_{\mathrm{F}}(1+r_1) - 2\eta_{\mathrm{F}}(1+R)\right]}$
推论 3.2	$\bar{r}_2 = \dfrac{\sqrt{\rho\eta_{\mathrm{F}}(\rho\eta_{\mathrm{F}}M^2 + \eta_{\mathrm{P}}K)} - (\beta\eta_{\mathrm{P}} + M)\rho\eta_{\mathrm{F}}}{\beta\eta_{\mathrm{P}}\rho\eta_{\mathrm{F}}}$	
命题 3.4	$\hat{r}_1 = \dfrac{p\eta_{\mathrm{P}}\alpha^2 q + \left[Z(\eta_{\mathrm{P}} + M) - K\right](1+r_2)}{\rho\eta_{\mathrm{F}}\left[\beta\eta_{\mathrm{P}}(1+r_2) + M\right]} - 1$	
命题 3.5	$\eta_{\mathrm{P0}}^{\mathrm{B}} = \dfrac{\beta p\gamma^2 qN}{\beta p\alpha^2 q - N}$ $\Delta_{\eta_{\mathrm{P2}}} = \mathrm{B}_1^2 + 4A_1 C_1$ $\eta_{\mathrm{P1}} =$ $\dfrac{\beta\gamma^2 \rho N\left[p\alpha^2 q + \eta_{\mathrm{F}}(1+r_1)\right]^2}{2\alpha^2(\rho-1)\left[\beta p^2\alpha^4 q^2 - \eta_{\mathrm{F}}(1+r_1)N\right]}$ $\eta_{\mathrm{P2}} = \dfrac{\sqrt{\Delta_{\eta_{\mathrm{P2}}}} - \mathrm{B}_1}{2A_1}$	$T_1 = \left[p\alpha^2 q - \eta_{\mathrm{F}}(1+r_1)\right]p\alpha^2 q +$ $\left[p\alpha^2 q - \eta_{\mathrm{F}}(1+r_1)\right]3\eta_{\mathrm{F}}(1+r_1)$ $A_1 = 4\alpha^4(\beta p\alpha^2 q - N)(\beta p\alpha^2 q + 3N)_1$ $- 4\alpha^4\rho\beta^2 T$ $\mathrm{B}_1 = 4\beta\gamma^2\alpha^2 N(\rho\beta T_1 - 4p\alpha^2 qN)$ $C_1 = \beta^2\gamma^4 N^2(\rho T_1 + 4p^2\alpha^4 q^2)$

命题 3.6	$$N_1 = \frac{\alpha^2\left[\beta^2 p\gamma^2 q\eta_F(1+r_1) + K - \sqrt{\beta^3 p\gamma^2 q\eta_F^2(1+r_1)^2(\eta_P+M) + K^2}\right]}{\beta\gamma^2\left[p\alpha^2 q - \eta_F(1+r_1)\right]}$$ $$N_2 = \frac{2\beta\eta_P\alpha^2\eta_F(1+r_1)}{\alpha^2(\eta_P+M) + \beta\gamma^2\eta_F(1+r_1)}$$
命题 3.7	$$T_2 = \beta\left[p\alpha^2 q - \eta_F(1+r_2)\right]\left\{2\eta_F + \beta\left[p\alpha^2 q + \eta_F(1+r_2)\right]\right\}$$ $$A_2 = \alpha^2\left\{(\beta p\alpha^2 q - Z)\left[\beta(1+r_2)(\beta p\alpha^2 q + Z) + 2Z\right] - \rho\alpha^2(1+\beta+\beta r_2)^2 T_2\right\}$$ $$B_2 = 2\alpha^2\beta\gamma^2 Z\left\{pq\left(\beta p\alpha^2 q\left[1-\beta(1+r_2)\right] - 2Z\right) + \rho(1+\beta+\beta r_2)(1+r_2)T_2\right\}$$ $$C_2 = \beta^2\gamma^4 Z^2\left\{p^2\alpha^2 q^2\left[2-\beta(1+r_2)\right] + \rho(1+r_2)^2 T_2\right\}$$ $$\Delta_{\eta_{P3}} = B_2^2 + 4A_2 C_2 \quad \eta_{P0}^P = \frac{\beta p\gamma^2 qZ}{\beta p\alpha^2 q - Z} \quad \eta_{P3} = \frac{\sqrt{\Delta_{\eta_{P3}}} - B_2}{2A_2}$$
命题 3.8	$$\eta_{P6} = \frac{\beta\gamma^2\left[p\alpha^2 q\rho + Z(1+r_2)\right]}{\alpha^2(1+\beta+\beta r_2)(1-\rho)}$$ $$\eta_{P5} = \frac{\gamma^2 Zp\alpha^2 q}{p\alpha^4 q(1+\beta+\beta r_2)(1-\rho)} + \frac{\gamma^2 Z\left[\beta p\alpha^2 q(1-\rho) + Z\right](1+r_2)}{p\alpha^4 q(1+\beta+\beta r_2)(1-\rho)}$$
模型拓展	$$\varphi_2 = \frac{\lambda\left[K - \beta\bar{\lambda}\eta_P Z(1+r_2) - (\bar{\lambda}+1)ZM\right]}{\beta\eta_P(1+\beta+\beta r_2)\left[p\alpha^2 q + \bar{\lambda}^2 Z(1+r_2)\right]}$$ $$\lambda_2 = \frac{K(\eta_P\alpha^2 - \gamma^2 Z) + \eta_P\alpha^2\rho\eta_F M}{\gamma^2 Z(K - MZ)}$$ $$\varphi_1 = \frac{\left[\lambda + 2\beta\bar{\lambda}(1+r_1)\right](K+\eta_P N)}{2\beta\eta_P\left\{p\alpha^2 q\left[\lambda+\beta\bar{\lambda}(1+r_1)\right] + \bar{\lambda}^2 N(1+r_1)\right\}} + \frac{\lambda\beta p\gamma^2 qN\left[1+\beta\bar{\lambda}(1+r_1)\right]}{2\beta\eta_P\left\{p\alpha^2 q\left[\lambda+\beta\bar{\lambda}(1+r_1)\right] + \bar{\lambda}^2 N(1+r_1)\right\}}$$ $$\lambda_1 = \frac{\beta(1+r_1)K(2\eta_P\alpha^2 - \gamma^2 N) - \eta_P\alpha^2(K-MN)}{\beta\gamma^2(1+r_1)N(K-MN)}$$

附录1.2 命题证明

【引理3.2的证明】

首先，从 $\partial^2\Pi_F^{PN}/\partial e_F^2 = -\beta\eta_F(1+r_2) < 0$ 可以看出 Π_F^{PN} 是凹函数。

其次，通过 $\partial\Pi_F^{PN}/\partial e_F = \beta\left[waq - \eta_F e_F(1+r_2)\right] = 0$，可以得到

$$e_F(w) = \frac{waq}{\eta_F(1+r_2)}。$$

将 $e_F(w)$ 代入 $\Pi_P^{PN}(w)$ 中，得到以下一阶和二阶条件：

$$\frac{\partial \Pi_P^{PN}}{\partial w} = \frac{\beta q\big[(p-2w)a^2q - \eta_F(1+r_2)\big]}{\eta_F(1+r_2)} + \frac{(\beta r_2 - \overline{\beta})wa^2q^2}{\eta_F(1+r_2)^2} = 0,$$

$$\frac{\partial^2 \Pi_P^{PN}}{\partial w^2} = -\frac{(1+\beta+\beta r_2)a^2q^2}{\eta_F(1+r_2)^2} < 0。$$

通过上述方程，得到 $w^{PN} = \dfrac{\beta(1+r_2)\big[pa^2q - \eta_F(1+r_2)\big]}{(1+\beta+\beta r_2)a^2q}$，将 w^{PN} 代入

PTA 水平的函数中，得到最优利润 Π_F^{PN} 和 Π_P^{PN}。

【命题 3.1 的证明】

当 $r_1 = r_2 = r$ 时，有：

$$e_F^{PN} - e_F^{BN} = \frac{\big[\beta(1+r)-1\big]\big[pa^2q - \eta_F(1+r)\big]}{2(1+r)(1+\beta+\beta r)a\eta_F}$$

$$w^{PN} - w^{BN} = \frac{\big[\beta(1+r)-1\big]\big[pa^2q - \eta_F(1+r)\big]}{2(1+\beta+\beta r)a^2q}$$

$$\Pi_F^{PN} - \Pi_F^{BN} =$$

$$\frac{\beta\big[\beta(1+r)-1\big]\big[pa^2q - \eta_F(1+r)\big]\big\{\eta_F(1+r)\big[3+\beta(1+r)\big] + pa^2q\big[1+3\beta(1+r)\big]\big\}}{8a^2\eta_F(1+\beta+\beta r)^2(1+r)}$$

从上述方程可以知道，决策变量的大小比较取决于 $\beta(1+r)-1$ 的正负。根据条件 $0<\beta\leqslant1$ 和 $0<r\leqslant1$，得到 $\beta(1+r)-1<2\beta-1$。当 $0<\beta\leqslant 1/2$ 时，$\beta(1+r)-1<0$。

最后，当 $1/2<\beta<1$ 时，$\beta(1+r)-1$ 的大小取决于 r。此时，若 $0<r<\overline{\beta}/\beta$，则 $\beta(1+r)-1<0$。

综上，可以得到：

(1)若 $0<\beta\leqslant1/2$，或 $1/2<\beta<1$ 且 $0<r<\overline{\beta}/\beta$，则

$e_F^{PN} < e_F^{BN}, w^{PN} < w^{BN}, \Pi_F^{PN} < \Pi_F^{BN}$。

（2）若$1/2 < \beta < 1$且$\overline{\beta}/\beta \leqslant r < 1$，则$e_F^{PN} \geqslant e_F^{BN}$，$w^{PN} \geqslant w^{BN}$，$\Pi_F^{PN} \geqslant \Pi_F^{BN}$。

【命题3.2的证明】

当$r_1 \neq r_2$时，证明过程如下。

（1）有

$$e_F^{PN} - e_F^{BN} =$$

$$\frac{\beta\left\{2p\alpha^2 q(1+r_1) - \left[\eta_F(1+r_1) + p\alpha^2 q\right](1+r_2)\right\} - p\alpha^2 q + (1+r_1)\eta_F}{2(1+r_1)(1+\beta+\beta r_2)\alpha\eta_F}。$$

从$p\alpha^2 q > \eta_F(1+r_1)$可以得到，当

$$2p\alpha^2 q(1+r_1) - \left[\eta_F(1+r_1) + p\alpha^2 q\right](1+r_2) \leqslant e_F^{PN} - e_F^{BN} < 0\text{时},$$

$\hat{r}_2 \leqslant r_2 < 1$。

当$2p\alpha^2 q(1+r_1) - \left[\eta_F(1+r_1) + p\alpha^2 q\right](1+r_2) > 0$，即$0 < r_2 < \hat{r}_2$时，若$0 < \beta < \beta_1$，则$e_F^{PN} - e_F^{BN} < 0$；若$\beta_1 \leqslant \beta < 1$，则$e_F^{PN} - e_F^{BN} \geqslant 0$。

（2）有

$$w^{PN} - w^{BN} = \frac{\eta_F(1+r_1) - p\alpha^2 q - \beta(1+r_2)\left[2\eta_F(1+r_2) - \eta_F(1+r_1) - p\alpha^2 q\right]}{2(1+\beta+\beta r_2)\alpha^2 q}。$$

从$p\alpha^2 q > \eta_F(1+r_1)$可以得到，当

$$2\eta_F(1+r_2) - \eta_F(1+r_1) - p\alpha^2 q \geqslant 0, w^{PN} - w^{BN} < 0\text{时},$$

$\tilde{r}_2 \leqslant r_2 < 1$。

当$2\eta_F(1+r_2) - \eta_F(1+r_1) - p\alpha^2 q < 0$，即$0 < r_2 < \tilde{r}_2$时，若$0 < \beta < \beta_2$，则$w^{PN} - w^{BN} < 0$；若$\beta_2 \leqslant \beta < 1$，则$w^{PN} - w^{BN} \geqslant 0$。

（3）显然，有$\hat{r}_2 - \tilde{r}_2 = -\dfrac{\left[p\alpha^2 q - \eta_F(1+r_1)\right]^2}{2\eta_F\left[p\alpha^2 q + \eta_F(1+r_1)\right]} < 0$。

从$\beta_1 - \beta_2 =$

$$\frac{2(r_2-r_1)\big[\,p\alpha^2q-\eta_F(1+r_1)\big]\big[\,p\alpha^2q-\eta_F(1+r_2)\big]}{(1+r_2)\big[\,p\alpha^2q+\eta_F(1+r_1)-2\eta_F(1+r_2)\big]\big\{\big[2p\alpha^2q-\eta_F(1+r_2)\big](1+r_1)-p\alpha^2q(1+r_2)\big\}},$$

发现 β_1 和 β_2 之间的大小关系与 r_2-r_1 呈正相关和负相关。

【引理 3.3 的证明】

从 $\partial^2\Pi_F^{BD}/\partial e_F^2=-\beta\rho\eta_F(1+r_1)<0$ 和 $\partial^2\Pi_P^{BD}/\partial e_P^2=-\eta_P<0$，可以看出 Π_F^{BD} 是关于 e_F 的凹函数，Π_P^{BD} 是关于 e_P 的凹函数。

然后，通过 $\partial\Pi_F^{BD}/\partial e_F=\beta\big[waq-\rho\eta_Fe_F(1+r_1)\big]=0$ 和 $\dfrac{\partial\Pi_P^{BD}}{\partial e_P}=\beta\gamma(p-w)q-\eta_Pe_P=0$，有：$e_F(w)=\dfrac{waq}{\rho\eta_F(1+r_1)}$，$e_P(w)=\dfrac{\beta\gamma(p-w)q}{\eta_P}$。

将 $e_F(w)$ 和 $e_P(w)$ 代入 $\Pi_P^{BD}(w)$，得到以下一阶和二阶条件：

$$\frac{\partial\Pi_P^{BD}}{\partial w}=\frac{\big[\beta\alpha^2q\eta_P(p-2w)-\eta_PN-\beta\gamma^2q(p-w)N\big]q}{\eta_P\rho\eta_F(1+r_1)}=0,\quad \frac{\partial^2\Pi_P^{BD}}{\partial w^2}=$$

$$-\frac{\beta q^2(2\eta_P\alpha^2-\gamma^2N)}{\eta_P\rho\eta_F(1+r_1)}<0。$$

求解上述方程得到 $w^{BD}=\dfrac{K-MN}{\beta q(2\eta_P\alpha^2-\gamma^2N)}$。

将 w^{BD} 代入 PDE 水平和 PTA 水平的函数中，得到 $e_P^{BD}=\dfrac{\gamma(\beta p\alpha^2q+N)}{2\eta_P\alpha^2-\gamma^2N}$ 和 $e_F^{BD}=\dfrac{\alpha(K-MN)}{N(2\eta_P\alpha^2-\gamma^2N)}$。

将 w^{BD}，e_P^{BD} 和 e_F^{BD} 代入农户和平台的预期利润函数中，可以得到利润函数 Π_F^{BD} 和 Π_P^{BD}。

【推论 3.1 的证明】

可以分别对 r_1 求得 e_F^{BD}，e_P^{BD}，w^{BD} 和 Π_P^{BD} 的一阶导数。

$$\frac{\partial e_F^{BD}}{\partial r_1} = -\frac{\alpha\left[M\gamma^2 N^2 + 2K\left(\eta_P\alpha^2 - \gamma^2 N\right)\right]}{N(1+r_1)\left(2\eta_P\alpha^2 - \gamma^2 N\right)^2} < 0,$$

$$\frac{\partial e_P^{BD}}{\partial r_1} = \frac{\beta\gamma\alpha^2\rho\eta_F(\eta_P + M)}{\left(2\eta_P\alpha^2 - \gamma^2 N\right)^2} > 0,$$

$$\frac{\partial w^{BD}}{\partial r_1} = -\frac{\eta_P\alpha^2\rho\eta_F(\eta_P + M)}{q\left(2\eta_P\alpha^2 - \gamma^2 N\right)^2} < 0, \quad \frac{\partial \Pi_P^{BD}}{\partial r_1} = -\frac{\alpha^2\left(K + \eta_P N\right)(K - MN)}{(1+r_1)N\left(2\eta_P\alpha^2 - \gamma^2 N\right)^2} < 0。$$

【引理 3.4 的证明】

从 $\partial^2\Pi_F^{PD}/\partial e_F^2 = -\beta\rho\eta_F(1+r_2) < 0$ 和 $\partial^2\Pi_P^{PD}/\partial e_P^2 = -\eta_P < 0$ 可以看出，Π_F^{PD} 是关于 e_F 的凹函数，而 Π_P^{PD} 是关于 e_P 的凹函数。

然后，通过 $\dfrac{\partial\Pi_F^{PD}}{\partial e_F} = \beta\left[w\alpha q - \rho\eta_F e_F(1+r_2)\right] = 0$ 和 $\dfrac{\partial\Pi_P^{PD}}{\partial e_P} = \beta\gamma(p-w)q - \eta_P e_P = 0$，有 $e_F(w) = \dfrac{w\alpha q}{\rho\eta_F(1+r_2)}$，$e_P(w) = \dfrac{\beta\gamma(p-w)q}{\eta_P}$。

将 $e_F(w)$ 和 $e_P(w)$ 代入 $\Pi_P^{PD}(w)$，得到以下一阶和二阶条件：

$$\frac{\partial\Pi_P^{PD}}{\partial w} = \frac{q(1+r_2)(K-MZ) - \left[\eta_P\alpha^2 + \beta(\eta_P\alpha^2 - \gamma^2 Z)(1+r_2)\right]q^2 w}{\eta_P\rho\eta_F(1+r_2)^2} = 0,$$

$$\frac{\partial^2\Pi_P^{PD}}{\partial w^2} = \frac{q^2\left[\beta\gamma^2 Z(1+r_2) - (1+\beta+\beta r_2)\eta_P\alpha^2\right]}{\eta_P\rho\eta_F(1+r_2)^2} < 0。$$

求解上述方程，得到 $w^{PD} = \dfrac{(1+r_2)(K-MZ)}{(1+\beta+\beta r_2)\eta_P\alpha^2 q - \beta\gamma^2 qZ(1+r_2)}$。

将 w^{PD} 代入 PDE 水平和 PTA 水平的函数中，得到

$$e_P^{PD} = \frac{\beta\gamma\left[p\alpha^2 q + Z(1+r_2)\right]}{(1+\beta+\beta r_2)\eta_P\alpha^2 - \beta\gamma^2 Z(1+r_2)} \text{和}$$

$$e_F^{PD} = \frac{\alpha(K-MZ)}{\rho\eta_F\left[(1+\beta+\beta r_2)\eta_P\alpha^2 - \beta\gamma^2 Z(1+r_2)\right]}。$$

将 w^{PD}，$e_{\mathrm{P}}^{\mathrm{PD}}$ 和 $e_{\mathrm{F}}^{\mathrm{PD}}$ 代入农户和平台的预期利润函数中，可以得到利润函数 $\mathrm{II}_{\mathrm{F}}^{\mathrm{PD}}$ 和 $\mathrm{II}_{\mathrm{P}}^{\mathrm{PD}}$。

【推论 3.2 的证明】

(1)有

$$\frac{\partial e_{\mathrm{F}}^{\mathrm{PD}}}{\partial R}=\frac{\beta\alpha\left[-\beta^2\gamma^2\rho^2\eta_{\mathrm{F}}^2 M\left(1+r_2\right)^2+2\beta\gamma^2\rho\eta_{\mathrm{F}}K\left(1+r_2\right)-\eta_{\mathrm{P}}\alpha^2\left(K+M\rho\eta_{\mathrm{F}}\right)\right]}{\rho\eta_{\mathrm{F}}\left[\left(1+\beta+\beta r_2\right)\eta_{\mathrm{P}}\alpha^2-\beta^2\gamma^2\rho\eta_{\mathrm{F}}\left(1+r_2\right)^2\right]^2}。$$

令

$$f\left(1+r_2\right)=-\beta^2\gamma^2\rho^2\eta_{\mathrm{F}}^2 M\left(1+r_2\right)^2+2\beta\gamma^2\rho\eta_{\mathrm{F}}K\left(1+r_2\right)-\eta_{\mathrm{P}}\alpha^2\left(K+M\rho\eta_{\mathrm{F}}\right),$$

易知 $\dfrac{\partial e_{\mathrm{F}}^{\mathrm{PD}}}{\partial r_2}$ 和函数 $f\left(1+r_2\right)$ 的正负值相同。根据判别式 $\Delta_{1+r_2}=-4\beta^2\gamma^2\rho^2\eta_{\mathrm{F}}^2\eta_{\mathrm{P}}\alpha^2\left(\rho\eta_{\mathrm{F}}M^2+\eta_{\mathrm{P}}K\right)<0$ 和 $-\beta^2\gamma^2\rho^2\eta_{\mathrm{F}}^2 M<0$，可以看出 $f\left(1+r_2\right)=0$ 没有实根且 $f\left(1+r_2\right)<0$，即 $\partial e_{\mathrm{F}}^{\mathrm{PD}}/\partial r_2<0$。

(2)有 $\dfrac{\partial e_{\mathrm{P}}^{\mathrm{PD}}}{\partial r_2}=\dfrac{\beta^2\gamma\alpha^2\left[\beta\eta_{\mathrm{P}}\rho\eta_{\mathrm{F}}\left(1+r_2\right)^2+2M\rho\eta_{\mathrm{F}}\left(1+r_2\right)-\eta_{\mathrm{P}}p\alpha^2 q\right]}{\left[\left(1+\beta+\beta r_2\right)\eta_{\mathrm{P}}\alpha^2-\beta^2\gamma^2\rho\eta_{\mathrm{F}}\left(1+r_2\right)^2\right]^2}。$

令 $f\left(1+r_2\right)=\beta\eta_{\mathrm{P}}\rho\eta_{\mathrm{F}}\left(1+r_2\right)^2+2M\rho\eta_{\mathrm{F}}\left(1+r_2\right)-\eta_{\mathrm{P}}p\alpha^2 q。$

根据 $\Delta_{1+r_2}=4\rho\eta_{\mathrm{F}}\left(\rho\eta_{\mathrm{F}}M^2+\eta_{\mathrm{P}}K\right)>0$，可以看出 $f\left(1+r_2\right)$ 有两个根，它们分别是

$$1+\bar{r}_2=\frac{\sqrt{\rho\eta_{\mathrm{F}}\left(\rho\eta_{\mathrm{F}}M^2+\eta_{\mathrm{P}}K\right)}-\rho\eta_{\mathrm{F}}M}{\beta\eta_{\mathrm{P}}\rho\eta_{\mathrm{F}}},$$

$$1+\tilde{r}_2=-\frac{\rho\eta_{\mathrm{F}}M+\sqrt{\rho\eta_{\mathrm{F}}\left(\rho\eta_{\mathrm{F}}M^2+\eta_{\mathrm{P}}K\right)}}{\beta\eta_{\mathrm{P}}\rho\eta_{\mathrm{F}}}<0。$$

因此，当 $0<r_2\leqslant\min\left(1,\bar{r}_2\right)$ 时，$\partial e_{\mathrm{P}}^{\mathrm{PD}}/\partial r_2<0$，否则 $\partial e_{\mathrm{P}}^{\mathrm{PD}}/\partial r_2>0$。

类似地，有

$$\frac{\partial w^{\mathrm{PD}}}{\partial r_2} = -\frac{\beta \eta_{\mathrm{P}} \alpha^2 \left[\beta \eta_{\mathrm{P}} \rho \eta_{\mathrm{F}} (1+r_2)^2 + 2M \rho \eta_{\mathrm{F}} (1+r_2) - \eta_{\mathrm{P}} p \alpha^2 q\right]}{q \left[(1+\beta+\beta r_2) \eta_{\mathrm{P}} \alpha^2 - \beta^2 \gamma^2 \rho \eta_{\mathrm{F}} (1+r_2)^2\right]^2}。$$

发现 $\partial w^{\mathrm{PD}}/\partial r_2$ 与 $\partial e_{\mathrm{P}}^{\mathrm{PD}}/\partial r_2$ 相反,因此,当 $0 < r_2 \leqslant \min(1, \bar{r}_2)$ 时,$\partial w^{\mathrm{PD}}/\partial r_2 > 0$,否则 $\partial w^{\mathrm{PD}}/\partial r_2 < 0$。

【命题3.3的证明】

当 $r_1 = r_2 = r$ 时,有:

$$e_{\mathrm{F}}^{\mathrm{PD}} - e_{\mathrm{F}}^{\mathrm{BD}} = \frac{\left[\beta(1+r)-1\right] \eta_{\mathrm{P}} \alpha^3 (K-MZ)}{N(2\eta_{\mathrm{P}} \alpha^2 - \gamma^2 N)\left[\eta_{\mathrm{P}} \alpha^2 + \beta(1+r)(\eta_{\mathrm{P}} \alpha^2 - \gamma^2 Z)\right]},$$

$$e_{\mathrm{P}}^{\mathrm{PD}} - e_{\mathrm{P}}^{\mathrm{BD}} = \frac{\left[1-\beta(1+r)\right] \gamma \alpha^2 (K-MZ)}{(2\eta_{\mathrm{P}} \alpha^2 - \gamma^2 N)\left[\eta_{\mathrm{P}} \alpha^2 + \beta(1+r)(\eta_{\mathrm{P}} \alpha^2 - \gamma^2 Z)\right]},$$

$$w^{\mathrm{PD}} - w^{\mathrm{BD}} = \frac{\left[\beta(1+r)-1\right] \eta_{\mathrm{P}} \alpha^2 (K-MZ)}{\beta q (2\eta_{\mathrm{P}} \alpha^2 - \gamma^2 N)\left[\eta_{\mathrm{P}} \alpha^2 + \beta(1+r)(\eta_{\mathrm{P}} \alpha^2 - \gamma^2 Z)\right]}。$$

然后,证明过程类似于命题3.1,因此省略。

【命题3.4的证明】

当 $r_1 \neq r_2$ 时,有:

$$e_{\mathrm{P}}^{\mathrm{PD}} - e_{\mathrm{P}}^{\mathrm{BD}} =$$

$$\frac{\beta \gamma \alpha^2 \left\{\eta_{\mathrm{P}} p \alpha^2 q + \left[Z(\eta_{\mathrm{P}}+M)-K\right](1+r_2) - \left[\beta \eta_{\mathrm{P}}(1+r_2)+M\right] \rho \eta_{\mathrm{F}}(1+r_1)\right\}}{(2\eta_{\mathrm{P}} \alpha^2 - \gamma^2 N)\left[\eta_{\mathrm{P}} \alpha^2 + \beta(1+r_2)(\eta_{\mathrm{P}} \alpha^2 - \gamma^2 Z)\right]},$$

$$w^{\mathrm{PD}} - w^{\mathrm{BD}} =$$

$$\frac{\eta_{\mathrm{P}} \alpha^2 \left\{\rho \eta_{\mathrm{F}}(1+r_1)\left[\beta \eta_{\mathrm{P}}(1+r_2)+M\right] - \left(\eta_{\mathrm{P}} p \alpha^2 q + \left[Z(\eta_{\mathrm{P}}+M)-K\right](1+r_2)\right)\right\}}{q(2\eta_{\mathrm{P}} \alpha^2 - \gamma^2 N)\left[(1+\beta+\beta r_2) \eta_{\mathrm{P}} \alpha^2 - \beta^2 \gamma^2 \rho \eta_{\mathrm{F}}(1+r_2)^2\right]}。$$

从以上等式可以知道,若 $0 < r_1 < \min(1, \hat{r}_1)$,则 $e_{\mathrm{P}}^{\mathrm{PD}} > e_{\mathrm{P}}^{\mathrm{BD}}$,$w^{\mathrm{PD}} < w^{\mathrm{BD}}$,否则 $e_{\mathrm{P}}^{\mathrm{PD}} \leqslant e_{\mathrm{P}}^{\mathrm{BD}}$,$w^{\mathrm{PD}} \geqslant w^{\mathrm{BD}}$。

【命题3.5的证明】

(1)有 $\Pi_F^{BD} - \Pi_F^{BN} = \dfrac{A_1\eta_P^2 + B_1\eta_P - C_1}{8\alpha^2 N\left(2\eta_P\alpha^2 - \gamma^2 N\right)^2}$。

记 $f\left(\eta_P\right) = A_1\eta_P^2 + B_1\eta_P - C_1$。只需要弄清楚 $f\left(\eta_P\right)$ 的正负范围,其中 $\eta_P > 0$。

如果 $A_1 > 0$,则有 $\Delta_{\eta_{P2}} > 0$,因此可以知道 $f\left(\eta_P\right)$ 有两个根。方程的两个根可以通过以下方式得到:$\eta_{P1} = \dfrac{-\sqrt{\Delta_{\eta_{P1}}} - B_1}{2A_1} < 0$ 和 $\eta_{P2} = \dfrac{\sqrt{\Delta_{\eta_{P2}}} - B_1}{2A_1} > 0$。

因此,当 $\eta_P > \max\left(\eta_{P0}^B, \eta_{P2}\right)$ 时,$\Pi_F^{BD} > \Pi_F^{BN}$,否则 $\Pi_F^{BD} \leqslant \Pi_F^{BN}$。

如果 $A_1 < 0$,则只有当 $\Delta_{\eta_{P2}} > 0$ 时,$f\left(\eta_P\right)$ 才有两个根。因此,当 $\eta_{P0}^B < \eta_P < \eta_{P2}$ 时,$\Pi_F^{BD} > \Pi_F^{BN}$,否则 $\Pi_F^{BD} \leqslant \Pi_F^{BN}$。

(2)有 $\Pi_P^{BD} - \Pi_P^{BN} =$

$$\dfrac{\beta\left\{\beta\gamma^2\rho N\left[p\alpha^2 q + \eta_F\left(1 + r_1\right)\right]^2 - 2\alpha^2\left(\rho - 1\right)\left[\beta p^2\alpha^4 q^2 - \eta_F\left(1 + r_1\right)N\right]\eta_P\right\}}{4\alpha^2 N\left(2\eta_P\alpha^2 - \gamma^2 N\right)}。$$

令

$$f\left(\eta_P\right) = \beta\gamma^2\rho N\left[p\alpha^2 q + \eta_F\left(1 + r_1\right)\right]^2 - 2\alpha^2\left(\rho - 1\right)\left[\beta p^2\alpha^4 q^2 - \eta_F\left(1 + r_1\right)N\right]\eta_P。$$

当 $0 < \rho \leqslant 1$ 时,$f\left(\eta_P\right) > 0$,即 $\Pi_P^{BD} > \Pi_P^{BN}$。

然后,根据假设 $0 < N < \dfrac{K}{M}$,即 $0 < \eta_F < \dfrac{p\alpha^2 q}{1 + r_1}\min\left(\dfrac{\eta_P}{\rho M}, 1\right)$,得到 $\eta_P \geqslant \eta_{P0}^B$,其中 $\eta_{P0}^B = \dfrac{\beta p\gamma^2 qN}{\beta p\alpha^2 q - N}$,可以知道当 $1 < \rho < \dfrac{K}{\beta M\eta_F\left(1 + r_1\right)}$ 时,$f\left(\eta_P\right)$ 首先为正,然后为负,即当 $\eta_{P0}^B < \eta_P < \eta_{P1}$ 时,$\Pi_P^{BD} > \Pi_P^{BN}$,否则 $\Pi_P^{BD} \leqslant \Pi_P^{BN}$。

【命题3.6的证明】

(1)有

$$e_F^{BD} - e_F^{BN} =$$

$$\frac{\gamma^2\left[\dfrac{p\alpha^2 q}{\eta_{\mathrm{F}}(1+r_1)}-1\right]N^2-2\alpha^2\left\{M+\eta_{\mathrm{P}}\left[\dfrac{p\alpha^2 q}{\eta_{\mathrm{F}}(1+r_1)}-1\right]\right\}N+2\alpha^2 K}{2\alpha N\left(2\eta_{\mathrm{P}}\alpha^2-\gamma^2 N\right)}。$$

令 $f(N)=\gamma^2\left[\dfrac{p\alpha^2 q}{\eta_{\mathrm{F}}(1+r_1)}-1\right]N^2-2\alpha^2\left\{M+\eta_{\mathrm{P}}\left[\dfrac{p\alpha^2 q}{\eta_{\mathrm{F}}(1+r_1)}-1\right]\right\}N+$

$2\alpha^2 K$,可得当 $f(N)>0$ 时,$e_{\mathrm{F}}^{\mathrm{BD}}-e_{\mathrm{F}}^{\mathrm{BN}}>0$,所以我们只需要弄清楚 $f(N)$ 的正负范围。根据方程的根的判别式 $\Delta_N=$

$4\alpha^4\left[(\eta_{\mathrm{P}}+M)\beta p\gamma^2 q+\dfrac{K^2}{\beta^2\eta_{\mathrm{F}}^2(1+r_1)^2}\right]>0$,可以知道 $f(N)$ 有两个根。方程的两个根可以通过以下方式得到:

$N_1=$

$$\frac{\eta_{\mathrm{F}}(1+r_1)\alpha^2\left[\beta p\gamma^2 q+\dfrac{K}{\beta\eta_{\mathrm{F}}(1+r_1)}-\sqrt{(\eta_{\mathrm{P}}+M)\beta p\gamma^2 q+\dfrac{K^2}{\beta^2\eta_{\mathrm{F}}^2(1+r_1)^2}}\right]}{\gamma^2\left[p\alpha^2 q-\eta_{\mathrm{F}}(1+r_1)\right]}>0,$$

$N_2=$

$$\frac{\eta_{\mathrm{F}}(1+r_1)\alpha^2\left[\beta p\gamma^2 q+\dfrac{K}{\beta\eta_{\mathrm{F}}(1+r_1)}+\sqrt{(\eta_{\mathrm{P}}+M)\beta p\gamma^2 q+\dfrac{K^2}{\beta^2\eta_{\mathrm{F}}^2(1+r_1)^2}}\right]}{\gamma^2\left[p\alpha^2 q-\eta_{\mathrm{F}}(1+r_1)\right]}>\frac{K}{M}。$$

根据假设 $0<\eta_{\mathrm{F}}<\dfrac{p\alpha^2 q}{1+r_1}\min\left(\dfrac{\eta_{\mathrm{P}}}{\rho M},1\right)$ 可以看出 $0<N<\dfrac{K}{M}$,并且由于方程 $f(N)$ 是开口向上的,可以知道当 $N_1<N<\dfrac{K}{M}$ 时,$f(N)<0$,即 $e_{\mathrm{F}}^{\mathrm{BD}}<e_{\mathrm{F}}^{\mathrm{BN}}$,否则 $f(N)>0$,即 $e_{\mathrm{F}}^{\mathrm{BD}}>e_{\mathrm{F}}^{\mathrm{BN}}$。

(2)有

$$w^{\mathrm{BD}}-w^{\mathrm{BN}}=\frac{2\beta\eta_{\mathrm{P}}\alpha^2\eta_{\mathrm{F}}(1+r_1)-\left[\alpha^2(\eta_{\mathrm{P}}+M)+\beta\gamma^2\eta_{\mathrm{F}}(1+r_1)\right]N}{2\beta\alpha^2 q\left(2\eta_{\mathrm{P}}\alpha^2-\gamma^2 N\right)}。$$

令 $f(N)=2\beta\eta_{\mathrm{P}}\alpha^2\eta_{\mathrm{F}}(1+r_1)-\left[\alpha^2(\eta_{\mathrm{P}}+M)+\beta\gamma^2\eta_{\mathrm{F}}(1+r_1)\right]N$。

在 $0<N<\dfrac{K}{M}$ 的情况下，当 $N_2<N<\dfrac{K}{M}$ 时，$f(N)<0$，即 $w^{\mathrm{BD}}<w^{\mathrm{BN}}$，否则 $f(N)>0$，即 $w^{\mathrm{BD}}>w^{\mathrm{BN}}$。

最后，根据 $N=\beta\rho\eta_{\mathrm{F}}(1+r_1)$，可以得到这个命题。

【命题3.7的证明】

有

$$\Pi_{\mathrm{F}}^{\mathrm{PD}}-\Pi_{\mathrm{F}}^{\mathrm{PN}}=\frac{\beta(1+r_2)\left(A_2\eta_{\mathrm{P}}^2+\mathrm{B}_2\eta_{\mathrm{P}}-C_2\right)}{2\alpha^2\eta_{\mathrm{F}}\left(1+\beta+\beta r_2\right)^2\rho\left[\left(1+\beta+\beta r_2\right)\eta_{\mathrm{P}}\alpha^2-\beta\gamma^2Z(1+r_2)\right]^2}。$$

然后，证明过程类似于命题3.5(1)，因此省略。

【命题3.8的证明】

有

$$e_{\mathrm{F}}^{\mathrm{PD}}-e_{\mathrm{F}}^{\mathrm{PN}}=$$

$$\frac{\beta\eta_{\mathrm{P}}p\alpha^4q\left(1+\beta+\beta r_2\right)(1-\rho)-\beta r^2Z\left\{p\alpha^2q+\left[\beta p\alpha^2q(1-\rho)+Z\right](1+r_2)\right\}}{\rho\eta_{\mathrm{F}}\left[\left(1+\beta+\beta r_2\right)\eta_{\mathrm{P}}\alpha^2-\beta^2\gamma^2\rho\eta_{\mathrm{F}}(1+r_2)^2\right](1+\beta+\beta r_2)\alpha},$$

并且

$$w^{\mathrm{PD}}-w^{\mathrm{PN}}=$$

$$\frac{\beta\eta_{\mathrm{F}}(1+r_2)^2\left\{\eta_{\mathrm{P}}(1-\rho)(1+\beta+\beta r_2)\alpha^2-\beta\gamma^2\left[p\alpha^2q\rho+Z(1+r_2)\right]\right\}}{(1+\beta+\beta r_2)\alpha^2q\left[\left(1+\beta+\beta r_2\right)\eta_{\mathrm{P}}\alpha^2-\beta^2\gamma^2\rho\eta_{\mathrm{F}}(1+r_2)^2\right]}。$$

然后，证明过程类似于命题3.6，因此省略。

附录1.3　模型拓展部分的证明与分析

【引理3.5】根据 BF 模型，最优的 PDE 水平、PTA 水平和批发价格分别为：

$$e_{\mathrm{P}}^{\mathrm{BF}} = \frac{\beta\gamma\left\{p\alpha^2 q\left[\lambda + \beta\bar{\lambda}(1+r_1)\right] + \bar{\lambda}^2 N(1+r_1)\right\}}{\eta_{\mathrm{P}}\alpha^2\left[\lambda + 2\beta\bar{\lambda}(1+r_1)\right] - \beta\bar{\lambda}^2\gamma^2 N(1+r_1)},$$

$$e_{\mathrm{F}}^{\mathrm{BF}} = \frac{\beta\alpha(1+r_1)(K - M\bar{\lambda}N)}{N\left\{\eta_{\mathrm{P}}\alpha^2\left[\lambda + 2\beta\bar{\lambda}(1+r_1)\right] - \beta\bar{\lambda}^2\gamma^2 N(1+r_1)\right\}},$$

$$w^{\mathrm{BF}} = \frac{\bar{\lambda}(1+r_1)(K - M\bar{\lambda}N)}{\eta_{\mathrm{P}}\alpha^2 q\left[\lambda + 2\beta\bar{\lambda}(1+r_1)\right] - \beta\bar{\lambda}^2\gamma^2 q N(1+r_1)}.$$

根据引理3.5,农户和平台的最优预期利润分别为:

$$\Pi_{\mathrm{F}}^{\mathrm{BF}} = \frac{\beta^2\alpha^2\bar{\lambda}(1+r_1)^2(K - M\bar{\lambda}N)\left[\dfrac{2\lambda MN}{\beta(1+r_1)} + \bar{\lambda}N(2\eta_{\mathrm{P}} + M) + K\right]}{2N\left\{\eta_{\mathrm{P}}\alpha^2\left[\lambda + 2\beta\bar{\lambda}(1+r_1)\right] - \beta\bar{\lambda}^2\gamma^2(1+r_1)N\right\}^2},$$

$$\Pi_{\mathrm{P}}^{\mathrm{BF}} =$$

$$\frac{\left[\lambda K + \beta\bar{\lambda}(1+r_1)(K + \bar{\lambda}\eta_{\mathrm{P}}N)\right]\left\{\alpha^2\left[\dfrac{\lambda N(\eta_{\mathrm{P}} + M)}{\beta(1+r_1)} + \bar{\lambda}N(3\eta_{\mathrm{P}} - M) + 2K\right] - \gamma^2\bar{\lambda}^2 N^2\right\} - \alpha^2\lambda(K - \bar{\lambda}MN)^2}{\dfrac{2N}{\beta(1+r_1)}\left\{\eta_{\mathrm{P}}\alpha^2\left[\lambda + 2\beta\bar{\lambda}(1+r_1)\right] - \beta\bar{\lambda}^2\gamma^2(1+r_1)N\right\}^2}$$

在BP模型中,农户直接向银行借贷并采用PDE。平台和农户共同承担PDE的成本。因此,农户和平台的预期利润函数如下所示:

$$\Pi_{\mathrm{F}}^{\mathrm{BP}} = E\left[wQ^{\mathrm{P}} - \frac{1}{2}(\rho\eta_{\mathrm{F}}e_{\mathrm{F}}^2 + \varphi\eta_{\mathrm{P}}e_{\mathrm{P}}^2)(1+r_1)\right]^+ =$$

$$\beta\left[wQ_1^{\mathrm{P}} - \frac{1}{2}(\rho\eta_{\mathrm{F}}e_{\mathrm{F}}^2 + \varphi\eta_{\mathrm{P}}e_{\mathrm{P}}^2)(1+r_1)\right] \Pi_{\mathrm{P}}^{\mathrm{BP}} = E\left[(p-w)Q^{\mathrm{P}}\right]^+ - \frac{1}{2}\bar{\varphi}\eta_{\mathrm{P}}e_{\mathrm{P}}^2 =$$

$$\beta(p-w)Q_1^{\mathrm{P}} - \frac{1}{2}\bar{\varphi}\eta_{\mathrm{P}}e_{\mathrm{P}}^2.$$

【引理3.5的证明】

从 $\dfrac{\partial^2\Pi_{\mathrm{F}}^{\mathrm{BF}}}{\partial e_{\mathrm{F}}^2} = -\beta\bar{\lambda}\rho\eta_{\mathrm{F}}(1+r_1) < 0$ 和 $\dfrac{\partial^2\Pi_{\mathrm{F}}^{\mathrm{BF}}}{\partial e_{\mathrm{P}}^2} = -\eta_{\mathrm{P}} < 0$,可以看出 $\Pi_{\mathrm{F}}^{\mathrm{BF}}$ 是关于 e_{F} 的凹函数,而 $\Pi_{\mathrm{P}}^{\mathrm{BF}}$ 是关于 e_{P} 的凹函数。

然后，通过 $\dfrac{\partial \Pi_F^{BF}}{\partial e_F} = \beta \big[waq - \bar{\lambda}\rho\eta_F e_F(1+r_1) \big] = 0$ 和 $\dfrac{\partial \Pi_P^{BF}}{\partial e_P} =$

$\beta\gamma(p-w)q - \eta_P e_P = 0$，有：

$$e_F(w) = \frac{waq}{\lambda\eta_F(1+r_1)}, \quad e_P(w) = \frac{\beta\gamma(p-w)q}{\eta_P}。$$

将 $e_F(w)$ 和 $e_P(w)$ 代入 $\Pi_P^{BF}(w)$，得到以下一阶和二阶条件：

$$\frac{\partial \Pi_P^{BF}}{\partial w} =$$

$$\frac{\bar{\lambda}(1+r_1)q\big[\beta a^2 q\eta_P(p-2w) - \bar{\lambda}\eta_P N - \beta\bar{\lambda}\gamma^2 q(p-w)N\big] - \lambda wa^2 q^2 \eta_P}{\lambda^2 \eta_P \rho\eta_F(1+r_1)^2} = 0,$$

$$\frac{\partial^2 \Pi_P^{BF}}{\partial w^2} = -\frac{q^2\big\{\eta_P a^2\big[\lambda + 2\beta\bar{\lambda}(1+r_1)\big] - \beta\bar{\lambda}^2\gamma^2(1+r_1)N\big\}}{\bar{\lambda}^2 \eta_P \rho\eta_F(1+r_1)^2} < 0。$$

求解上述方程，得到 $w^{BF} = \dfrac{\bar{\lambda}(1+r_1)(K - M\bar{\lambda}N)}{\eta_P a^2 q\big[\lambda + 2\beta\lambda(1+r_1)\big] - \beta\lambda^2\gamma^2 qN(1+r_1)}。$

将 w^{BF} 代入 PDE 水平和 PTA 水平的函数中，得到

$$e_P^{BF} = \frac{\beta\gamma\big\{pa^2 q\big[\lambda + \beta\bar{\lambda}(1+r_1)\big] + \bar{\lambda}^2 N(1+r_1)\big\}}{\eta_P a^2\big[\lambda + 2\beta\bar{\lambda}(1+r_1)\big] - \beta\bar{\lambda}^2\gamma^2 N(1+r_1)} \text{ 和}$$

$$e_F^{BF} = \frac{\beta a(1+r_1)(K - M\bar{\lambda}N)}{N\big\{\eta_P a^2\big[\lambda + 2\beta\bar{\lambda}(1+r_1)\big] - \beta\bar{\lambda}^2\gamma^2 N(1+r_1)\big\}}。$$

将 w^{BF}，e_P^{BF} 和 e_F^{BF} 代入农户和平台的预期利润函数中，可以得到利润函数 Π_F^{BF} 和 Π_P^{BF}。

【引理 3.6】

在 BP 模型下，最优的 PDE 水平、PTA 水平和批发价格分别为：

$$e_P^{BP} = \frac{\gamma(\beta pa^2 q + N)}{2\bar{\varphi}\eta_P a^2 - \gamma^2 N}, \quad e_F^{BP} = \frac{\bar{\varphi}aK - a(M - \varphi\eta_P)N}{N(2\bar{\varphi}\eta_P a^2 - \gamma^2 N)},$$

$$w^{\mathrm{BP}} = \frac{\bar{\varphi}K - (M - \varphi\eta_{\mathrm{P}})N}{\beta q(2\bar{\varphi}\eta_{\mathrm{P}}\alpha^2 - \gamma^2 N)}。$$

根据引理3.6,农户和平台的最优预期利润分别为:

$$\Pi_{\mathrm{F}}^{\mathrm{BP}} =$$

$$\frac{\alpha^2\left[\bar{\varphi}K - (M - \varphi\eta_{\mathrm{P}})N\right]\left\{\bar{\varphi}K + \left[(2-3\varphi)\eta_{\mathrm{P}} + M\right]N\right\} - \beta\varphi\eta_{\mathrm{P}}\gamma^2(1+r_1)N(\beta p\alpha^2 q + N)^2}{2N(2\bar{\varphi}\eta_{\mathrm{P}}\alpha^2 - \gamma^2 N)^2},$$

$$\Pi_{\mathrm{P}}^{\mathrm{BP}} = \frac{\bar{\varphi}\eta_{\mathrm{P}}(\beta p\alpha^2 q + N)^2}{2N(2\bar{\varphi}\eta_{\mathrm{P}}\alpha^2 - \gamma^2 N)^2}。$$

【引理3.6的证明】

从 $\dfrac{\partial^2 \Pi_{\mathrm{F}}^{\mathrm{BP}}}{\partial e_{\mathrm{F}}^2} = -\beta\rho\eta_{\mathrm{F}}(1+r_1) < 0$ 和 $\dfrac{\partial^2 \Pi_{\mathrm{P}}^{\mathrm{BP}}}{\partial e_{\mathrm{P}}^2} = -\bar{\varphi}\eta_{\mathrm{P}} < 0$,可以看出 $\Pi_{\mathrm{F}}^{\mathrm{BP}}$ 是关于 e_{F} 的凹函数,$\Pi_{\mathrm{P}}^{\mathrm{BP}}$ 是关于 e_{P} 的凹函数。

然后,通过 $\dfrac{\partial \Pi_{\mathrm{F}}^{\mathrm{BP}}}{\partial e_{\mathrm{F}}} = \beta\left[waq - \rho\eta_{\mathrm{F}}e_{\mathrm{F}}(1+r_1)\right] = 0$ 和 $\dfrac{\partial \Pi_{\mathrm{P}}^{\mathrm{BP}}}{\partial e_{\mathrm{P}}} = \beta\gamma(p-w)q - \bar{\varphi}\eta_{\mathrm{P}}e_{\mathrm{P}} = 0$,有:

$$e_{\mathrm{F}}(w) = \frac{waq}{\rho\eta_{\mathrm{F}}(1+r_1)}, e_{\mathrm{P}}(w) = \frac{\beta\gamma(p-w)q}{\bar{\varphi}\eta_{\mathrm{P}}}。$$

将 $e_{\mathrm{F}}(w)$ 和 $e_{\mathrm{P}}(w)$ 代入 $\Pi_{\mathrm{P}}^{\mathrm{BP}}(w)$,得到以下一阶和二阶条件:

$$\frac{\partial \Pi_{\mathrm{P}}^{\mathrm{BP}}}{\partial w} = \frac{\left\{\bar{\varphi}\eta_{\mathrm{P}}\left[\beta\alpha^2 q(p-2w) - N\right] - \beta\gamma^2 q(p-w)N\right\}q}{\bar{\varphi}\eta_{\mathrm{P}}\rho\eta_{\mathrm{F}}(1+r_1)} = 0, \quad \frac{\partial^2 \Pi_{\mathrm{P}}^{\mathrm{BP}}}{\partial w^2} =$$

$$-\frac{\beta q^2(2\bar{\varphi}\eta_{\mathrm{P}}\alpha^2 - \gamma^2 N)}{\bar{\varphi}\eta_{\mathrm{P}}\rho\eta_{\mathrm{F}}(1+r_1)} < 0。$$

求解上述方程得到 $w^{\mathrm{BP}} = \dfrac{\bar{\varphi}K - (M - \varphi\eta_{\mathrm{P}})N}{\beta q(2\bar{\varphi}\eta_{\mathrm{P}}\alpha^2 - \gamma^2 N)}。$

将 w^{BP} 代入 PDE 水平和 PTA 水平的函数中,得到 $e_{\mathrm{P}}^{\mathrm{BP}} = \dfrac{\gamma(\beta p\alpha^2 q + N)}{2\bar{\varphi}\eta_{\mathrm{P}}\alpha^2 - \gamma^2 N}$

和 $e_F^{BP} = \dfrac{\overline{\varphi}\alpha K - \alpha(M - \varphi\eta_P)N}{N(2\overline{\varphi}\eta_P\alpha^2 - \gamma^2 N)}$。

将 w^{BP}，e_P^{BP} 和 e_F^{BP} 代入农户和平台的预期利润函数中，可以得到利润函数 Π_F^{BP} 和 Π_P^{BP}。

【推论3.3】$\dfrac{\partial e_F^{BP}}{\partial\varphi} < 0$，$\dfrac{\partial e_P^{BP}}{\partial\varphi} > 0$，$\dfrac{\partial w^{BP}}{\partial\varphi} < 0$，$\dfrac{\partial \Pi_P^{BP}}{\partial\varphi} > 0$。

推论3.3表明，当农户分担PDE的成本时，PTA水平和批发价格将随着成本分享比例 φ 的减少而降低，而PDE水平和平台的利润将随着 φ 的增加而增加。这是因为由农户承担的PDE成本将随着 φ 的增加而增加。为了确保收益，农户将减少PTA水平以降低投资成本，从而鼓励平台提高PDE水平。而农户所分担的成本增加要远远高于赋能成本，此时平台将降低批发价格以确保获利。由批发价格的降低和分享比例的增加带来的总利润将超过赋能成本的增量，因此，由农户共同分担的PDE成本对于平台始终是有利的，是否选择该合同取决于农户。

【推论3.3的证明】

可以分别对 φ 求得 e_F^{BP}，e_P^{BP}，w^{BP} 和 Π_P^{BP} 的一阶导数：

$$\frac{\partial e_F^{BP}}{\partial\varphi} = -\frac{\alpha\gamma^2(\eta_P N + K)}{(2\overline{\varphi}\eta_P\alpha^2 - \gamma^2 N)^2} < 0, \quad \frac{\partial e_P^{BP}}{\partial\varphi} = \frac{2\gamma\eta_P\alpha^2(\beta p\alpha^2 q + N)}{(2\overline{\varphi}\eta_P\alpha^2 - \gamma^2 N)^2} > 0,$$

$$\frac{\partial w^{BP}}{\partial\varphi} = -\frac{\gamma^2 N(\eta_P N + K)}{\beta q(2\overline{\varphi}\eta_P\alpha^2 - \gamma^2 N)^2} < 0, \quad \frac{\partial \Pi_P^{BP}}{\partial\varphi} = \frac{\gamma^2\eta_P(\beta p\alpha^2 q + N)^2}{2(2\overline{\varphi}\eta_P\alpha^2 - \gamma^2 N)^2} > 0_{\circ}$$

【命题3.9】

(1) 比较BD模型和BF模型，(i)如果 $\lambda > 1 - \lambda_1$，则 $e_F^{BF} > e_F^{BD}$，否则 $e_F^{BF} \leqslant e_F^{BD}$；(ii)如果 $0 < \lambda \leqslant 1 - \dfrac{K - MN}{\beta(1 + r_1)(\eta_P + M)N}$，则 $w^{BF} \geqslant w^{BD}$，否则 $w^{BF} < w^{BD}$。

(2)比较BD模型和BP模型，(i)$e_F^{BP} < e_F^{BD}$；(ii)$w^{BP} < w^{BD}$。

命题3.9对比了两种成本分担合同和银行融资基本模型的最优批发价格和PTA水平。命题3.9(1)表明，与基本模型相比，当平台在PTA成本中将成本分担比例λ提高到一定阈值时，农户会提高PTA水平。这是因为在平台分担部分农户成本之后，农户自己的PTA成本会降低，农户更愿意选择更高的PTA水平来提高农产品的产量。当λ低于某个阈值时，BF模型下的批发价格高于BD模型下的批发价格。这是因为当λ较低时，农户会降低PTA水平以减少自身成本。为了鼓励农户提高e_F，平台将给农户更高的批发价格。

命题3.9(2)表明，无论成本分担比例φ的值如何，BP模型下的PTA水平始终低于BD模型下的PTA水平。原因是，当农户分担PDE的成本时，农户的成本会增加，而提高PDE水平可以确保农产品的产量，从而农户会降低PTA水平以减少成本。因此，BF合同有机会鼓励农户提高PTA水平，而BP合同只能抑制农户对PTA的热情。有趣的是，农户分担PDE成本会导致平台给农户更低的批发价格，即BP模型下的批发价格始终低于BD模型下的批发价格，这是因为农户分担PDE成本，增加了农户的成本。此时，农户会降低PTA水平来控制成本，而平台会提高赋能水平以提高产量并确保供应链收入。由于赋能成本的增量大于农户分担PDE成本的收益，因此平台将降低批发价格以确保自身利润。

【命题3.9的证明】

(1)对比BD模型和BF模型。

(i)有

$$e_F^{BF} - e_F^{BD} =$$

$$\frac{\alpha\lambda\left[\beta(1+r_1)K(2\eta_P\alpha^2-\gamma^2 N)-\eta_P\alpha^2(K-MN)-\bar{\lambda}\beta\gamma^2(1+r_1)N(K-MN)\right]}{N(2\eta_P\alpha^2-\gamma^2 N)\left\{\eta_P\alpha^2\left[\lambda+2\beta\bar{\lambda}(1+r_1)\right]-\beta\bar{\lambda}^2\gamma^2 N(1+r_1)\right\}},$$

当$\lambda > 1-\lambda_1$时，$e_F^{BF} > e_F^{BD}$，否则$e_F^{BF} \leqslant e_F^{BD}$。

(ii)有

$$w^{BF} - w^{BD} =$$

$$\frac{\lambda\eta_{\mathrm{P}}\alpha^2\left[\beta\,\overline{\lambda}\,N(1+r_1)(\eta_{\mathrm{P}}+M)-K+MN\right]}{\beta q(2\eta_{\mathrm{P}}\alpha^2-\gamma^2N)\left\{\eta_{\mathrm{P}}\alpha^2\left[\lambda+2\beta\lambda(1+r_1)\right]-\beta\lambda^2\gamma^2N(1+r_1)\right\}},$$

当 $0<\lambda\leqslant1-\dfrac{K-MN}{\beta(1+r_1)(\eta_{\mathrm{P}}+M)N}$ 时,$w^{\mathrm{BF}}\geqslant w^{\mathrm{BD}}$,否则 $w^{\mathrm{BF}}<w^{\mathrm{BD}}$。

(2)对比 BD 模型和 BP 模型。

(i)有 $e_{\mathrm{F}}^{\mathrm{BP}}-e_{\mathrm{F}}^{\mathrm{BD}}=-\dfrac{\varphi\alpha\left[K+\gamma^2N(\eta_{\mathrm{P}}N+2K)\right]}{N(2\overline{\varphi}\,\eta_{\mathrm{P}}\alpha^2-\gamma^2N)(2\eta_{\mathrm{P}}\alpha^2-\gamma^2N)}<0$,即 $e_{\mathrm{F}}^{\mathrm{BP}}<e_{\mathrm{F}}^{\mathrm{BD}}$。

(ii)有 $w^{\mathrm{BP}}-w^{\mathrm{BD}}=-\dfrac{\varphi\gamma^2N(\eta_{\mathrm{P}}N+K)}{\beta q(2\overline{\varphi}\,\eta_{\mathrm{P}}\alpha^2-\gamma^2N)(2\eta_{\mathrm{P}}\alpha^2-\gamma^2N)}<0$,即 $w^{\mathrm{BP}}<$ w^{BD}。

【命题 3.10】

(1) 当 $\lambda>1-\dfrac{K-MN}{\beta(1+r_1)(\eta_{\mathrm{P}}+M)N}$ 时 , 若 $\varphi<1-\varphi_1$,则 $e_{\mathrm{P}}^{\mathrm{BF}}>e_{\mathrm{P}}^{\mathrm{BP}}>e_{\mathrm{P}}^{\mathrm{BD}}$;若 $\varphi\geqslant1-\varphi_1$,则 $e_{\mathrm{P}}^{\mathrm{BP}}\geqslant e_{\mathrm{P}}^{\mathrm{BF}}>e_{\mathrm{P}}^{\mathrm{BD}}$。

(2)当 $0<\lambda\leqslant1-\dfrac{K-MN}{\beta(1+r_1)(\eta_{\mathrm{P}}+M)N}$ 时,$e_{\mathrm{P}}^{\mathrm{BF}}\leqslant e_{\mathrm{P}}^{\mathrm{BD}}<e_{\mathrm{P}}^{\mathrm{BP}}$。

命题 3.10 对比了银行融资中三种合作机制下的 PDE 水平。首先,当平台分担 PTA 成本比例 λ 较高时,BF 模型和 BP 模型下的 PDE 水平与成本分担比例 φ 的关系取决于 φ 是否低于某个阈值。当 φ 低于某个阈值时,BF 模型下的 PDE 水平高于 BP 模型下的 PDE 水平;反之亦然。其次,当 λ 较低时,BP 模型下的 PDE 水平高于 BF 模型和 BD 模型。BP 模型下的 PDE 水平始终高于 BD 模型下的 PDE 水平,而 BF 模型下的 PDE 水平低于 BD 模型下的 PDE 水平。这是因为当农户分担平台赋能成本时,平台将更有动力提高赋能水平,从而增加了农户的成本,降低了 PTA 水平。为了保持供应链绩效,平台必须提高自身的赋能水平。因此,BP 模型下的赋能水平始终高于 BD 模型下的赋能水平。当 λ 较大时,为了防止农户过度提高 PTA 水平并使利润流向银行,平台会提高赋能水平。相反,当 λ 较小时,平台将降低赋能水平和成本。同理,可以得到两种成本分担合同下的赋能水平关系。

【命题3.10的证明】

首先,比较 e_P^{BD} 和 e_P^{BP} 得到 $e_P^{BP} - e_P^{BD} = \dfrac{2\varphi\gamma\eta_P\alpha^2(\beta p\alpha^2 q + N)}{(2\overline{\varphi}\eta_P\alpha^2 - \gamma^2 N)(2\eta_P\alpha^2 - \gamma^2 N)} > 0$,即 $e_P^{BP} > e_P^{BD}$。

然后,比较 e_P^{BD} 和 e_P^{BF} 得到

$$e_P^{BF} - e_P^{BD} = \frac{\lambda\gamma\alpha^2\left[K - MN - \beta\overline{\varphi}(1+r_1)(\eta_P + M)N\right]}{\left\{\eta_P\alpha^2\left[\lambda + 2\beta\overline{\varphi}(1+r_1)\right] - \beta\overline{\varphi}^2\gamma^2 N(1+r_1)\right\}(2\eta_P\alpha^2 - \gamma^2 N)}。$$

因此,当 $\lambda > 1 - \dfrac{K - MN}{\beta(1+r_1)(\eta_P + M)N}$ 时,可以得到 $e_P^{BF} > e_P^{BD}$,否则 $e_P^{BF} \leqslant e_P^{BD}$。

最后,比较 e_P^{BF} 和 e_P^{BP} 得到

$$e_P^{BP} - e_P^{BF} = \frac{\gamma(\beta p\alpha^2 q + N)\left\{\eta_P\alpha^2\left[\lambda + 2\beta\overline{\lambda}(1+r_1)\right] - \beta\overline{\lambda}^2\gamma^2 N(1+r_1)\right\}}{(2\overline{\varphi}\eta_P\alpha^2 - \gamma^2 N)\left\{\eta_P\alpha^2\left[\lambda + 2\beta\overline{\lambda}(1+r_1)\right] - \beta\overline{\lambda}^2\gamma^2 N(1+r_1)\right\}}$$

$$- \frac{\beta\gamma(2\overline{\varphi}\eta_P\alpha^2 - \gamma^2 N)\left\{p\alpha^2 q\left[\lambda + \beta\overline{\lambda}(1+r_1)\right] + \overline{\lambda}^2 N(1+r_1)\right\}}{(2\overline{\varphi}\eta_P\alpha^2 - \gamma^2 N)\left\{\eta_P\alpha^2\left[\lambda + 2\beta\overline{\lambda}(1+r_1)\right] - \beta\overline{\lambda}^2\gamma^2 N(1+r_1)\right\}}。$$

从以上等式可以得到,当 $\varphi < 1 - \varphi_1$ 时,$e_P^{BP} < e_P^{BF}$,否则 $e_P^{BP} \geqslant e_P^{BF}$。

【引理3.7】在 PF 模型下,最优的 PDE 水平、PTA 水平和批发价格分别为:

$$e_P^{PF} = \frac{\beta\gamma\left[p\alpha^2 q + \overline{\lambda}^2 Z(1+r_2)\right]}{\eta_P\alpha^2\left[1 + \beta\overline{\lambda}(1+r_2)\right] - \beta\overline{\lambda}^2\gamma^2 Z(1+r_2)},$$

$$e_F^{PF} = \frac{\alpha(K - \overline{\lambda}MZ)}{\rho\eta_F\left\{\eta_P\alpha^2\left[1 + \beta\overline{\lambda}(1+r_2)\right] - \beta\overline{\lambda}^2\gamma^2 Z(1+r_2)\right\}},$$

$$w^{PF} = \frac{\overline{\lambda}(1+r_2)(K - \overline{\lambda}MZ)}{\eta_P\alpha^2 q\left[1 + \beta\overline{\lambda}(1+r_2)\right] - \beta\overline{\lambda}^2\gamma^2 qZ(1+r_2)}。$$

根据引理3.7,农户和平台的最优预期利润分别为:

$$\Pi_F^{PF}=\frac{\beta^2\alpha^2\bar{\lambda}(1+r_2)^2(K-\bar{\lambda}MZ)\left[\dfrac{2MZ}{\beta(1+r_2)}+\bar{\lambda}Z(2\eta_P-M)+K\right]}{2Z\left\{\eta_P\alpha^2\left[1+\beta\bar{\lambda}(1+r_2)\right]-\beta\bar{\lambda}^2\gamma^2Z(1+r_2)\right\}^2},$$

$$\Pi_P^{PF}=\frac{\left[K+\beta\eta_P\bar{\lambda}^2Z(1+r_2)\right]\left\{\alpha^2\left[\dfrac{Z(\eta_P+M)}{\beta(1+r_2)}+2K\right]-\gamma^2\bar{\lambda}Z\left(\bar{\lambda}Z+\dfrac{2K}{\eta_P}\right)\right\}}{\dfrac{2Z}{\beta(1+r_2)}\left\{\eta_P\alpha^2\left[1+\beta\bar{\lambda}(1+r_2)\right]-\beta\bar{\lambda}^2\gamma^2Z(1+r_2)\right\}^2}$$

$$+\frac{\alpha^2\left[\beta\bar{\lambda}(1+r_2)-1\right](K-M\bar{\lambda}Z)^2}{\dfrac{2Z}{\beta(1+r_2)}\left\{\eta_P\alpha^2\left[1+\beta\bar{\lambda}(1+r_2)\right]-\beta\bar{\lambda}^2\gamma^2Z(1+r_2)\right\}^2}。$$

在PP模型中,农户向平台申请PDE贷款,平台和农户共同承担PDE的成本。为了确保在这种情况下得到有意义的结果,假设$\phi=1-\beta(1+r_2)\varphi>0$,即$\varphi<1/(\beta(1+r_2))$。因此,农户和平台的预期利润函数分别为:

$$\Pi_F^{PP}=E\left[wQ^P-\frac{1}{2}(\rho\eta_F e_F^2+\varphi\eta_P e_P^2)(1+r_2)\right]$$
$$=\beta\left[wQ_1^P-\frac{1}{2}(\rho\eta_F e_F^2+\varphi\eta_P e_P^2)(1+r_2)\right],$$

$$\Pi_P^{PP}=E\left[(p-w)Q^P\right]^+-\frac{1}{2}\bar{\varphi}\eta_P e_P^2+\frac{1}{2}(\beta r_2-\bar{\beta})(\rho\eta_F e_F^2+\varphi\eta_P e_P^2)$$
$$=\beta(p-w)Q_1^P+\frac{1}{2}\left[\beta(1+r_2)\varphi-1\right]\eta_P e_P^2+\frac{1}{2}(\beta r_2-\bar{\beta})\rho\eta_F e_F^2。$$

【引理3.7的证明】

从$\dfrac{\partial^2\Pi_F^{PF}}{\partial e_F^2}=-\beta\bar{\lambda}\rho\eta_F(1+r_2)<0$和$\dfrac{\partial^2\Pi_P^{PF}}{\partial e_P^2}=-\eta_P<0$,可以看出$\Pi_F^{PF}$是关于$e_F$的凹函数,$\Pi_P^{PF}$是关于$e_P$的凹函数。

然后,通过$\dfrac{\partial\Pi_F^{PF}}{\partial e_F}=\beta\left[w\alpha q-\bar{\lambda}\rho\eta_F e_F(1+r_2)\right]=0$和$\dfrac{\partial\Pi_P^{PF}}{\partial e_P}=$

$$\beta\gamma(p-w)q-\eta_{\mathrm{P}}e_{\mathrm{P}}=0,有\ e_{\mathrm{F}}(w)=\frac{waq}{\overline{\lambda}\rho\eta_{\mathrm{F}}(1+r_2)},e_{\mathrm{P}}(w)=\frac{\beta\gamma(p-w)q}{\eta_{\mathrm{P}}}。$$

将$e_{\mathrm{F}}(w)$和$e_{\mathrm{P}}(w)$代入$\Pi_{\mathrm{P}}^{\mathrm{PF}}(w)$,得到以下一阶和二阶条件:

$$\frac{\partial\Pi_{\mathrm{P}}^{\mathrm{PF}}}{\partial w}=$$

$$\frac{\overline{\lambda}q(1+r_2)(K-\overline{\lambda}MZ)-\left\{\eta_{\mathrm{P}}\alpha^2\left[1+\beta\overline{\lambda}(1+r_2)\right]-\beta\overline{\lambda}^2\gamma^2Z(1+r_2)\right\}q^2w}{\overline{\lambda}^2\eta_{\mathrm{P}}\rho\eta_{\mathrm{F}}(1+r_2)^2}=0,$$

$$\frac{\partial^2\Pi_{\mathrm{P}}^{\mathrm{PF}}}{\partial w^2}=-\frac{q^2\left\{\eta_{\mathrm{P}}\alpha^2\left[1+\beta\overline{\lambda}(1+r_2)\right]-\beta\lambda^2\gamma^2Z(1+r_2)\right\}}{\overline{\lambda}^2\eta_{\mathrm{P}}\rho\eta_{\mathrm{F}}(1+r_2)^2}<0。$$

求解上述方程得到

$$w^{\mathrm{PF}}=\frac{\overline{\lambda}(1+r_2)(K-\overline{\lambda}MZ)}{\eta_{\mathrm{P}}\alpha^2q\left[1+\beta\overline{\lambda}(1+r_2)\right]-\beta\overline{\lambda}^2\gamma^2qZ(1+r_2)}。$$

将w^{PF}代入PDE水平和PTA水平的函数中,得到

$$e_{\mathrm{P}}^{\mathrm{PF}}=\frac{\beta\gamma\left[p\alpha^2q+\overline{\lambda}^2Z(1+r_2)\right]}{\eta_{\mathrm{P}}\alpha^2\left[1+\beta\lambda(1+r_2)\right]-\beta\lambda^2\gamma^2Z(1+r_2)}和$$

$$e_{\mathrm{F}}^{\mathrm{PF}}=\frac{\alpha(K-\overline{\lambda}MZ)}{\rho\eta_{\mathrm{F}}\left\{\eta_{\mathrm{P}}\alpha^2\left[1+\beta\overline{\lambda}(1+r_2)\right]-\beta\overline{\lambda}^2\gamma^2Z(1+r_2)\right\}}。$$

将w^{PF},$e_{\mathrm{P}}^{\mathrm{PF}}$和$e_{\mathrm{F}}^{\mathrm{PF}}$代入农户和平台的预期利润函数中,可以得到利润函数$\Pi_{\mathrm{F}}^{\mathrm{PF}}$和$\Pi_{\mathrm{P}}^{\mathrm{PF}}$。

【引理3.8】在PP模型下,最优的PDE水平、PTA水平和批发价格分别为

$$e_{\mathrm{P}}^{\mathrm{PP}}=\frac{\beta\gamma\left[p\alpha^2q+Z(1+r_2)\right]}{\eta_{\mathrm{P}}\alpha^2(1+\beta+\beta r_2)\phi-\beta\gamma^2Z(1+r_2)},$$

$$e_F^{PP} = \frac{\alpha\left[\phi\left(K - \eta_P Z\right) - \beta p \gamma^2 q Z\right]}{\rho \eta_F\left[\eta_P \alpha^2\left(1 + \beta + \beta r_2\right)\phi - \beta \gamma^2 Z\left(1 + r_2\right)\right]},$$

$$w^{PP} = \frac{\left(1 + r_2\right)\left[\phi\left(K - \eta_P Z\right) - \beta p \gamma^2 q Z\right]}{\eta_P \alpha^2 q\left(1 + \beta + \beta r_2\right)\phi - \beta \gamma^2 q Z\left(1 + r_2\right)}。$$

根据引理 3.8，农户和平台的最优预期利润分别为：

$$\Pi_F^{PP} = \frac{\alpha^2\left\{\phi K - \left[M + \eta_P\left(\phi - 1\right)\right]Z\right\}\left\{2Z\left(\eta_P\left[1 + \beta\left(1 + r_2\right)\right]\phi + \beta p \gamma^2 q\right)\right\} + }{\dfrac{2Z}{\beta\left(1 + r_2\right)}\left[\eta_P \alpha^2\left(1 + \beta + \beta r_2\right)\phi - \beta \gamma^2 Z\left(1 + r_2\right)\right]^2}$$
$$\quad \dfrac{\beta \alpha^2\left(1 + r_2\right)\left\{\phi K - \left[M + \eta_P\left(\phi - 1\right)\right]Z\right\}^2}{}$$
$$- \frac{\beta\left(1 + r_2\right)\varphi \gamma^2\left[K + \beta \eta_P Z\left(1 + r_2\right)\right]^2}{2\eta_P\left[\eta_P \alpha^2\left(1 + \beta + \beta r_2\right)\phi - \beta \gamma^2 Z\left(1 + r_2\right)\right]^2},$$

$$\Pi_P^{PP} =$$

$$\frac{\phi\left[K + \beta \eta_P Z\left(1 + r_2\right)\right]\left\{\alpha^2 Z\left[\dfrac{\eta_P + M}{\beta\left(1 + r_2\right)} + 2\left(\eta_P \bar{\varphi} - M\right)\right] + 2\alpha^2 \phi K - \gamma^2 Z^2\right\} + }{\dfrac{2Z}{\beta\left(1 + r_2\right)}\left[\eta_P \alpha^2\left(1 + \beta + \beta r_2\right)\phi - \beta \gamma^2 Z\left(1 + r_2\right)\right]^2}$$
$$\quad \dfrac{\alpha^2\left(\beta r_2 - \bar{\beta}\right)\left\{\phi K - \left[M + \eta_P\left(\phi - 1\right)\right]Z\right\}^2}{}。$$

【引理 3.8 的证明】

从 $\dfrac{\partial^2 \Pi_F^{PP}}{\partial e_F^2} = -\beta \rho \eta_F\left(1 + r_2\right) < 0$ 和 $\dfrac{\partial^2 \Pi_P^{PP}}{\partial e_P^2} = -\left[1 - \beta\left(1 + r_2\right)\varphi\right]\eta_P < 0$，可

以看出 Π_F^{PP} 是关于 e_F 的凹函数，Π_P^{PP} 是关于 e_P 的凹函数。

然后，通过 $\dfrac{\partial \Pi_F^{PP}}{\partial e_F} = \beta\left[waq - \rho \eta_F e_F\left(1 + r_2\right)\right] = 0$ 和

$$\dfrac{\partial \Pi_P^{PP}}{\partial e_P} = \beta \gamma\left(p - w\right)q - \left[1 - \beta\left(1 + r_2\right)\varphi\right]\eta_P e_P = 0，有$$

$$e_F(w) = \frac{waq}{\rho\eta_F(1+r_2)}, \quad e_P(w) = \frac{\beta\gamma(p-w)q}{[1-\beta(1+r_2)\varphi]\eta_P}。$$

将 $e_F(w)$ 和 $e_P(w)$ 代入 $\Pi_P^{PP}(w)$，得到以下一阶和二阶条件：

$$\frac{\partial\Pi_P^{PP}}{\partial w} =$$

$$\frac{q(1+r_2)[\phi(K-\eta_P Z)-\beta p\gamma^2 qZ]-[\eta_P\alpha^2(1+\beta+\beta r_2)\phi-\beta\gamma^2 Z(1+r_2)]q^2 w}{[1-\beta(1+r_2)\varphi]\eta_P\rho\eta_F(1+r_2)^2} = 0,$$

$$\frac{\partial^2\Pi_P^{PP}}{\partial w^2} = -\frac{q^2[(1+\beta+\beta r_2)\phi\eta_P\alpha^2-\beta\gamma^2 Z(1+r_2)]}{\phi\eta_P\rho\eta_F(1+r_2)^2} < 0。$$

求解上述方程得到

$$w^{PP} = \frac{(1+r_2)[\phi(K-\eta_P Z)-\beta p\gamma^2 qZ]}{\eta_P\alpha^2 q(1+\beta+\beta r_2)\phi-\beta\gamma^2 qZ(1+r_2)}。$$

将 w^{PP} 代入 PDE 水平和 PTA 水平的函数中，得到

$$e_P^{PP} = \frac{\beta\gamma[p\alpha^2 q+Z(1+r_2)]}{\eta_P\alpha^2(1+\beta+\beta r_2)\phi-\beta\gamma^2 Z(1+r_2)} \text{ 和}$$

$$e_F^{PP} = \frac{\alpha[\phi(K-\eta_P Z)-\beta p\gamma^2 qZ]}{\rho\eta_F[\eta_P\alpha^2(1+\beta+\beta r_2)\phi-\beta\gamma^2 Z(1+r_2)]}。$$

将 w^{PP}, e_P^{PP} 和 e_F^{PP} 代入农户和平台的预期利润函数中，可以得到利润函数 Π_F^{PP} 和 Π_P^{PP}。

【推论 3.4】$\dfrac{\partial e_F^{PP}}{\partial\varphi} < 0, \dfrac{\partial e_P^{PP}}{\partial\varphi} > 0, \dfrac{\partial w^{PP}}{\partial\varphi} < 0$。

推论 3.4 表明,当农户分担 PDE 成本的比例 φ 增加时,农户会降低 PTA 水平以减少投资成本。为了改善生产并保证利润,当农户分担 PDE 成本时,平台会提高赋能水平。但是,农户所分担的成本不足以抵消平台承担的赋能增加成本。此时,平台通过降低批发价格获得更多利润。无论使用银行融资

还是平台融资,农户分担PDE成本的合作机制下,成本分享比例φ对均衡解的影响趋势是相同的。

【推论3.4的证明】可以分别对φ求得e_F^PP,e_P^PP和w^PP的一阶导数:

$$\frac{\partial e_\mathrm{F}^\mathrm{PP}}{\partial \varphi} = -\frac{\beta^3\gamma^2\alpha\eta_\mathrm{P}(1+r_2)^2\big[pa^2q + Z(1+r_2)\big]}{\big[\eta_\mathrm{P}a^2(1+\beta+\beta r_2)\phi - \beta\gamma^2 Z(1+r_2)\big]^2} < 0,$$

$$\frac{\partial e_\mathrm{P}^\mathrm{PP}}{\partial \varphi} = \frac{\beta^2\gamma a^2\eta_\mathrm{P}(1+r_2)(1+\beta+\beta r_2)\big[pa^2q + Z(1+r_2)\big]}{\big[\eta_\mathrm{P}a^2(1+\beta+\beta r_2)\phi - \beta\gamma^2 Z(1+r_2)\big]^2} > 0,$$

$$\frac{\partial w^\mathrm{PP}}{\partial \varphi} = -\frac{\beta^3\gamma^2\eta_\mathrm{P}\rho\eta_\mathrm{F}(1+r_2)^3\big[pa^2q + Z(1+r_2)\big]}{\big[\eta_\mathrm{P}a^2(1+\beta+\beta r_2)\phi - \beta\gamma^2 Z(1+r_2)\big]^2 q} < 0。$$

【命题3.11】

(1)比较PD模型和PF模型,(i)如果$\lambda > 1-\lambda_2$,则$e_\mathrm{F}^\mathrm{PF} > e_\mathrm{F}^\mathrm{PD}$,否则$e_\mathrm{F}^\mathrm{PF} \leqslant e_\mathrm{F}^\mathrm{PD}$;(ii)如果 $0 < \lambda \leqslant 1 - \dfrac{K - MZ}{Z\big[M + \beta\eta_\mathrm{P}(1+r_2)\big]}$,则 $w^\mathrm{PF} \geqslant w^\mathrm{PD}$,否则 $w^\mathrm{PF} < w^\mathrm{PD}$。

(2)比较PD模型和PP模型,(i)$e_\mathrm{F}^\mathrm{PP} < e_\mathrm{F}^\mathrm{PD}$;(ii)$w^\mathrm{PP} < w^\mathrm{PD}$。

命题3.11表明,在平台融资下,与PD模型相比,当平台分担PTA成本的比例λ大于某个阈值时,平台分担PTA成本高于农户提高PTA水平所增加的成本。此时,农户将提高PTA水平以提高农产品产量。当λ小于某个阈值时,PF模型下的批发价格高于PD模型下的批发价格。然而,当农户分担PDE成本时,PTA水平和批发价格总是低于PD模型下的PTA水平和批发价格。农户分担PDE的成本增加了农户的成本。因此,农户会降低PTA水平以节约成本,而平台则会降低批发价格。这个结论和解释与命题3.5类似。在平台融资下也得到了类似的结果:PF合同有机会鼓励农户提高PTA水平,而PP合同只能抑制农户对PTA的积极性。

【命题3.11的证明】

(1)比较PD模型和PF模型。

(i)有

$$e_F^{PF} - e_F^{PD} =$$

$$\frac{\beta\lambda\alpha(1+r_2)\left[\eta_P\alpha^2(K+\rho\eta_F M) - 2K\gamma^2 Z + \lambda\gamma^2 ZK + \bar{\lambda}\gamma^2 MZ^2\right]}{\rho\eta_F\left[\eta_P\alpha^2 + \beta(1+r_2)(\eta_P\alpha^2 - \gamma^2 Z)\right]\left[\eta_P\alpha^2 + \beta\bar{\lambda}(1+r_2)(\eta_P\alpha^2 - \bar{\lambda}\gamma^2 Z)\right]},$$ 当

$\lambda > 1 - \lambda_2$ 时,有 $e_F^{PF} > e_F^{PD}$,否则 $e_F^{PF} \leqslant e_F^{PD}$。

(ii)有

$$w^{PF} - w^{PD} =$$

$$\frac{\lambda\eta_P\alpha^2(1+r_2)\left\{\bar{\lambda}Z\left[\beta\eta_P(1+r_2) + M\right] - K + MZ\right\}}{q\left[\eta_P\alpha^2 + \beta(1+r_2)(\eta_P\alpha^2 - \gamma^2 Z)\right]\left[\eta_P\alpha^2 + \beta\bar{\lambda}(1+r_2)(\eta_P\alpha^2 - \lambda\gamma^2 Z)\right]},$$

当 $0 < \lambda \leqslant 1 - \dfrac{K - MZ}{Z\left[M + \beta\eta_P(1+r_2)\right]}$ 时,$w^{PF} \geqslant w^{PD}$,否则 $w^{PF} < w^{PD}$。

(2)比较 PD 模型和 PP 模型。

(i)有

$$e_F^{PP} - e_F^{PD} =$$

$$-\frac{\varphi\alpha\beta^2\eta_P\gamma^2(1+r_2)Z\left[\rho\alpha^2 q + Z(1+r_2)\right]}{\rho\eta_F\left[\eta_P\alpha^2 + \beta(1+r_2)(\eta_P\alpha^2 - \gamma^2 Z)\right]\left[\eta_P\alpha^2(1+\beta+\beta r_2)\phi - \beta\gamma^2 Z(1+r_2)\right]} < 0,$$

因此,可以得到 $e_F^{BP} < e_F^{BD}$。

(ii)有

$$w^{PP} - w^{PD} =$$

$$-\frac{\varphi\beta^2\eta_P\gamma^2(1+r_2)^2 Z\left[\rho\alpha^2 q + Z(1+r_2)\right]}{q\left[\eta_P\alpha^2 + \beta(1+r_2)(\eta_P\alpha^2 - \gamma^2 Z)\right]\left[\eta_P\alpha^2(1+\beta+\beta r_2)\phi - \beta\gamma^2 Z(1+r_2)\right]} <$$

0,因此,可以得到 $w^{PP} < w^{PD}$。

【命题 3.12】(1)当 $\lambda > 1 - \dfrac{K - MZ}{Z\left[M + \beta\eta_P(1+r_2)\right]}$ 时,若 $\varphi < \varphi_2$,则 $e_P^{PF} \geqslant$

$e_P^{PP} > e_P^{PD}$;若 $\varphi \geqslant \varphi_2$,则 $e_P^{PP} \geqslant e_P^{PF} > e_P^{PD}$。

(2)当 $0 < \lambda \leqslant 1 - \dfrac{K - MZ}{Z\left[M + \beta\eta_{\mathrm{P}}(1 + r_2)\right]}$ 时，$e_{\mathrm{P}}^{\mathrm{PF}} \leqslant e_{\mathrm{P}}^{\mathrm{PD}} < e_{\mathrm{P}}^{\mathrm{PP}}$。

命题 3.12 比较了平台融资中三种合作机制下的 PDE 水平。与命题 3.6 类似，当平台分担 PTA 成本的比例 λ 较高时，PF 模型和 PP 模型下的 PDE 水平取决于农户分担 PDE 成本的比例 φ。当 φ 低于某个阈值时，PF 模型下的赋能水平高于 PP 模型下的赋能水平，反之亦然。当 λ 较低时，PP 模型下的赋能水平高于 PF 模型和 PD 模型下的赋能水平。PP 模型下的赋能水平始终高于 PD 模型下的赋能水平，而 PF 模型下的赋能水平低于 PD 模型下的赋能水平。与命题 3.6 相比，阈值 φ 和 λ 有所不同，并且阈值的大小受到贷款利率和破产风险的影响。

【命题 3.12 的证明】首先，比较 $e_{\mathrm{P}}^{\mathrm{PD}}$ 和 $e_{\mathrm{P}}^{\mathrm{PF}}$ 得到

$$e_{\mathrm{P}}^{\mathrm{PP}} - e_{\mathrm{P}}^{\mathrm{PD}} =$$

$$\frac{\varphi\alpha^2\beta^2\eta_{\mathrm{P}}\gamma(1 + r_2)(1 + \beta + \beta r_2)\left[p\alpha^2 q + Z(1 + r_2)\right]}{\left[(1 + \beta + \beta r_2)\eta_{\mathrm{P}}\alpha^2 - \beta\gamma^2 Z(1 + r_2)\right]\left[\eta_{\mathrm{P}}\alpha^2(1 + \beta + \beta r_2)\phi - \beta\gamma^2 Z(1 + r_2)\right]} > $$

0，即 $e_{\mathrm{P}}^{\mathrm{PP}} > e_{\mathrm{P}}^{\mathrm{PD}}$。

然后，比较 $e_{\mathrm{P}}^{\mathrm{PD}}$ 和 $e_{\mathrm{P}}^{\mathrm{PF}}$ 得到

$$e_{\mathrm{P}}^{\mathrm{PF}} - e_{\mathrm{P}}^{\mathrm{PD}} =$$

$$\frac{\beta\lambda\gamma\alpha^2(1 + r_2)\left\{K - MZ - \bar{\lambda}Z\left[\beta\eta_{\mathrm{P}}(1 + r_2) + M\right]\right\}}{\left[\eta_{\mathrm{P}}\alpha^2 + \beta(1 + r_2)(\eta_{\mathrm{P}}\alpha^2 - \gamma^2 Z)\right]\left[\eta_{\mathrm{P}}\alpha^2 + \beta\bar{\lambda}(1 + r_2)(\eta_{\mathrm{P}}\alpha^2 - \bar{\lambda}\gamma^2 Z)\right]}。\text{因此，}$$

当 $\lambda > 1 - \dfrac{K - MZ}{Z\left[M + \beta\eta_{\mathrm{P}}(1 + r_2)\right]}$ 时，$e_{\mathrm{P}}^{\mathrm{PF}} > e_{\mathrm{P}}^{\mathrm{PD}}$，否则 $e_{\mathrm{P}}^{\mathrm{PF}} \leqslant e_{\mathrm{P}}^{\mathrm{PD}}$。

最后，比较 $e_{\mathrm{P}}^{\mathrm{PF}}$ 和 $e_{\mathrm{P}}^{\mathrm{PP}}$ 得到

$$e_P^{PP} - e_P^{PF} =$$

$$\frac{\beta\gamma\alpha^2\eta_P(1+\beta+\beta r_2)\left[p\alpha^2 q + \bar{\lambda}^2 Z(1+r_2)\right]\left[1-\beta(1+r_2)\varphi\right]}{\left[\eta_P\alpha^2 + \beta\bar{\lambda}(1+r_2)(\eta_P\alpha^2 - \bar{\lambda}\gamma^2 Z)\right]\left[\eta_P\alpha^2(1+\beta+\beta r_2)\phi - \beta\gamma^2 Z(1+r_2)\right]}$$

$$-\frac{\eta_P\left[p\alpha^2 q + Z(1+r_2)\right]\left[1+\beta\bar{\lambda}(1+r_2)\right] - \lambda(1+\bar{\lambda})\beta p\gamma^2 q Z(1+r_2)}{\left[\eta_P\alpha^2 + \beta\bar{\lambda}(1+r_2)(\eta_P\alpha^2 - \bar{\lambda}\gamma^2 Z)\right]\left[\eta_P\alpha^2(1+\beta+\beta r_2)\phi - \beta\gamma^2 Z(1+r_2)\right]}。$$

从以上等式可得,当 $\varphi < \varphi_2$ 时, $e_P^{PP} < e_P^{PF}$,否则 $e_P^{PP} \geq e_P^{PF}$。

附录2   第四章结论的证明

【引理4.1的证明】根据农户的最优生产投入量为 $Q_b^* = w_b\eta_b$,其中 $\eta_b = \frac{1}{c(1+r_b)}\max\left(\frac{x}{2}, \theta x\right)$ 可知,核心企业的期望利润函数为 $\Theta_b = -b\delta\eta_b^2 w_b^2 - \mu\eta_b w_b^2 + a\mu\eta_b w_b$,$\Theta_b(w_b)$ 为 w_b 的严格凹函数,对其求关于 w_b 的一阶导数,令 $\frac{\partial\Theta_b}{w_b} = 0$,求解得到 $w_b^* = \frac{a\mu}{2\mu+2b\delta\eta_b}$。将 w_b^* 代入 $Q_b^* = w_b\eta_b$,得到 $Q_b^* = \frac{a\mu\eta_b}{2\mu+2b\delta\eta_b}$。

同时需要满足 $p > w_b$ 的条件,将 w_b^* 和 Q_b^* 代入不等式中,求解得到 $k > \frac{\theta\left[b\eta_b x(1-2\theta)-1\right]}{(1-\theta)\left[1+b\eta_b x(1+2\theta)\right]}$。令 $\bar{k} = \frac{\theta\left[b\eta_b x(1-2\theta)-1\right]}{(1-\theta)\left[1+b\eta_b x(1+2\theta)\right]}$,因此 $k > \bar{k}$ 时,企业的最优批发价格为 $w_b^* = \frac{a\mu}{2\mu+2b\delta\eta_b}$,农户的最优生产投入量为 $Q_b^* = \frac{a\mu\eta_b}{2\mu+2b\delta\eta_b}$。

【命题4.1的证明】根据农户的期望利润函数 $\Pi_{bp}(Q_{bp}) = \mu w_{bp}Q_{bp} - cQ_{bp}^2(1+r_b)$ 可知,$\Pi_{bp}(Q_{bp})$ 为 Q_{bp} 的严格凹函数,对其求关于 Q_{bp} 的一阶导数,

令 $\dfrac{\partial \Pi_{bp}}{Q_{bp}}=0$，求得农户的最优生产投入量为 $Q_{bp}^{*}=w_{bp}\eta_{bp}$，其中，$\eta_{bp}=$

$\dfrac{1}{(1+r_{b})c}\min\left(\theta x,\dfrac{\mu}{2}\right)$。

同时需要满足 $p>w_{bp}$ 的条件，将 Q_{bp}^{*} 代入不等式中，求解得到 $w_{bp}<$

$\dfrac{a}{1+bx\eta_{bp}}$。因此当批发价格 $w_{bp}<\dfrac{a}{1+bx\eta_{bp}}$ 时，农户的最优生产投入量为

$Q_{bp}^{*}=w_{bp}\eta_{bp}$。根据 $\eta_{bp}=\dfrac{1}{(1+r_{b})c}\min\left(\theta x,\dfrac{\mu}{2}\right)$ 的大小，存在两种情况：

（1）假设 $\eta_{bp}=\dfrac{\mu}{(1+r_{b})c}$，解得 $k<\dfrac{\theta}{1-\theta}$，此时 $Q_{bp}^{*}=\dfrac{w_{bp}\mu}{2(1+r_{b})c}$。当供

应链实现完全协调时，农户的最优生产投入量 $Q_{bp}^{*}=Q_{0}$，令 $\dfrac{w_{bp}\mu}{2(1+r_{b})c}=$

$\dfrac{a\mu}{2(b\delta+c)}$，求得 $w_{bp}=\dfrac{ac(1+r_{b})}{(b\delta+c)}$。同时需满足批发价格小于零售价格的约

束条件，即 $w_{bp}<a-bQ_{bp}x$，解得 $k>\dfrac{b\theta x^{2}+2cr_{b}-2b\theta^{2}x^{2}}{bx^{2}+b\theta x^{2}-2b\theta^{2}x^{2}}$ 时，能够实现供应

链完全协调。

因此，当 $k_{1}<k<\dfrac{\theta}{1-\theta}$，$k_{1}=\dfrac{b\theta x^{2}+2cr_{b}-2b\theta^{2}x^{2}}{bx^{2}+b\theta x^{2}-2b\theta^{2}x^{2}}$，承诺价格 $w_{bp}=$

$\dfrac{ac(1+r_{b})}{(b\delta+c)}$ 时，能够实现供应链完全协调。

（2）假设 $\eta_{b}=\dfrac{\theta x}{c(1+r_{b})}$，解得 $k\geqslant\dfrac{\theta}{1-\theta}$，此时 $Q_{bp}^{*}=\dfrac{w_{bp}\theta x}{(1+r_{b})c}$。当供应

链实现完全协调时，农户的最优生产投入量 $Q_{bp}^{*}=Q_{0}$，令 $\dfrac{w_{bp}\theta x}{(1+r_{b})c}=$

$\dfrac{a\mu}{2(b\delta+c)}$，求得承诺价格 $w_{bp}=\dfrac{a\mu c(1+r_{b})}{2\theta x(b\delta+c)}$。同时需满足批发价格小于零

售价格的约束条件，即 $w_{bp} < a - bQ_{bp}x$，解得 $c > \dfrac{b\theta x^2(1+2\theta)}{1+r_b}$ 且 $k >$

$$\dfrac{c\theta(r_b-1)+b\theta^2x^2-2b\theta^3x^2}{[b\theta x^2+2b\theta^2x^2-c(1+r_b)](1-\theta)} \quad \text{或} \quad c < \dfrac{b\theta x^2(1+2\theta)}{1+r_b} \quad \text{且} \quad k <$$

$$\dfrac{c\theta(r_b-1)+b\theta^2x^2-2b\theta^3x^2}{[b\theta x^2+2b\theta^2x^2-c(1+r_b)](1-\theta)} \text{时，能够实现供应链完全协调。}$$

因此，当 $c < c_1$ 且 $k \geqslant \max\left(\dfrac{\theta}{1-\theta}, k_2\right)$ 或 $c > c_1$ 且 $\dfrac{\theta}{1-\theta} < k \leqslant k_2$，承诺价

格满足 $w_{bp} = \dfrac{a\mu c(1+r_b)}{2\theta x(b\delta+c)}$ 时，能够实现供应链完全协调。其中 $c_1 =$

$\dfrac{b\theta x^2(1+2\theta)}{1+r_b}$，$k_2 = \dfrac{c\theta(1+r_b)+b\theta^2x^2-2b\theta^3x^2-2\theta c}{[b\theta x^2+2b\theta^2x^2-c(1+r_b)](1-\theta)}$。

其余情况下，供应链无法实现完全协调：①$c < c_1$ 且 $k < \max\left(\dfrac{\theta}{1-\theta}, k_2\right)$；

②$c > c_1$ 且 $k < \dfrac{\theta}{1-\theta}$；③$c > c_1$ 且 $k \geqslant k_2$。

【命题 4.2 的证明】 该证明与命题 4.1 的证明类似，因此省略。

【命题 4.3 的证明】

(1) 当 $\dfrac{\theta x}{(1+r_b)c+\overline{\varphi}b\theta^2x^2} < \dfrac{\mu}{2[b\delta\overline{\varphi}+c(1+r_b)]}$ 时，解得 $\overline{\varphi} < v_1$ 且

$k > k_4$，此时 $Q_{br}^* = \dfrac{(w_{br}+a\overline{\varphi})\theta x}{(1+r_b)c+\overline{\varphi}b\theta^2x^2}$。当供应链实现完全协调时，农户的最

优生产投入量 $Q_{br}^* = Q_0$，令 $\dfrac{(w_{br}+a\overline{\varphi})\theta x}{(1+r_b)c+\overline{\varphi}b\theta^2x^2} = \dfrac{a\mu}{2(b\delta+c)}$，求得 $w_{br} =$

$\dfrac{a\mu[(1+r_b)c+\overline{\varphi}b\theta^2x^2]}{2\theta x(b\delta+c)} - a\overline{\varphi}$。同时需满足批发价格小于零售价格的约束

条件，即 $w_{br} < a - bQ_{br}x$，解得

$w_{br} < \dfrac{2ac(1+r_b) + ab\overline{\varphi}(2b\delta - \mu)}{2c(1+r_b) + bx\mu + 2b\delta\overline{\varphi}}$ 时,能够实现供应链完全协调。

因此,当 $\overline{\varphi} < v_1$ 且 $k > k_4$ 时,满足 $a\mu\big[(1+r_b)c + \overline{\varphi}b\theta^2x^2\big] =$

$2\theta x(b\delta + c)(a\overline{\varphi} + w_{br})$,同时 $w_{br} < \dfrac{(1+r_b)ac + ab\theta^2x^2\overline{\varphi} - ab\theta x^2\overline{\varphi}}{(1+r_b)c + \overline{\varphi}b\theta^2x^2 + b\theta x^2}$ 时,能够

实现供应链完全协调。其中 $v_1 = \dfrac{(1+r_b)c}{b\theta x^2(2+\theta)}$ $k_4 =$

$\dfrac{\theta(1+r_b)c + \theta^3x^2\overline{\varphi}b}{(1-\theta)\big[(1+r_b)c - 2\theta x^2\overline{\varphi}b - \theta^2x^2\overline{\varphi}b\big]}$。

(2) 当 $\dfrac{\theta x}{(1+r_b)c + \overline{\varphi}b\theta^2x^2} \geqslant \dfrac{\mu}{2\big[b\delta\overline{\varphi} + c(1+r_b)\big]}$ 时,解得 $(\overline{\varphi} \geqslant v_1)$ 或

$(\overline{\varphi} < v_1$ 且 $k \leqslant k_4)$,此时 $Q_{br}^* = \dfrac{\mu(w_{br} + a\overline{\varphi})}{2\big[b\delta\overline{\varphi} + c(1+r_b)\big]}$。当供应链实现完全协调

时,农户的最优生产投入量 $Q_{br}^* = Q_0$,令 $\dfrac{\mu(w_{br} + a\overline{\varphi})}{2\big[b\delta\overline{\varphi} + c(1+r_b)\big]} = \dfrac{a\mu}{2(b\delta + c)}$,求

得 $w_{br} = \dfrac{ac(r_b + \varphi)}{(b\delta + c)}$。同时需满足批发价格小于零售价格的约束,即 $w_{br} <$

$a - bQ_{br}x$,解得 $w_{br} < \dfrac{2ac(1+r_b) + ab\overline{\varphi}(2b\delta - \mu)}{2c(1+r_b) + bx\mu + 2b\delta\overline{\varphi}}$ 时,能够实现供应链完全

协调。

因此,当 $\overline{\varphi} < v_1, k < k_4$,或者 $\overline{\varphi} > v_1$ 时,满足 $ac(r_b + \varphi) = w_{br}(b\delta + c)$,同

时 $w_{br} < \dfrac{2ac(1+r_b) + ab\overline{\varphi}(2b\delta - \mu)}{2c(1+r_b) + bx\mu + 2b\delta\overline{\varphi}}$ 时,能够实现供应链完全协调。

【命题4.4的证明】证明过程类似于命题4.3,在此省略。

【引理4.2的证明】证明过程类似于引理4.1,在此省略。

【引理4.3的证明】证明过程类似于引理4.1,在此省略。

【命题4.5的证明】证明过程类似于命题4.1,在此省略。

【命题4.6的证明】证明过程类似于命题4.3,在此省略。

【命题4.7的证明】证明过程类似于命题4.3,在此省略。

【命题4.8的证明】

(1)从 $Q_{bp}^* = \eta_{bp} w_{bp}$ 和 $Q_{gp}^* = \eta_{g1} w_{gp} = \dfrac{\eta_{bp} w_{bp}(1-s)(1+r_b)}{1+r_g}$,得到

$$\frac{Q_{gp}^*}{Q_{bp}^*} = \frac{w_{gp}(1-s)(1+r_b)}{w_{bp}(1+r_g)}。$$ 由此,可以知道,当 $\dfrac{w_{gp}(1-s)(1+r_b)}{w_{bp}(1+r_g)} > 1$,

$Q_{gp}^* > Q_{bp}^*$,即 $\dfrac{w_{gp}}{w_{bp}} > \dfrac{1+r_g}{(1-s)(1+r_b)}$ 时,$Q_{gp}^* > Q_{bp}^*$;否则,当 $\dfrac{w_{gp}}{w_{bp}} \leqslant$

$\dfrac{1+r_g}{(1-s)(1+r_b)}$时,$Q_{gp}^* \leqslant Q_{bp}^*$

(2)从 $\Pi_{gp}^* = w_{gp}^2 \eta_{g1} \mu - \dfrac{c w_{gp}^2 \eta_{g1}^2 (1+r_g)}{1-s}$ 和 $\Pi_{bp}^* = w_{bp}^2 \eta_{bp} \left[\mu - c(1+r_b)\eta_{bp} \right]$,

得到 $\Pi_{gp}^* - \Pi_{bp}^* = \eta_{bp} \left[\dfrac{(1-s)(1+r_b)}{1+r_g} w_{gp}^2 - w_{bp}^2 \right] \left[\mu - \min\left(\theta x, \dfrac{\mu}{2} \right) \right]$。由此可见

$\mu > \min\left(\theta x, \dfrac{\mu}{2} \right)$。因此,当 $\dfrac{(1-s)(1+r_b)}{1+r_g} w_{gp}^2 - w_{bp}^2 > 0, \Pi_{gp}^* > \Pi_{bp}^*$,即

$\dfrac{w_{gp}^2}{w_{bp}^2} > \dfrac{1+r_g}{(1-s)(1+r_b)}$ 时,$\Pi_{gp}^* > \Pi_{bp}^*$;否则,当 $\dfrac{w_{gp}^2}{w_{bp}^2} \leqslant \dfrac{1+r_g}{(1-s)(1+r_b)}$ 时,

$\Pi_{gp}^* \leqslant \Pi_{bp}^*.$

(3)从 $\Omega_{gp} - \Omega_{bp} = c \eta_{bp}^2 \left[w_{gp}^2 \dfrac{r_g(1-s)(1+r_b)^2}{(1+r_g)^2} - r_b w_{bp}^2 \right]$ 得到,当 $\dfrac{w_{gp}^2}{w_{bp}^2} >$

$\dfrac{r_b(1+r_g)^2}{r_g(1-s)(1+r_b)^2}$时,$\Omega_{gp} > \Omega_{bp}$;当 $\dfrac{w_{gp}^2}{w_{bp}^2} < \dfrac{r_b(1+r_g)^2}{r_g(1-s)(1+r_b)^2}$时,$\Omega_{gp} \leqslant \Omega_{bp}$。

【命题4.9的证明】证明过程类似于命题4.8,在此省略。

【命题4.10的证明】证明过程类似于命题4.8,在此省略。

附录3　第五章结论的证明

【命题5.1的证明】

对 Q_T 和 R_T 求一阶导数,

$$\frac{\partial E\Pi_T^{CD}}{\partial Q_T} = p(1-\beta r) - p(1-\beta r) F[(1-\beta r)Q_T] - c_s \frac{s_f}{1-\beta s} G\left(\frac{Q_T}{R_T(1-\beta_s)}\right),$$

$$\frac{\partial^2 E\Pi_T^{CD}}{\partial Q_T^2} = -p(1-\beta_r)^2 f[(1-\beta_r)Q_T] - \frac{s_f}{R_T(1-\beta_s)^2} g\left(\frac{Q_T}{R_T(1-\beta_s)}\right),$$

$$\frac{\partial E\Pi_T^{CD}}{\partial R_T} = -c_f + s_f \int_0^{\frac{Q_T}{R_T(1-\beta_s)}} yg(y)\mathrm{d}y,$$

$$\frac{\partial^2 E\Pi_T^{CD}}{\partial R_T^2} = -\frac{s_f Q_T^2}{R_T^3(1-\beta_s)^2} g\left(\frac{Q_T}{R_T(1-\beta_s)}\right)$$

$$\frac{\partial^2 E\Pi_T^{CD}}{\partial Q_T \partial R_T} = \frac{\partial^2 E\Pi_T^{CD}}{\partial R_T \partial Q_T} = \frac{s_f Q_T}{R_T^2(1-\beta_s)^2} g\left(\frac{Q_T}{R_T(1-\beta_s)}\right),$$

那么海塞矩阵为

$$H(Q_T,R_T) = \begin{bmatrix} \dfrac{\partial^2 E\Pi_T^{CD}}{\partial Q_T^2} & \dfrac{\partial^2 E\Pi_T^{CD}}{\partial Q_T \partial R_T} \\ \dfrac{\partial^2 E\Pi_T^{CD}}{\partial R_T \partial Q_T} & \dfrac{\partial^2 E\Pi_T^{CD}}{\partial R_T^2} \end{bmatrix}$$

显　然　$|H(Q_T,R_T)| = \dfrac{s_f Q_T}{R_T^3(1-\beta_s)^2} g\left(\dfrac{Q_T}{R_T(1-\beta_s)}\right) p(1-\beta_r)^2 f[(1-$

$\beta_r)Q_T] > 0, \dfrac{\partial^2 E\Pi_T^{CD}}{\partial Q_T^2} < 0, \dfrac{\partial^2 E\Pi_T^{CD}}{\partial R_T^2} < 0$。因此,$H(Q_T,R_T)$ 是负定矩阵,这意味

着 $\dfrac{\partial^2 E\Pi_T^{CD}}{\partial R_T^2}$ 在 (Q_T,R_T) 中共同凹。唯一最优解 Q_T^* 和 R_T^* 应满足一阶条件。

【命题5.2的证明】

假设 $\alpha_{r1}^{DD} = -w_r(1-\beta_r)Q_0, \alpha_{r2}^{DD} = (p-w_r)(1-\beta_r)Q_0$,显然 $\alpha_{r1}^{DD} < \alpha_{r2}^{DD}$。

当 $\alpha_r^{DD} < \alpha_{r1}^{DD}$，$EU_r^{DD} > \alpha_r^{DD}$ 时，$\dfrac{\partial EU_r^{DD}}{\partial \alpha_r^{DD}} = 1 > 0$。

当 $\alpha_{r1}^{DD} \leqslant \alpha_r^{DD} < \alpha_{r2}^{DD}$ 时，

$$EU_r^{DD} = \alpha_r^{DD} - \frac{1}{\lambda_r} \int_0^{\frac{\alpha_r^{DD} - \alpha_{r1}^{DD}}{p}} (\alpha_r^{DD} - \alpha_{r1}^{DD} - px) f(x) \mathrm{d}x,$$

则 有 $\dfrac{\partial EU_r^{DD}}{\partial \alpha_r^{DD}} = 1 - \dfrac{1}{\lambda_r} \mathrm{F}\left(\dfrac{\alpha_r^{DD} - \alpha_{r1}^{DD}}{p}\right)$。由 $\dfrac{\partial EU_r^{DD}}{\partial \alpha_r^{DD}} = 0$，得 到 $\alpha_r^{DD} = p\mathrm{F}^{-1}(\lambda_r) + \alpha_{r1}^{DD}$。

当 $\alpha_r^{DD} \geqslant \alpha_{r2}^{DD}$ 时，效用函数为：

$$EU_r^{DD} = \alpha_r^{DD} -$$
$$\frac{1}{\lambda_r} \left[\int_0^{(1-\beta_r)Q_0} (\alpha_r^{DD} - \alpha_{r1}^{DD} - px) f(x) \mathrm{d}x + \int_{(1-\beta_r)Q_0}^{+\infty} (\alpha_r^{DD} - \alpha_{r2}^{DD}) f(x) \mathrm{d}x \right]$$

那么，可以得到 $\dfrac{\partial EU_r^{DD}}{\partial \alpha_r^{DD}} = 1 - \dfrac{1}{\lambda_r} < 0$。因此，有如下两种情况。

(1)假设 $p\mathrm{F}^{-1}(\lambda_r) + \alpha_{r1}^{DD} < \alpha_{r2}^{DD}$。因此 $Q_0 > \dfrac{1}{1-\beta_r} \mathrm{F}^{-1}(\lambda_r)$，那么，最优决策为 $\alpha_r^{DD} = p\mathrm{F}^{-1}(\lambda_r) + \alpha_{r1}^{DD}$，将其代入效用函数，有

$$EU_r^{DD} = p\mathrm{F}^{-1}(\lambda_r) - w_r(1-\beta_r)Q_0 - \frac{1}{\lambda_r} \int_0^{\mathrm{F}^{-1}(\lambda_r)} p\left[\mathrm{F}^{-1}(\lambda_r) - x\right] f(x) \mathrm{d}x。$$

对 Q_0 求一阶导数为 $\dfrac{\partial EU_r^{DD}}{\partial Q_0} = -w_r(1-\beta_r) < 0$，可以得到 $Q_0^* = \dfrac{1}{1-\beta_r} \mathrm{F}^{-1}(\lambda_r)$，这与 $Q_0 > \dfrac{1}{1-\beta_r} \mathrm{F}^{-1}(\lambda_r)$ 相矛盾，因此 $p\mathrm{F}^{-1}(\lambda_r) + \alpha_{r1}^{DD} < \alpha_{r2}^{DD}$ 不成立。

(2)假设 $p\mathrm{F}^{-1}(\lambda_r) + \alpha_{r1}^{DD} \geqslant \alpha_{r2}^{DD}$。因此 $Q_0 \leqslant \dfrac{1}{1-\beta_r} \mathrm{F}^{-1}(\lambda_r)$，那么，最优决策为 $\alpha_r^{DD} = \alpha_{r2}^{DD} = (p - w_r)(1-\beta_r)Q_0$，将其代入效用函数，有

$$EU_r^{DD} = (p - w_r)(1-\beta_r)Q_0 - \frac{1}{\lambda_r} \int_0^{(1-\beta_r)Q_0} p\left[(1-\beta_r)Q_0 - x\right] f(x) \mathrm{d}x,$$

对 Q_0 求一阶导数和二阶导数，分别为

$$\frac{\partial EU_r^{DD}}{\partial Q_0}=(p-w_r)(1-\beta_r)Q_0-\frac{p(1-\beta_r)}{\lambda_r}\mathrm{F}[(1-\beta_r)Q_0]\text{ 和 }\frac{\partial^2 EU_r^{DD}}{\partial Q_0^2}=$$

$$-\frac{p(1-\beta_r)^2}{\lambda_r}f[(1-\beta_r)Q_0]<0,\text{ 可以得到 }Q_0^*=\frac{1}{1-\beta_r}\mathrm{F}^{-1}\frac{\lambda_r(p-w_r)}{p}。$$

因此,零售商的最优决策分别为

$$\alpha_r^{DD}=(p-w_r)(1-\beta_r)Q_0\text{ 和 }Q_0^*=-\frac{1}{1-\beta_r}\mathrm{F}^{-1}\frac{\lambda_r(p-w_r)}{p}。$$

与上述过程类似,可以得到农户的最优决策。

【命题5.3的证明】

(1)由等式(5.1)和(5.2)可知,如果 $\lambda_f=1$,那么 $\eta_1=1$。那么,根据农户和零售商的最优预期利润可得

$$(1-\beta_r)w_r>\frac{w_f}{1-\beta_s}+c_s>\frac{s_f G(\eta)}{1-\beta_s}+c_s,\text{ 即 }(1-\beta_r)w_r>c_s+c_{\eta}。$$

$$\text{因此 }Q_0^*=\frac{1}{1-\beta_r}\mathrm{F}^{-1}\left[\frac{\lambda_r(p-w_r)}{p}\right]<\frac{1}{1-\beta_s}\mathrm{F}^{-1}\left[1-\frac{c_s+c_{\eta}}{p(1-\beta_s)}\right]=Q_T^*。$$

$$\text{由 }\eta=\frac{Q_T^*}{R_T^*(1-\beta_s)}=\frac{Q_0^*}{R_0^*(1-\beta_s)}=\eta_1\text{ 得 }R_0^*<R_T^*。$$

(2)如果 $0<\lambda_f<1$,那么 $\eta_1<\eta,\dfrac{Q_0^*}{R_0^*}<\dfrac{Q_T^*}{R_T^*}$。

【命题5.4的证明】

假设 $\alpha_{r1}^{CO}=-w_r(1-\beta_r)Q_1-o_1q_1,\alpha_{r2}^{CO}=(e-w_r)(1-\beta_r)Q_1-o_1q_1,$

$\alpha_{r3}^{CO}=(p-w_r)(1-\beta_r)Q_1+(p-e)(1-\beta_r)q_1-o_1q_1,$ 可得 $\alpha_{r1}^{CO}<\alpha_{r2}^{CO}<$

α_{r3}^{CO}。

因此,有以下四种情况:

(1)当 $\alpha_r^{CO}<\alpha_{r1}^{CO}$ 时,由等式5.4可知 $EU_r^{CO}<\alpha_r^{CO},\dfrac{\partial EU_r^{CO}}{\partial \alpha_r^{CO}}=1>0$,因此最优解为 $\alpha_r^{CO}=\alpha_{r1}^{CO}$,最大效用为 $EU_r^{CO}=-w_r(1-\beta_r)Q_1-o_1q_1\leqslant 0$.那么,只有当 $Q_1^*=q_1^*=0$ 时,效用才能达到最大。但只有当 $x=0$ 时,才会出现这种情况,这是不合理的。因此,在这种情况下,零售商无法实现效用最大化。

（2）当 $\alpha_{r1}^{CO} < \alpha_r^{CO} < \alpha_{r2}^{CO}$ 时，效用函数为

$$EU_r^{CO} = \alpha_r^{CO} - \frac{1}{\lambda_r} \int_0^{\frac{\alpha_r^{CO} - \alpha_{r1}^{CO}}{p}} (\alpha_r^{CO} - \alpha_{r1}^{CO} - px) f(x) \mathrm{d}x，可得$$

$$\frac{\partial EU_r^{CO}}{\partial \alpha_r^{CO}} = 1 - \frac{1}{\lambda_r} \mathrm{F}\left(\frac{\alpha_r^{CO} - \alpha_{r1}^{CO}}{p}\right)。$$

由 $\frac{\partial EU_r^{CO}}{\partial \alpha_r^{CO}} = 0$，可得 $\alpha_r^{CO} = p\mathrm{F}^{-1}(\lambda_r) + \alpha_{r1}^{CO}$，将其代入效用函数，可以得到

$$EU_r^{CO} = p\mathrm{F}^{-1}(\lambda_r) - w_r(1 - \beta_r)Q_1 - o_1 q_1 - \frac{1}{\lambda_r} \int_0^{\mathrm{F}^{-1}(\lambda_r)} p\left[\mathrm{F}^{-1}(\lambda_r) - x\right] f(x) \mathrm{d}x。$$

当且仅当 $0 < x \leqslant \mathrm{F}^{-1}(\lambda_r) < (1 - \beta_r)Q_1$ 时，等式才成立。

又因为 $\frac{\partial EU_r^{CO}}{\partial Q_1} = -w_r(1 - \beta_r) < 0$，且 $\frac{\partial EU_r^{CO}}{\partial q_1} = -o_1 < 0$，可知，当 $Q_1^* = \mathrm{F}^{-1}(\lambda_r)$ 时，即可满足市场需求，并且零售商不需要购买看涨期权，也无法实现效用最大化。

（3）当 $\alpha_{r2}^{CO} < \alpha_r^{CO} < \alpha_{r3}^{CO}$ 时，效用函数为

$$EU_r^{CO} = \alpha_r^{CO} - \frac{1}{\lambda_r} \int_0^{(1-\beta_r)Q_1} (\alpha_r^{CO} - \alpha_{r1}^{CO} - px) f(x) \mathrm{d}x - \frac{1}{\lambda_r} \int_{(1-\beta_r)Q_1}^{\frac{\alpha_r^{CO} - \alpha_{r2}^{CO}}{p-e}} (\alpha_r^{CO} -$$

$\alpha_{r1}^{CO} - (p-e)x) f(x) \mathrm{d}x$，可得 $\frac{\partial EU_r^{CO}}{\partial \alpha_r^{CO}} = 1 - \frac{1}{\lambda_r} \mathrm{F}\left(\frac{\alpha_r^{CO} - \alpha_{r2}^{CO}}{p-e}\right)$。由 $\frac{\partial EU_r^{CO}}{\partial \alpha_r^{CO}} = 0$，可得 $\alpha_r^{CO} = (p-e)\mathrm{F}^{-1}(\lambda_r) + \alpha_{r2}^{CO}$，将其代入效用函数，可以得到

$$EU_r^{CO} = (p-e)\mathrm{F}^{-1}(\lambda_r) + (e - w_r)(1 - \beta_r)Q_1 - o_1 q_1$$
$$- \frac{1}{\lambda_r} p \int_0^{(1-\beta_r)Q_1} \mathrm{F}(x) \mathrm{d}x - \frac{1}{\lambda_r}(p-e) \int_{(1-\beta_r)Q_1}^{\mathrm{F}^{-1}(\lambda_r)} \mathrm{F}(x) \mathrm{d}x。$$

因此，只有当 $0 < x \leqslant \mathrm{F}^{-1}(\lambda_r) < (1 - \beta_r)(Q_1 + q_1)$ 时，等式才成立。

有 $\frac{\partial EU_r^{CO}}{\partial Q_1} = (e - w_r)(1 - \beta_r) - \frac{1}{\lambda_r} e(1 - \beta_r) \mathrm{F}\left[(1 - \beta_r)Q_1\right]$ 和 $\frac{\partial EU_r^{CO}}{\partial q_1} = -o_1 < 0$。

由 $\dfrac{\partial EU_r^{CO}}{\partial Q_1} = 0$ 和 x 的范围,可得 $Q_1^* = \dfrac{1}{1-\beta_r} - \mathrm{F}^{-1}\left[\dfrac{\lambda_r(e-wr)}{e}\right]$。由于

$Q_1 + q_1$ 等 于 最 大 市 场 需 求 $\mathrm{F}^{-1}(\lambda_r)$,则

$q_1^* = \mathrm{F}^{-1}(\lambda_r) - \dfrac{1}{1-\beta_r}\mathrm{F}^{-1}\left[\dfrac{\lambda_r(e-w_r)}{e}\right]$。此时零售商购买了一部分看涨期

权,只满足了一部分需求,因此无法实现效用最大化。

(4)当 $\alpha_r^{CO} \geqslant \alpha_{r3}^{CO}$,效用函数为

$$EU_r^{CO} = \alpha_r^{CO} - \frac{1}{\lambda_r}\int_0^{(1-\beta_r)Q_1}(\alpha_r^{CO} - \alpha_{r1}^{CO} - px)f(x)\mathrm{d}x$$
$$- \frac{1}{\lambda_r}\int_{(1-\beta_r)Q_1}^{(1-\beta_r)(Q_1+q_1)}(\alpha_r^{CO} - \alpha_{r2}^{CO} - (p-e)x)f(x)\mathrm{d}x$$
$$- \frac{1}{\lambda_r}\int_{(1-\beta_r)(Q_1+q_1)}^{+\infty}(\alpha_r^{CO} - \alpha_{r3}^{CO})f(x)\mathrm{d}x$$

由 $\dfrac{\partial EU_r^{CO}}{\partial \alpha_r^{CO}} = 1 - \dfrac{1}{\lambda_r} < 0$,损失的最佳阈值是 $\alpha_r^{CO} = \alpha_{r3}^{CO}$。将其代入效用函

数,可以得到

$$EU_r^{CO} = (p-e)(1-\beta_r)q_1 + (p-w_r)(1-\beta_r)Q_1 - o_1q_1$$
$$- \frac{1}{\lambda_r}\left[p\int_0^{(1-\beta_r)Q_1}\mathrm{F}(x)\mathrm{d}x + (p-e)\int_{(1-\beta_r)Q_1}^{(1-\beta_r)(Q_1+q_1)}\mathrm{F}(x)\mathrm{d}x\right]。$$

对 Q_1 和 q_1 分别求一阶导数和二阶导数,

$$\frac{\partial EU_r^{CO}}{\partial Q_1} = (p-w_r)(1-\beta_r) - \frac{1-\beta_r}{\lambda_r}\{[e\mathrm{F}[(1-\beta_r)Q_1] + (p-e)$$

$\mathrm{F}[(1-\beta_r)(Q_1+q_1)]\}$

$$\frac{\partial^2 EU_r^{CO}}{\partial Q_1^2} = -\frac{(1-\beta_r)^2}{\lambda_r}\{e\mathrm{F}(1-\beta_r)Q_1 + (p-e)\mathrm{F}[(1-\beta_r)(Q_1+q_1)]\},$$

$$\frac{\partial EU_r^{CO}}{\partial q_1} = (p-e)(1-\beta_r) - o_1 - \frac{(p-e)(1-\beta_r)}{\lambda_r}\mathrm{F}[(1-\beta_r)(Q_1+q_1)],$$

$$\frac{\partial^2 EU_r^{CO}}{\partial q_1^2} = -\frac{(p-e)(1-\beta_r)^2}{\lambda_r}f[(1-\beta_r)(Q_1+q_1)]$$

$$\frac{\partial^2 EU_r^{CO}}{\partial Q_1 \partial q_1} = \frac{\partial^2 EU_r^{CO}}{\partial q_1 \partial Q_1} = -\frac{(p-e)(1-\beta_r)^2}{\lambda_r} f\big[(1-\beta_r)(Q_1+q_1)\big],$$

那么海塞矩阵为

$$H(Q_1, q_1) = \begin{bmatrix} \dfrac{\partial^2 EU_r^{CO}}{\partial Q_1^2} & \dfrac{\partial^2 EU_r^{CO}}{\partial Q_1 \partial q_1} \\[3mm] \dfrac{\partial^2 EU_r^{CO}}{\partial q_1 \partial Q_1} & \dfrac{\partial^2 EU_r^{CO}}{\partial q_1^2} \end{bmatrix}$$

显 然 $|H(Q_1, q_1)| = \dfrac{e(p-e)(1-\beta_r)^4}{\lambda_r^2} f\big[(1-\beta_r)Q_1\big] f\big[(1-\beta_r)(Q_1 +$

$q_1)\big]) > 0, \dfrac{\partial^2 EU_r^{CO}}{\partial Q_1^2} < 0, \dfrac{\partial^2 EU_r^{CO}}{\partial q_1^2} < 0$。因此，$H(Q_1, q_1)$ 是负定矩阵，这意味着

EU_r^{CO} 在 (Q_1, q_1) 中共同凹。唯一最优的 Q_1^* 和 q_1^* 应满足一阶条件。另外，由

$q_1^* > 0$，有 $\dfrac{\lambda_r\big[(p-e)(1-\beta_r) - o_1\big]}{(p-e)(1-\beta_r)} > \dfrac{\lambda_r\big[(p-e)(1-\beta_r) + o_1\big]}{e(1-\beta_r)}$，即 $(p-$

$e)(1-\beta_r)w_r > po_1$。因此，零售商的最优决策为 $\alpha_r^{CO} = \alpha_{r3}^{CO} = (p-w_r)(1-$

$\beta_r)Q_1 + (p-e)(1-\beta_r)q_1 - o_1 q_1, Q_1^*$ 和 q_1^*。

证明类似，我们可以得到农户的最优决策。

【命题 5.5 的证明】

(1) 如果 $\lambda_f = 1$，那么 $\eta_1 = 1$，那么 $Q_1^* + q_1^* = Q_T^*$，有

$$o_1 = \frac{(p-e)\big[c_s + c_\eta - p(1-\beta_r)(1-\lambda_r)\big]}{\lambda_r p}, \quad \text{且} \quad \frac{w_r(1-\beta_r) - o_1}{1-\beta_r} < e <$$

$\dfrac{p\big[w_r(1-\beta_r) - o_1\big]}{w_r(1-\beta_r)}$。由 $\eta = \dfrac{Q_T^*}{R_T^*(1-\beta_s)} = \dfrac{Q_1^* + q_1^*}{R_1^*(1-\beta_s)} = \eta_1$，可知 $R_1^* = R_T^*$。

(2) 当 $0 < \lambda_f < 1$ 时，$\eta_1 < \eta$，因此对于任意 o_1 和 e，即 $\dfrac{Q_1^* + q_1^*}{R_1^*} < \dfrac{Q_T^*}{R_T^*}$。

【命题 5.6 的证明】

在带有补货成本分摊契约的看涨期权契约中，由等式 (5.1) 和式 (5.7) 可知，当 $\varphi = \lambda_f$ 时，$\eta_1^C = \eta$。

然后，由 $Q_1^* + q_1^* = Q_T^*$ 可知，有 $o_1 = \dfrac{(p-e)[c_s + c_\eta - p(1-\beta_r)(1-\lambda_r)]}{\lambda_r p}$，并

且从 $w_r(1-e)(1-\beta_r) > po_1$ 且 $e(1-\beta_r) + o_1 > w_r(1-\beta_r)$，有

$$\frac{w_r(1-\beta_r) - o_1}{1-\beta_r} < e < \frac{p[w_r(1-\beta_r) - o_1]}{w_r(1-\beta_r)}。 \qquad 由 \qquad \eta = \frac{Q_T^*}{R_T^*(1-\beta_s)} =$$

$\dfrac{Q_1^* + q_1^*}{R_1^{C*}(1-\beta_s)} = \eta_1^C$，可知 $R_1^{C*} = R_{T\circ}^*$

【推论 5.1 的证明】

（1）由命题 5.2 可知 $\dfrac{\partial Q_1^*}{\partial \lambda_r} = \dfrac{(e-w)(1-\beta_r) + o_1}{e(1-\beta_r)^2 f[(1-\beta_r)Q_1^*]} > 0$，并且

$Q_1^* + q_1^* = \dfrac{1}{1-\beta_r} F^{-1}\left[\dfrac{\lambda_r(p-e)(1-\beta_r) - o_1}{(p-e)(1-\beta_r)}\right]$，那么 $\dfrac{\partial(Q_1^* + q_1^*)}{\partial \lambda_r} = \dfrac{1}{\eta}$

$\dfrac{(p-e)(1-\beta_r) - o_1}{(p-e)(1-\beta_r)^2 f[(1-\beta_r)(Q_1^* + q_1^*)]} > 0$。由 $\eta_1 = \dfrac{Q_1^* + q_1^*}{R_1^*(1-\beta_s)}$，可得 $\dfrac{\partial R_1^*}{\partial \lambda_r} =$

$\dfrac{1}{\eta_1(1-\beta_s)} * \dfrac{\partial(Q_1^* + q_1^*)}{\partial \lambda_r} > 0$。由等式（5.5），可以得到 $\dfrac{\partial R_1^*}{\partial \lambda_r} =$

$-\dfrac{c_f R_1^{*2}(1-\beta_s)}{s_f \eta_1 g(\eta_1)(Q_1^* + q_1^*)} < 0$。

（2）与上面类似，有 $\dfrac{\partial Q_1^*}{\partial o_1} = -\dfrac{\lambda_r}{e(1-\beta_r)^2 sf[(1-\beta_r)Q_1^*]} > 0$，

$$\frac{\partial(Q_1^* + q_1^*)}{\partial o_1} = -\frac{\lambda_r}{(p-e)(1-\beta_r)^2 f[(1-\beta_r)(Q_1^* + q_1^*)]} < 0,$$

$$\frac{\partial q_1^*}{\partial o_1} = \frac{\partial(Q_1^* + q_1^*)}{\partial o_1} - \frac{\partial Q_1^*}{\partial o_1} < 0,$$

$$\frac{\partial R_1^*}{\partial o_1} = -\frac{1}{\eta_1(1-\beta_s)} * \frac{\partial(Q_1^* + q_1^*)}{\partial o_1} < 0,$$

$$\frac{\partial Q_1^*}{\partial e} = -\frac{\lambda_r[w_r(1-\beta_r) - o_1]}{e^2(1-\beta_r)^2 f(1-\beta_r)Q_1^*} > 0,$$

$$\frac{\partial(Q_1^* + q_1^*)}{\partial e} = -\frac{\lambda_r o_1}{(p-e)^2(1-\beta_r)^2 f\left[(1-\beta_r)(Q_1^* + q_1^*)\right]} < 0,$$

$$\frac{\partial q_1^*}{\partial e} = \frac{\partial(Q_1^* + q_1^*)}{\partial e} - \frac{\partial Q_1^*}{\partial e} < 0, \frac{\partial R_1^*}{\partial e} = -\frac{1}{\eta_1(1-\beta_s)} * \frac{\partial(Q_1^* + q_1^*)}{\partial e} < 0_\circ$$

【命题 5.7 的证明】：证明过程与命题 5.4 类似，在此省略。

【命题 5.8 的证明】：证明过程与命题 5.5 类似，在此省略。

【命题 5.9 的证明】：证明过程与命题 5.6 类似，在此省略。

【推论 5.2 的证明】：证明过程与推论 5.1 类似，在此省略。

【命题 5.10 的证明】：证明过程与命题 5.4 类似，在此省略。

【命题 5.11 的证明】：证明过程与命题 5.5 类似，在此省略。

【命题 5.12 的证明】：证明过程与命题 5.6 类似，在此省略。

【推论 5.3 的证明】：证明过程与推论 5.1 类似，在此省略。

【命题 5.13 的证明】

由 $Q_1^* + q_1^* = Q_2^*$ 可知

$$\frac{1}{1-\beta_r} F^{-1}\left\{\frac{\lambda_r\left[(p-e)(1-\beta_r)-o_1\right]}{(p-e)(1-\beta_r)}\right\} =$$

$$\frac{1}{1-\beta_r} F^{-1}\left\{\frac{\lambda_r\left[p-w_r)(1-\beta_r)-o_2\right]}{(p-e)(1-\beta_r)}\right\},$$

那么 $o_2 = (e-w_r)(1-\beta_r) + o_1_\circ$ 由 $Q_1^* + q_1^* = Q_3^* + q_3^*$，即

$$\frac{1}{1-\beta_r} F^{-1}\left\{\frac{\lambda_r\left[(p-e)(1-\beta_r)-o_1\right]}{(p-e)(1-\beta_r)}\right\} =$$

$$\frac{1}{1-\beta_r} F^{-1}\left\{\frac{\lambda_r\left[(2p-e-w_r)(1-\beta_r)-o_3\right]}{2(p-e)(1-\beta_r)}\right\},$$

可得 $o_3 = (e-w_r)(1-\beta_r) + 2o_1$。所以当 $o_2 = (e-w_r)(1-\beta_r) + o_1$ 和 $o_3 = (e-w_r)(1-\beta_r) + 2o_1$ 时，$Q_1^* + q_1^* = Q_2^* = Q_3^* + q_3^*_\circ$

因此，由

$$q_2^* = Q_2^* - \frac{1}{1-\beta_r}\mathrm{F}^{-1}\left[\frac{\lambda_r o_2}{e(1-\beta_r)}\right] = Q_1^* + q_1^* - \frac{1}{1-\beta_r}\mathrm{F}^{-1}\left[\frac{\lambda_r o_2}{e(1-\beta_r)}\right],$$

且 $\dfrac{1}{1-\beta_r}\mathrm{F}^{-1}\left[\dfrac{\lambda_r o_2}{e(1-\beta_r)}\right] = \dfrac{1}{1-\beta_r}\mathrm{F}^{-1}\left[\dfrac{\lambda_r(e-w_r)(1-\beta_r)+o_1)}{e(1-\beta_r)}\right] = Q_1^*,$

可得 $q_1^* = q_2^*$。

又从 $2q_3^* = Q_3^* + q_3^* - (Q_3^* - q_3^*) = Q_2^* - (Q_3^* - q_3^*)$ 和

$$Q_3^* - q_3^* = \frac{1}{1-\beta_r}\mathrm{F}^{-1}\left\{\frac{\lambda_r\left[(e-w_r)(1-\beta_r)+o_3\right]}{2e(1-\beta_r)}\right\}$$

$$= \frac{1}{1-\beta_r}\mathrm{F}^{-1}\left\{\frac{\lambda_r\left[(e-w_r)(1-\beta_r)+o_1\right]}{e(1-\beta_r)}\right\} = \frac{1}{1-\beta_r}\mathrm{F}^{-1}\left[\frac{\lambda_r o_2}{e(1-\beta_r)}\right]$$

可得 $2q_3^* = q_2^*$，因此 $q_1^* = q_2^* = 2q_3^*$。从 $Q_1^* + q_1^* = Q_2^* = Q_3^* + q_3^*$ 和 $\eta_1 =$

$\dfrac{Q_1^* + q_1^*}{R_1^*(1-\beta_s)} = \dfrac{Q_2^*}{R_2^*(1-\beta_s)} = \dfrac{Q_3^* + q_3^*}{R_3^*(1-\beta_s)}$ 或 $\eta_1^C = \dfrac{Q_1^* + q_1^*}{R_1^{C*}(1-\beta_s)} =$

$\dfrac{Q_2^*}{R_2^{C*}(1-\beta_s)} = \dfrac{Q_3^* + q_3^*}{R_3^{C*}(1-\beta_s)}$，可得 $R_1^* = R_2^* = R_3^*$ 或 $R_1^{C*} = R_2^{C*} = R_3^{C*}$。因此结合

上述条件和结论，可以得到命题 5.8(2)。

【命题 5.4 的证明】

当供应链能够完全协调时，在看涨期权契约中，可以得到命题 8.2(1) 和命题 3。据此，可以得到 $E\Pi_f^{CO*} = [w_f - s_f G(\eta)]Q_T^*/(1-\beta_s)$，且

$E\Pi_f^{CC*} = [w_f - \lambda_r s_f G(\eta) - (1-\lambda_f)c_f/\eta]Q_T^*/(1-\beta_s)$。

因此，如果 $s_f > c_f/[\eta G(\eta)]$，那么 $E\Pi_f^{CO*} < E\Pi_f^{CC*}$；如果 $c_f < s_f < c_f/(\eta G(\eta))$，那么 $E\Pi_f^{CO*} > E\Pi_f^{CC*}$。根据 $E\Pi_T^{CC*} = E\Pi_T^{CO*} = E\Pi_T^{CD*}$ 且 $E\Pi_r^{CC*} = E\Pi_r^{CO*}$ 可知，当 $s_f > c_f/(\eta G(\eta))$ 时，$E\Pi_s^{CO*} > E\Pi_s^{CC*}$；当 $c_f < s_f < c_f/[\eta G(\eta)]$ 时，$E\Pi_s^{CO*} < E\Pi_s^{CC*}$。同样，可以证明看跌期权契约和双向期权契约的情况。

附录4　第六章结论的证明

【命题6.5的证明】

批发价格之差为 $w_{bd}^* - w_{ed}^* = (1+r_f)\dfrac{a\mu c_h - \left(b + (1+r_f)c_h\right)M}{\mu\left(b + 2(1+r_f)c_h\right)} -$

$(1+r_p)\dfrac{(a\mu - r_p M)c_h - M(c_h + b)}{\mu\left[(2+r_p)c_h + b\right]} + 2r_p q_0(1+r_p)c_h S\dfrac{(1+r_p)c_h}{\mu^2\left[(2+r_p)c_h + b\right]},$

化简后可得到

$$w_{bd}^* - w_{ed}^* =$$

$$(1+r_f)\left\{\begin{array}{c}\dfrac{a\mu c_h - \left[b + (1+r_f)c_h\right]M}{\mu\left[b + 2(1+r_f)c_h\right]} - \dfrac{a\mu c_h - \left[b + (1+r_f)c_h\right]M}{\mu\left[(2+r_p)c_h + b\right]} + \\ \dfrac{2r_p q_0 c_h S(1+r_p)c_h}{\mu^2\left[(2+r_p)c_h + b\right]}\end{array}\right\}_{\circ}$$

等式的正负取决于

$$\left\{a\mu c_h - \left[b + (1+r_f)c_h\right]M\right\}\dfrac{-r_p c_h}{\mu\left[b + 2(1+r_f)c_h\right]\left[(2+r_p)c_h + b\right]} +$$

$$\dfrac{2r_p q_0 c_h S(1+r_p)c_h}{\mu^2\left[(2+r_p)c_h + b\right]},$$

分析可得

$$\dfrac{r_p c_h}{\mu}\left\{\dfrac{2q_0 c_h S(1+r_p)\left[b + 2(1+r_f)c_h\right] - \left\{a\mu c_h - \left[b + (1+r_f)c_h\right]M\right\}\mu}{\mu\left[b + 2(1+r_f)c_h\right]\left[(2+r_p)c_h + b\right]}\right\} < 0,$$

因此,对于任意的利率取值,$w_{bd}^* - w_{ed}^* < 0$ 恒成立。

$$w_{ed}^* - w_{ad}^* = (1+r_p)\dfrac{(a\mu - r_p M)c_h - M(c_h + b)}{\mu\left[(2+r_p)c_h + b\right]} -$$

$$2r_pq_0(1+r_p)c_hS\frac{(1+r_p)c_h}{\mu^2\big[(2+r_p)c_h+b\big]}-\frac{a\mu c_h-M(c_h+b)}{\mu(b+2c_h)}$$

$$=(1+r_p)\frac{a\mu c_h-M(c_h+b)}{\mu\big[(2+r_p)c_h+b\big]}-\frac{a\mu c_h-M(c_h+b)}{\mu(b+2c_h)}-$$

$$(1+r_p)\frac{r_pMc_h}{\mu\big[(2+r_p)c_h+b\big]}-2r_pq_0(1+r_p)c_hS\frac{(1+r_p)c_h}{\mu^2\big[(2+r_p)c_h+b\big]},$$

其中$(1+r_p)\dfrac{a\mu c_h-M(c_h+b)}{\mu\big[(2+r_p)c_h+b\big]}-\dfrac{a\mu c_h-M(c_h+b)}{\mu(b+2c_h)}$的大小影响等式的

正负性,由于

$$\frac{\big[(2+r_p)c_h+b\big]}{(1+r_p)}<(b+2c_h),\quad那\quad么\quad(1+r_p)\frac{a\mu c_h-M(c_h+b)}{\mu\big[(2+r_p)c_h+b\big]}>$$

$\dfrac{a\mu c_h-M(c_h+b)}{\mu(b+2c_h)},w_{ed}^*-w_{ad}^*>0。$

即对于任意的利率取值,都使$w_{ed}^*>w_{ad}^*$恒成立。

$$w_{bd}^*-w_{ad}^*=(1+r_f)\frac{a\mu c_h-(b+c_h)M}{\mu\big[b+2(1+r_f)c_h\big]}-\frac{a\mu c_h-M(c_h+b)}{\mu(b+2c_h)}-$$

$$(1+r_f)\frac{r_fc_hM}{\mu\big[b+2(1+r_f)c_h\big]},$$

其中$\dfrac{\big[b+2(1+r_f)c_h\big]}{(1+r_f)}<(b+2c_h)$,那么$w_{bd}^*-w_{ad}^*>0$。

综上可得,$w_{ad}^*<w_{bd}^*<w_{ed}^*$。

生产投入量之差为$Q_{bd}^*-Q_{ed}^*=\dfrac{a\mu+(1+r_f)M}{2\big[b+2(1+r_f)c_h\big]S}-$

$\dfrac{\mu(a\mu+M)-2Sr_pq_0(1+r_p)c_h}{2\mu\big[(2+r_p)c_h+b\big]S}$,化简后可得到

$$Q_{bd}^* - Q_{ed}^* = \frac{\mu(a\mu + M)}{2\mu[b + 2(1 + r_f)c_h]S} - \frac{\mu(a\mu + M)}{2\mu[(2 + r_p)c_h + b]S} +$$

$$\frac{r_f M}{2[b + 2(1 + r_f)c_h]S} + \frac{2Sr_p q_0(1 + r_p)c_h}{2\mu[(2 + r_p)c_h + b]S}。$$

其中 $\dfrac{-r_f c_h(a\mu + M)}{2[b + 2(1 + r_f)c_h]S} + \dfrac{r_f M}{2[b + 2(1 + r_f)c_h]S} + \dfrac{2Sr_p q_0(1 + r_p)c_h}{2\mu[(2 + r_p)c_h + b]S} <$

0。

因此,对于任意的利率取值,$Q_{bd}^* < Q_{ed}^*$ 恒成立。

同理,$Q_{ed}^* - Q_{ad}^* = \dfrac{\mu(a\mu + M) - 2Sr_p q_0(1 + r_p)c_h}{2\mu[(2 + r_p)c_h + b]S} - \dfrac{a\mu + M}{2S(b + 2c_h)}$,化简

后可得到

$$Q_{ed}^* - Q_{ad}^* = \frac{\mu(a\mu + M)}{2\mu[(2 + r_p)c_h + b]S} - \frac{a\mu + M}{2S(b + 2c_h)} - \frac{2Sr_p q_0(1 + r_p)c_h}{2\mu[(2 + r_p)c_h + b]S},$$

其中 $\dfrac{\mu(a\mu + M)}{2\mu[(2 + r_p)c_h + b]S} - \dfrac{a\mu + M}{2S(b + 2c_h)} < 0$,因此,对于任意的利率取值,

都使不等式 $Q_{ed}^* < Q_{ad}^*$ 恒成立。

附录5 第七章结论的证明

【命题7.1的证明】

农户收入等于成本时,可知破产点为

$$x_0 = \frac{(1 + r)\left[cQ\left(1 + \frac{1}{2}\bar{\theta}\eta e^2\right) - B\right]}{wQ} - g(e)。$$

当 $0 < x_0 < 1$ 时,对农户的利润函数 Π_0(7.2式)求关于 e 的一阶导数,有

$\dfrac{\mathrm{d}\Pi_0}{\mathrm{d}e} = wQ(x_0 - 1)\dfrac{\mathrm{d}x_0}{\mathrm{d}e}$，并且求关于 e 的二阶导数，有 $\dfrac{\mathrm{d}^2\Pi_0}{\mathrm{d}e^2} = wQ\dfrac{\mathrm{d}x_0}{\mathrm{d}e}^2 +$

$wQ(x_0 - 1)\dfrac{\mathrm{d}^2 x_0}{\mathrm{d}e^2}$，其中 $\dfrac{\mathrm{d}x_0}{\mathrm{d}e} = \dfrac{(1+r)\bar{\theta}\eta ce}{w} - \beta$ 和 $\dfrac{\mathrm{d}^2 x_0}{\mathrm{d}e^2} > 0$，可得到当 $\dfrac{\mathrm{d}\Pi_0}{\mathrm{d}e} =$

0 时，$\dfrac{\mathrm{d}^2\Pi_0}{\mathrm{d}e^2} < 0$，故存在最优的 e，使农户利润最大 $e_0^* = \dfrac{\beta w}{(1+r)\bar{\theta}\eta c}$。

当 $x_0 \leqslant 0$ 时，对农户利润函数 Π_0 (7.3 式)，同样求关于 e 的一阶导数，有

$\dfrac{\mathrm{d}\Pi_0}{\mathrm{d}e} = wQ\beta - (1+r)cQ\bar{\theta}\eta e$；求关于 e 的二阶导数，可得到 $\dfrac{\mathrm{d}^2\Pi_0}{\mathrm{d}e^2} < 0$。这表明

农户在破产点消失时，也存在最优的 e 使得农户利润最大 $e_0^* = \dfrac{\beta w}{(1+r)\bar{\theta}\eta c}$。

将最优的 e_0^* 代入买方的利润函数(7.4 式)，对买方利润求关于 w 的一阶导

数，有 $\dfrac{\mathrm{d}\Omega_0}{\mathrm{d}w} = -\dfrac{Q}{2} + \dfrac{p\beta^2 Q}{(1+r)\bar{\theta}\eta c} - \dfrac{2\beta^2 Qw}{(1+r)\bar{\theta}\eta c} - \dfrac{\theta\eta cQ\beta^2 w}{(1+r)^2\bar{\theta}^2\eta^2 c^2}$；对买方利润

求关于 w 的二阶导数，可得到 $\dfrac{\mathrm{d}^2\Omega_0}{\mathrm{d}w^2} = -\dfrac{2\beta^2 Q}{(1+r)\bar{\theta}\eta c} - \dfrac{\theta\eta cQ\beta^2}{(1+r)^2\bar{\theta}^2\eta^2 c^2} < 0$。这

表明存在最优的批发价格 w 使得买方利润最大，所以可得到 $w_0^* = (p -$

$\dfrac{(1+r)\bar{\theta}\eta c}{2\beta^2})\left[\dfrac{1}{2 + \dfrac{\theta}{(1+r)\bar{\theta}}}\right]$。

由于农户需要利润为正才参与经营，所以当 $\Pi_0 > 0$ 时，可得到 $\beta > \bar{\beta}_0 =$

$\sqrt{\dfrac{(1+r)\bar{\theta}\eta c}{2p}}$。将最优的技术投入水平 e_0^* 和 w_0^* 代入 x_0，可得到当 $x_0 = 0$ 时对

应的阈值 $\hat{\beta}_0 = \dfrac{T + \sqrt{T^2 + 8p(1+r)\bar{\theta}\eta c}}{4p}$；同理可得到当 $x_0 = 1$ 时对应的阈值

$\tilde{\beta}_0$；以及 x_0 关于 β 的等式，$x_0 = \dfrac{(1+r)\left[cQ\left(1 - \dfrac{1}{2}\bar{\theta}\eta e^2\right) - B\right]}{wQ}$，对 x_0 求关于 β

的一阶导数,其中$\dfrac{\mathrm{d}w_0^*}{\mathrm{d}\beta}>0$和$\dfrac{\mathrm{d}e_0^*}{\mathrm{d}\beta}=\dfrac{w+\beta\dfrac{\mathrm{d}w_0^*}{\mathrm{d}\beta}}{(1+r)\bar{\theta}\eta c}>0$(具体见命题 7.4 的证

明),可得到$\dfrac{\mathrm{d}x_0}{\mathrm{d}\beta}<0$,所以$\tilde{\beta}_0<\hat{\beta}_0$。当$\beta\to\overline{\beta}_0$时,$w_0^*\to0$,$e_0^*=0$,可得到

$x_0\to+\infty$。故一定存在一个$\tilde{\beta}_0\in(\overline{\beta}_0, \hat{\beta}_0)$。

【命题 7.2 的证明】

根据最优的技术投入e_0^*和批发价格w_0^*,求w_0^*关于η的一阶导数,有

$$\dfrac{\mathrm{d}w_0^*}{\mathrm{d}\eta}=-\dfrac{(1+r)\bar{\theta}c}{2\beta^2}\left[\dfrac{1}{2+\dfrac{\theta}{(1+r)\bar{\theta}}}\right]<0,将 e_0^* 和 w_0^* 代入 x_0,求 e_0^* 关于 \eta 的一$$

阶导数,$\dfrac{\mathrm{d}e_0^*}{\mathrm{d}\eta}=\dfrac{\eta\beta\dfrac{\mathrm{d}w_0^*}{\mathrm{d}\eta}-\beta w_0^*}{(1+r)\bar{\theta}\eta^2 c}<0$。

【命题 7.3 的证明】

根据最优的技术投入e_0^*和批发价格w_0^*,求w_0^*关于β的一阶导数,有

$$\dfrac{\mathrm{d}w_0^*}{\mathrm{d}\beta}=\dfrac{(1+r)\bar{\theta}\eta c}{\beta^3}\left\{\dfrac{1}{2+\theta/[(1+r)\bar{\theta}]}\right\}>0。$$

将最优的批发价格w_0^*代入e_0^*,然后求e_0^*关于β的一阶导数,有

$$\dfrac{\mathrm{d}e_0^*}{\mathrm{d}\beta}=\dfrac{p}{\eta c[2\bar{\theta}(1+r)+\theta]}+\dfrac{(1+r)\bar{\theta}}{2\beta^2[2\bar{\theta}(1+r)+\theta]}>0。$$

将e_0^*和w_0^*代入x_0,有$x_0^*=\dfrac{(1+r)\left[cQ\left(1-\dfrac{1}{2}\bar{\theta}\eta e_0^{*2}\right)-\mathrm{B}\right]}{w_0^* Q}$,由于$\dfrac{\mathrm{d}w_0^*}{\mathrm{d}\beta}>0$

和$\dfrac{\mathrm{d}e_0^*}{\mathrm{d}\beta}>0$,所以$\dfrac{\mathrm{d}x_0^*}{\mathrm{d}\beta}<0$。

将w_0^*和x_0^*代入Π_0^*,并求Π_0^*关于β的一阶导数,可得到

$$\dfrac{\mathrm{d}\Pi_0^*}{\mathrm{d}\beta}=\dfrac{\mathrm{d}w_0^*}{\mathrm{d}\beta}\dfrac{Q(1-x_0^*)^2}{2}-w_0^* Q(1-x_0^*)\dfrac{\mathrm{d}x_0^*}{\mathrm{d}\beta}>0。$$

【命题 7.4 的证明】

(1) 根据命题 7.1 中最优的技术投入 e_0^* 和批发价格 w_0^*，将 $w_0^*=(p-\dfrac{(1+r)\bar{\theta}\eta c}{2\beta^2})\left\{\dfrac{1}{2+\theta/[(1+r)\bar{\theta}]}\right\}$ 看作两个函数的乘积，令 $f(\theta)=p-\dfrac{(1+r)\bar{\theta}\eta c}{2\beta^2}$ 和 $h(\theta)=\dfrac{1}{2+\theta/[(1+r)\bar{\theta}]}$。

求 w_0^* 关于 θ 的一阶导数，有 $\dfrac{\mathrm{d}w_0^*}{(1+r)\bar{\theta}\partial\theta}=f'(\theta)h(\theta)+f(\theta)h'(\theta)$，其中 $f(\theta)$ 是关于 θ 的单调增函数 $(f'(\theta)>0)$ 且 $f''(\theta)=0$；求 $h(\theta)$ 关于 θ 的一阶导

数和二阶导数，有 $h'(\theta)=\dfrac{-2+\dfrac{1+2r}{1+r}}{\left[2-\left(\dfrac{1+2r}{1+r}\right)\theta\right]^2}<0$，

$$h''(\theta)=\dfrac{2\left(-2+\dfrac{1+2r}{1+r}\right)\left(\dfrac{1+2r}{1+r}\right)\left[2-\left(\dfrac{1+2r}{1+r}\right)\theta\right]}{\left[2-\left(\dfrac{1+2r}{1+r}\right)\theta\right]^4}<0。$$

进一步求 w_0^* 关于 θ 的二阶导数，有

$\dfrac{\mathrm{d}^2 w_0^*}{\mathrm{d}\theta^2}=2f'(\theta)h'(\theta)+f(\theta)h''(\theta)<0$，故 w_0^* 是关于 θ 的凹函数。

将 w_0^* 代入 e_0^*，求 e_0^* 关于 θ 的一阶导数，显然 $\dfrac{\mathrm{d}e_0^*}{\mathrm{d}\theta}>0$，故 e_0^* 会随着 θ 增加而

增加。在此，将 $e_0^*=\left[p-\dfrac{(1+r)\bar{\theta}\eta c}{2\beta^2}\right]\dfrac{\beta}{\eta c\left[2\bar{\theta}(1+r)+\theta\right]}$ 看成两个函数的乘

积，令 $k(\theta)=\left[p-\dfrac{(1+r)\bar{\theta}\eta c}{2\beta^2}\right]$，$g(\theta)=\dfrac{\beta}{\eta c\left[2\bar{\theta}(1+r)+\theta\right]}$，可知 $k'(\theta)>$

$0,k''(\theta)=0$，且 $g'(\theta)=\dfrac{\beta(1+2r)}{\eta c\left[2(1+r)-\theta(1+2r)\right]^2}>0$，$g''(\theta)=$

$$\frac{2\beta(1+2r)^2}{\eta c\left[2(1+r)-\theta(1+2r)\right]^3}>0,故\frac{\mathrm{d}^2 e_0^*}{\mathrm{d}\theta^2}>0成立,e_0^*是关于\theta的凸函数。$$

(2) 当 $x_0\leqslant 0$ 时,将 e_0^* 代入 Π_0,有 $\Pi_0=\frac{wQ}{2}\left[1+\frac{w\beta^2}{(1+r)\bar{\theta}\eta c}\right]-(1+$

$r)(cQ-B)$,令 $f(\theta)=\frac{wQ}{2}$,$g(\theta)=\left[1+\frac{w\beta^2}{(1+r)\bar{\theta}\eta c}\right]$,有 $g'(\theta)>0$ 和 $f''(\theta)<$

0,这表明 $f'(\theta)$ 单调减少,而 $\theta\in[0,1]$ 及 $f'(1)=\frac{Q}{2}\frac{\mathrm{d}w_0^*}{\mathrm{d}\theta}\Big|_{\theta=1}<0$,$f'(0)>0$。

根据 $\frac{\mathrm{d}\Pi_0}{\mathrm{d}\theta}=f'(\theta)g(\theta)+f(\theta)g'(\theta)$ 和 $f(1)=0$,可知 $\frac{\mathrm{d}\Pi_0}{\mathrm{d}\theta}\Big|_{\theta=0}>0$ 和

$\frac{\mathrm{d}\Pi_0}{\mathrm{d}\theta}\Big|_{\theta=1}<0$,故 Π_0 是单峰函数。

当 $0<x_0<1$ 时,求农户利润关于 θ 的一阶导数,有 $\frac{\mathrm{d}\Pi_0}{\mathrm{d}\theta}=Q(1-$

$x_0)\left(\frac{1-x_0}{2}\frac{\mathrm{d}w}{\mathrm{d}\theta}-w\frac{\mathrm{d}x_0}{\mathrm{d}\theta}\right)$,其中 $\frac{\mathrm{d}x_0}{\mathrm{d}\theta}=-\left[\frac{(1+r)(cQ-B)}{Qw^2}+\frac{\beta^2}{2c\eta(1+r)\bar{\theta}}\right]$

$\frac{\mathrm{d}w}{\mathrm{d}\theta}-\frac{\beta^2 w}{2c\eta(1+r)\bar{\theta}^2}$,$\frac{\mathrm{d}w}{\mathrm{d}\theta}$ 的系数大于0。

根据命题7.4(1)的结论,可知 $\frac{\mathrm{d}w}{\mathrm{d}\theta}$ 是单调减函数。有最小值 $\frac{\mathrm{d}w}{\mathrm{d}\theta}|_{\theta=1}=$

$-p<0$,有最大值 $\frac{\mathrm{d}w}{\mathrm{d}\theta}|_{\theta=0}=(1+r)p>0$,故可得到 $-\frac{\mathrm{d}x_0}{\mathrm{d}\theta}>0$。进一步的有

$\frac{\mathrm{d}\Pi_0}{\mathrm{d}\theta}$ 单调减少,同时 $\frac{\mathrm{d}\Pi_0}{\mathrm{d}\theta}|_{\theta=0}>0$,$\frac{\mathrm{d}\Pi_0}{\mathrm{d}\theta}|_{\theta=1}<0$,所以可知 Π_0 是单峰函数。

【命题7.5的证明】

将 e_1^* 代入买方期望利润函数,并对买方期望利润函数求关于 w 的一阶导

数,有 $\frac{\mathrm{d}\Omega_1}{\mathrm{d}w}=-\frac{Q}{2}+\frac{pQ\beta^2}{(1+r)\bar{\theta}\eta c}-\frac{2Q\beta^2 w_1^*}{(1+r)\bar{\theta}\eta c}-\frac{\theta\eta cQ\beta^2 w_1^*}{(1+r)^2\bar{\theta}^2\eta^2 c^2}+$

$$\frac{\gamma(1+r)^2(cQ-\mathrm{B})^2}{2w_1^{*2}Q}+\frac{\gamma(cQ-\mathrm{B})\beta^2}{2\bar{\theta}\eta c}-\frac{6\gamma\beta^4Qw_1^{*2}}{8(1+r)^2\bar{\theta}^2\eta^2c^2},进一步求出关于 w

的 二 阶 导 数 , 有 $\dfrac{\mathrm{d}^2\Omega_1}{\mathrm{d}w^2}=-\dfrac{2Q\beta^2}{(1+r)\bar{\theta}\eta c}-\dfrac{\theta\eta cQ\beta^2}{(1+r)^2\bar{\theta}^2\eta^2c^2}-$

$\dfrac{\gamma(1+r)^2(cQ-\mathrm{B})^2}{w_1^{*3}Q}-\dfrac{6\gamma\beta^4Qw_1^*}{8(1+r)^2\bar{\theta}^2\eta^2c^2}<0$, 这表明买方利润是关于 w 的凹

函数 , 存在最优的 w_1^* 使得买方利润最大 , 且满足 $\dfrac{\mathrm{d}\Omega_1}{\mathrm{d}w}\bigg|_{w=w_1^*}=0$, 故得到命

题7.5。

【命题7.6的证明】

根据命题7.1和命题7.5,可知买方利润是关于最优批发价格的凹函数

$\left(\dfrac{\mathrm{d}^2\Omega_0}{\mathrm{d}w^2}<0,\dfrac{\mathrm{d}^2\Omega_1}{\mathrm{d}w^2}<0\right)$, 这表明两种融资模式下买方的利润关于批发价格的一

阶导数是单调递减的 , 将 w_0^* 代入 $\dfrac{\mathrm{d}\Omega_1}{\mathrm{d}w}=0$ 。

若　　　　 $-\dfrac{Q}{2}+pQ\beta A-2Q\beta Aw_0^*-\theta\eta cQA^2w_0^*+\dfrac{\gamma(1+r)^2(cQ-\mathrm{B})^2}{2w_0^{*2}Q}+$

$\dfrac{\gamma(cQ-\mathrm{B})\beta^2}{2\bar{\theta}\eta c}-\dfrac{3}{8}\gamma\beta^2QA^2w_0^{*2}<0$, 则表明 $w_1^*<w_0^*$, 否则 $w_1^*\geqslant w_0^*$ 。

将商业银行融资模式下的最优批发价格 w_0^* 代入等式后 , 有

$$\frac{\gamma\left[2(1+r)^2(cQ-\mathrm{B})\bar{\theta}\eta c-\beta^2Qw_0^{*2}\right]}{4(1+r)\bar{\theta}\eta cw\sqrt{Q}}\left[\frac{(1+r)(cQ-\mathrm{B})}{w\sqrt{Q}}+\frac{3\beta^2w\sqrt{Q}}{2(1+r)\bar{\theta}\eta c}\right],只$$

需要判断 $2(1+r)^2(cQ-\mathrm{B})\bar{\theta}\eta c-\beta^2Qw_0^{*2}$ 的正负。

根据命题7.1,当 $x_0>0$ 时(即 $\beta<\hat{\beta}_0$)这个等式恒为正,故 $w_1^*>w_0^*$; 当 $x_1\leqslant0$ 时,说明农户不会破产,所以买方担保并不会起到作用,两种融资模式下的最优批发价格相同。

【命题7.7的证明】

由于两种融资模式下,农户的最优技术投入水平形式相同,为 $e_0^*=$

$\dfrac{\beta w_0^*}{(1+r)\bar{\theta}\eta c}$，$e_1^*=\dfrac{\beta w_1^*}{(1+r)\bar{\theta}\eta c}$。根据命题 7.6 可知，当 $\beta<\hat{\beta}_0$，有 $w_1^*>w_0^*$，故 $e_1^*>e_0^*$。

附录6　第八章结论的证明

【引理8.1的证明】

根据等式(8.5)，可以确定 Π_{R1} 相对于 p_1 的一阶导数和二阶导数，即

$\dfrac{\partial \Pi_{R1}}{\partial p_1}=1-2bp_1+\delta t_1+bw_1$ 和 $\dfrac{\partial^2 \Pi_{R1}}{\partial p_1^2}=-2b$，显然，$\dfrac{\partial^2 \Pi_{R1}}{\partial p_1^2}<0$ 成立。根据一阶条件 $\dfrac{\partial \Pi_{R1}}{\partial p_1}=0$，有

$$p_1=\frac{1+\delta t_1+bw_1}{2b} \tag{A8.1}$$

将等式(A8.1)代入等式(8.4)，可以确定 Π_{S1} 相对于 w_1 的一阶导数和二阶导数，即 $\dfrac{\partial \Pi_{S1}}{\partial w_1}=\dfrac{1-2bw_1+\delta t_1+bm_1}{2}$ 和 $\dfrac{\partial^2 \Pi_{S1}}{\partial w_1^2}=-b$，显然 $\dfrac{\partial^2 \Pi_{S1}}{\partial w_1^2}<0$ 成立。根据一阶条件 $\dfrac{\partial \Pi_{S1}}{\partial w_1}=0$，有：

$$w_1=\frac{1+\delta t_1+bm_1}{2b} \tag{A8.2}$$

将等式(A8.1)和(A8.2)代入等式(8.3)，可以确定 Π_{L1} 相对于 m_1 和 t_1 的一阶导数和二阶导数，即 $\dfrac{\partial \Pi_{L1}}{\partial m_1}=\dfrac{1+\delta t_1-2bm_1}{4}$，$\dfrac{\partial^2 \Pi_{L1}}{\partial m_1^2}=-\dfrac{b}{2}$，$\dfrac{\partial \Pi_{L1}}{\partial t_1}=\dfrac{m_1\delta-4kt_1}{4}$，$\dfrac{\partial^2 \Pi_{L1}}{\partial t_1^2}=-k$，$\dfrac{\partial^2 \Pi_{L1}}{\partial m_1\partial t_1}=\dfrac{\partial^2 \Pi_{L1}}{\partial t_1\partial m_1}=\dfrac{\delta}{4}$，则 Hessian 矩阵为：

$$H(m_1,t_1)=\begin{bmatrix}\dfrac{\partial^2\Pi_{L1}}{\partial m_1^2} & \dfrac{\partial^2\Pi_{L1}}{\partial m_1\partial t_1} \\[2mm] \dfrac{\partial^2\Pi_{L1}}{\partial t_1\partial m_1} & \dfrac{\partial^2\Pi_{L1}}{\partial t_1^2}\end{bmatrix}=\begin{bmatrix}-\dfrac{b}{2} & \dfrac{\delta}{4} \\[2mm] \dfrac{\delta}{4} & -k\end{bmatrix} \tag{A8.3}$$

显然，仅当 $\left|H(m_1,t_1)\right|>0$ 时，$\left|H(m_1,t_1)\right|=\dfrac{8bk-\delta^2}{16}$，$\dfrac{\partial^2\Pi_{L1}}{\partial m_1^2}<0$ 和

$\dfrac{\partial^2\Pi_{L1}}{\partial t_1^2}<0$ 成立，即 $k>\dfrac{\delta^2}{8b}$，$H(m_1,t_1)$ 是一个负定矩阵，这意味着 Π_{L1} 在 (m_1,t_1)

上是联合凹函数。唯一的最优解 m_1^* 和 t_1^* 应满足一阶条件。因此有 $m_1^*=$

$\dfrac{4k}{8bk-\delta^2}$，$t_1^*=\dfrac{\delta}{8bk-\delta^2}$。

将等式（A8.4）代入等式（A8.1）和（A8.2），可以确定最优策略，即 $w_1^*=$

$\dfrac{6k}{8bk-\delta^2}$，$p_1^*=\dfrac{7k}{8bk-\delta^2}$。

【引理 8.2～8.4 的证明】证明过程类似于引理 8.1，因此省略。

【推论 8.1 的证明】

根据引理 8.1 和 D_1^{B*}，可以确定需求、最优价格和第三方物流跟踪水平相对于 δ 的一阶导数，即

$$\frac{\partial D_1^{B*}}{\partial\delta}=\frac{2\delta bk}{(8bk-\delta^2)^2}>0 \tag{A8.5}$$

$$\frac{\partial t_1^*}{\partial\delta}=\frac{8bk+\delta^2}{(8bk-\delta^2)^2}>0 \tag{A8.6}$$

$$\frac{\partial p_1^*}{\partial\delta}=\frac{14\delta k}{(8bk-\delta^2)^2}>0 \tag{A8.7}$$

$$\frac{\partial m_1^*}{\partial\delta}=\frac{8\delta k}{(8bk-\delta^2)^2}>0 \tag{A8.8}$$

$$\frac{\partial w_1^*}{\partial\delta}=\frac{12\delta k}{(8bk-\delta^2)^2}>0 \tag{A8.9}$$

同样地，可以从引理 8.2～8.4 得出类似的结果，包括需求、供应链成员利润、消费者剩余和社会福利。

【推论 8.2 的证明】

从 Π_{S1}^* 和 Π_{R1}^* 来看,显然有 $\Pi_{S1}^* = 2\Pi_{R1}^*$。然后,根据模型一下供应链成员的利润,有:

$$\Pi_{L1}^* - \Pi_{R1}^* = \frac{k(6bk - \delta^2)}{2(8bk - \delta^2)^2} \tag{A8.10}$$

$$\Pi_{L1}^* - \Pi_{S1}^* = \frac{k(4bk - \delta^2)}{2(8bk - \delta^2)^2} \tag{A8.11}$$

通过等式(A8.10),可以知道当 $k > \dfrac{\delta^2}{6b}$ 时,有 $\Pi_{L1}^* > \Pi_{R1}^*$,否则 $\Pi_{L1}^* \leqslant \Pi_{R1}^*$。通过等式(A8.11),可以知道当 $k > \dfrac{\delta^2}{4b}$,有 $\Pi_{L1}^* > \Pi_{S1}^*$,否则 $\Pi_{L1}^* \leqslant \Pi_{S1}^*$。最后,根据 $\Pi_{S1}^* > \Pi_{R1}^*$,若 $\dfrac{\delta^2}{8b} < k \leqslant \dfrac{\delta^2}{6b}$,则 $\Pi_{L1}^* \leqslant \Pi_{R1}^* < \Pi_{S1}^*$;若 $\dfrac{\delta^2}{6b} < k \leqslant \dfrac{\delta^2}{4b}$,则 $\Pi_{R1}^* < \Pi_{L1}^* \leqslant \Pi_{S1}^*$;若 $k > \dfrac{\delta^2}{4b}$,则 $\Pi_{R1}^* < \Pi_{S1}^* < \Pi_{L1}^*$。

同样地,可以从模型二、模型三和模型四中得到类似的结果。

【命题 8.1 的证明】

根据引理 8.1 和引理 8.2,通过分别比较可追溯性级别、最优价格和需求,有

$$t_2^* - t_1^* = \frac{\delta k(14bk - \delta^2 + b^2 k)}{(8bk - \delta^2)\left[h(8bk - \delta^2)^2 - k(14bk - \delta^2 + b^2 k)\right]},$$

$$w_2^* - w_1^* = \frac{6k^2(14bk - \delta^2 + b^2 k)}{(8bk - \delta^2)\left[h(8bk - \delta^2)^2 - k(14bk - \delta^2 + b^2 k)\right]},$$

$$m_2^* - m_1^* = \frac{4k^2(14bk - \delta^2 + b^2 k)}{(8bk - \delta^2)\left[h(8bk - \delta^2)^2 - k(14bk - \delta^2 + b^2 k)\right]},$$

$$p_2^* - p_1^* = \frac{7k^2(14bk - \delta^2 + b^2 k)}{(8bk - \delta^2)\left[h(8bk - \delta^2)^2 - k(14bk - \delta^2 + b^2 k)\right]},$$

$$D_2^{E*} - D_1^{B*} = \frac{bk^2(14bk - \delta^2 + b^2 k)}{(8bk - \delta^2)\left[h(8bk - \delta^2)^2 - k(14bk - \delta^2 + b^2 k)\right]}。$$

根据 $k > \dfrac{\delta^2}{8b}$ 和 $h > \dfrac{k(14bk - \delta^2 + b^2k)}{(8bk - \delta^2)^2}$，可以得到 $t_2^* - t_1^* > 0, w_2^* - w_1^* > 0, m_2^* - m_1^* > 0, p_2^* - p_1^* > 0, D_2^{E^*} - D_1^{B^*} > 0$。因此，推论 8.2(1) 成立。同样地，可以从引理 8.3 和 8.4 得到相似的结果。因此，推论 8.2(2) 也成立。

【命题 8.2 的证明】

根据供应商的利润、消费者剩余和社会福利，分别比较它们，有

$$\Pi_{R2}^* - \Pi_{R1}^* =$$
$$\frac{\left\{ bk^3 \left[2h(8bk - \delta^2)^2 - k(14bk - \delta^2 + b^2k) \right] (14bk - \delta^2 + b^2k) \right\}}{(8bk - \delta^2)^2 \left[h(8bk - \delta^2)^2 - k(14bk - \delta^2 + b^2k) \right]^2},$$

$$\Pi_{S2}^* - \Pi_{S1}^* =$$
$$\frac{2bk^3 \left[2h(8bk - \delta^2)^2 - k(14bk - \delta^2 + b^2k) \right] (14bk - \delta^2 + b^2k)}{(8bk - \delta^2)^2 \left[h(8bk - \delta^2)^2 - k(14bk - \delta^2 + b^2k) \right]^2},$$

$$\Pi_{L2}^* - \Pi_{L1}^* = \frac{k^2 \left[2h(8bk - \delta^2)^2 - k(14bk - \delta^2 + b^2k) \right] (14bk - \delta^2 + b^2k)}{2(8bk - \delta^2)^2 \left[h(8bk - \delta^2)^2 - k(14bk - \delta^2 + b^2k) \right]^2},$$

$$CS_2^* - CS_1^* =$$
$$\frac{b^2k^2 \left[2h(8bk - \delta^2)^2 - k(14bk - \delta^2 + b^2k) \right] (14bk - \delta^2 + b^2k)}{2(8bk - \delta^2)^2 \left[h(8bk - \delta^2)^2 - k(14bk - \delta^2 + b^2k) \right]^2},$$

$$SW_2^* - SW_1^* = \frac{k^2(14bk - \delta^2 + b^2k)^2}{2(8bk - \delta^2)^2 \left[h(8bk - \delta^2)^2 - k(14bk - \delta^2 + b^2k) \right]^2}。$$

根据 $k > \dfrac{\delta^2}{8b}$ 和 $h > \dfrac{k(14bk - \delta^2 + b^2k)}{(8bk - \delta^2)^2}$，可以得到 $\Pi_{R2}^* - \Pi_{R1}^* > 0, \Pi_{S2}^* - \Pi_{S1}^* > 0, \Pi_{L2}^* - \Pi_{L1}^* > 0, CS_2^* - CS_1^* > 0, SW_2^* - SW_1^* > 0$。因此，命题 8.2 同样成立。

【命题 8.3 ~ 8.8 的证明】证明过程类似于命题 8.1 和命题 8.2，在此省略。

附录7　第九章结论的证明

【引理9.1的证明】对于给定 q_0 的情况，可以简化为以下三种情况：

(1) 当 $v_0 \leqslant wq_0A - cq_0^2$，则 $EU_0 = v_0$，因此 $\dfrac{\partial EU_0}{\partial v_0} = 1 > 0$。

(2) 当 $wq_0A - cq_0^2 < v_0 \leqslant wq_0B - cq_0^2$，则 $EU_0 = v_0 - \dfrac{1}{\eta} \displaystyle\int_A^{\frac{v_0+cq_0^2}{wq_0}} (v_0 + cq_0^2 - wq_0x)$

$\mathrm{d}F(x)$。因此，$\dfrac{\partial EU_0}{\partial v_0} = 1 - \dfrac{1}{\eta}\mathrm{F}\left(\dfrac{v_0+cq_0^2}{wq_0}\right)$，$\dfrac{\partial^2 EU_0}{\partial v_0^2} = -\dfrac{1}{\eta}f\left(\dfrac{v_0+cq_0^2}{wq_0}\right) < 0$。

(3) 当 $v_0 > wq_0B - cq_0^2$，则 $EU_0 = v_0 - \dfrac{1}{\eta}\displaystyle\int_A^B (v_0 + cq_0^2 - wq_0x)\mathrm{d}F(x)$。

因此 $\dfrac{\partial EU_0}{\partial v_0} = 1 - \dfrac{1}{\eta} < 0$。根据以上分析，令 $\dfrac{\partial EU_0}{\partial v_0} = 0$，得到 v_0^* 的最优解 $v_0^* =$

$wq_0\mathrm{F}^{-1}(\eta) - cq_0^2$，将 v_0^* 代入等式(9.3)，得到 $EU_0 = \dfrac{wq_0}{\eta}\displaystyle\int_A^{\mathrm{F}^{-1}(\eta)} x\,\mathrm{d}F(x) - cq_0^2$。

然后得到 $\dfrac{\partial EU_0}{\partial q_0} = \dfrac{w}{\eta}\displaystyle\int_A^{\mathrm{F}^{-1}(\eta)} x\,\mathrm{d}F(x) - 2cq_0$，且 $\dfrac{\partial^2 EU_0}{\partial q_0^2} = -2c < 0$，可以很容易

地证明 EU_0 是生产投入数量 q_0 的严格凹函数。因此，令 $\dfrac{\partial EU_0}{\partial q_0} = 0$，当 $\kappa =$

$\dfrac{1}{\eta}\displaystyle\int_A^{\mathrm{F}^{-1}(\eta)} x\,f(x)\mathrm{d}x$，农户的最优生产投入 $q_0^* = \dfrac{w\kappa}{2c}$。将 q_0^* 代入农户和平台的预

期利润和效用函数中，可以得到 $E\Pi_0^*$，EU_0^*，$E\Omega_0^*$ 和 Ψ_0^*。

【命题9.1的证明】可以分别得到 q_0^*，$E\Pi_0^*$，EU_0^*，$E\Omega_0^*$ 和 Ψ_0^* 相对于 w 和 c 的一阶导数。

(1) $\dfrac{\partial q_0^*}{\partial w} = \dfrac{\kappa}{2c} > 0$，$\dfrac{\partial E\Pi_0^*}{\partial w} = \dfrac{w\kappa(2\mu-\kappa)}{2c} > 0$，$\dfrac{\partial EU_0^*}{\partial w} = \dfrac{\kappa^2 w}{2c} > 0$；$\dfrac{\partial E\Omega_0^*}{\partial w} =$

$\dfrac{\mu\kappa(p-2w)}{2c}$，当 $w < \dfrac{p}{2}$ 时，$\dfrac{\partial E\Omega_0^*}{\partial w} > 0$，否则 $\dfrac{\partial E\Omega_0^*}{\partial w} < 0$；$\dfrac{\partial \Psi_0^*}{\partial w} = \dfrac{\kappa(\mu p - \kappa w)}{2c}$，当

$w < \dfrac{\mu p}{\kappa}$ 时，$\dfrac{\partial \Psi_0^*}{\partial w} > 0$，否则 $\dfrac{\partial \Psi_0^*}{\partial w} < 0$。

$(2) \dfrac{\partial q_0^*}{\partial c} = -\dfrac{w\kappa}{2c^2} < 0, \quad \dfrac{\partial E\Pi_0^*}{\partial c} = -\dfrac{w^2\kappa(2\mu - \kappa)}{4c^2} < 0,$

$\dfrac{\partial EU_0^*}{\partial c} = -\dfrac{\kappa^2 w^2}{4c^2} < 0, \quad \dfrac{\partial E\Omega_0^*}{\partial c} = -\dfrac{w\mu\kappa(p - w)}{2c^2} < 0,$

$\dfrac{\partial \Psi_0^*}{\partial c} = -\dfrac{w\kappa(2\mu p - \kappa w)}{4c^2} < 0。$

【引理9.2的证明】 与引理9.1相似,可以得到 v_1^* 的最优解 $v_1^* = wq_1 F^{-1}(\eta) + \alpha e_1 wq_1 - cq_1^2 - \dfrac{1}{2}\beta e_1^2$,将其代入等式(9.6),得 $EU_1 = \dfrac{wq_1}{\eta}\displaystyle\int_A^{F^{-1}(\eta)} x\, \mathrm{d}F(x) + \alpha e_1 wq_1 - cq_1^2 - \dfrac{1}{2}\beta e_1^2$,那么,有以下的一阶和二阶条件:

$\dfrac{\partial EU_1}{\partial q_1} = \dfrac{w}{\eta}\displaystyle\int_A^{F^{-1}(\eta)} x\, \mathrm{d}F(x) + \alpha e_1 w - 2cq_1, \quad \dfrac{\partial^2 EU_1}{\partial q_1^2} = -2c < 0, \quad \dfrac{\partial EU_1}{\partial e_1} = \alpha w q_1 - \beta e_1,$

$\dfrac{\partial^2 EU_1}{\partial e_1^2} = -\beta < 0, \quad \dfrac{\partial^2 EU_1}{\partial q_1 \partial e_1} = \dfrac{\partial^2 EU_1}{\partial e_1 \partial q_1} = \alpha w。$ EU_1 关于 (q_1, e_1) 的 Hessian 矩阵是 $H(q_1, e_1) = \begin{bmatrix} -2c & \alpha w \\ \alpha w & -\beta \end{bmatrix}$。可以推断,当 $\beta > \dfrac{\alpha^2 w^2}{2c}$ 时,Hessian 矩阵是负定的。因此,当 $\beta > \dfrac{\alpha^2 w^2}{2c}$ 时,EU_1 在 q_1 和 e_1 上是联合凹的。令 $\dfrac{\partial EU_1}{\partial q_1} = 0$ 且 $\dfrac{\partial EU_1}{\partial e_1} = 0$,得到 $q_1^* = \dfrac{\beta w\kappa}{2\beta c - \alpha^2 w^2}$ 和 $e_1^* = \dfrac{\alpha \kappa w^2}{2\beta c - \alpha^2 w^2}$,从中可以得到 $E\Pi_1^*$,EU_1^*,$E\Omega_1^*$ 和 Ψ_1^*。

【命题9.2的证明】 证明过程与命题9.1类似,在此省略。

【引理9.3的证明】 与引理9.1相似,可以得到最优解 $v_2^* = wq_2 F^{-1}(\eta) + \alpha e_2 wq_2 - cq_2^2$,将 v_2^* 代入等式(9.6),得 $EU_2 = \dfrac{wq_2}{\eta}\displaystyle\int_A^{F^{-1}(\eta)} x\, \mathrm{d}F(x) + \alpha e_2 wq_2 - cq_2^2$,然后,使用逆向归纳法来解决这个问题。首先求解农户在给定 e_2 的情况下的函数,有以下一阶和二阶条件:$\dfrac{\partial EU_2}{\partial q_2} = \dfrac{w}{\eta}\displaystyle\int_A^{F^{-1}(\eta)} x\, \mathrm{d}F(x) + \alpha e_2 w - 2cq_2,$

$\dfrac{\partial^2 EU_2}{\partial q_2^2} = -2c < 0$。求解上述方程,有 $q_2(e_2) = \dfrac{w(\kappa + \alpha e_2)}{2c}$。将 e_2^* 代入

$q_2(e_2)$,得 $q_2^* = \dfrac{\alpha^2(\mu - \kappa)w^2 m + 2\beta c\kappa w}{4c(\beta c - \alpha^2 wm)}$,基于此,可以得到 $E\Pi_2^*$,EU_2^*,

$E\Omega_2^*$ 和 Ψ_2^*

【命题9.3的证明】证明过程与命题9.1类似,在此省略。

【引理9.4的证明】证明过程与引理9.3类似,在此省略。

【命题9.4的证明】证明过程与命题9.1类似,在此省略。

【命题9.5的证明】证明过程与命题9.1类似,在此省略。

【命题9.6的证明】

(1) $q_2^* - q_0^* = \dfrac{\alpha^2 w^2 m(\mu + \kappa)}{4c(c\beta - \alpha^2 wm)} > 0$,$q_3^* - q_0^* = \dfrac{\alpha^2 w^2 m(\mu + \kappa)}{4c(\lambda c\beta - \alpha^2 wm)} > 0$,$q_1^* -$

$q_0^* = \dfrac{\alpha^2 w^3 \kappa}{2c(2c\beta - \alpha^2 w^2)} > 0$,$q_3^* - q_2^* = \dfrac{\bar{\lambda} c\beta \alpha^2 w^2 m(\mu + \kappa)}{4c(c\beta - \alpha^2 wm)(\lambda c\beta - \alpha^2 wm)} > 0$。因

此,有 $q_3^* > q_2^* > q_0^*$ 且 $q_1^* > q_0^*$。

(2)因为

$$q_2^* - q_1^* = \dfrac{\alpha^2 w^3 [c\beta(2\alpha^2 \mu wm + 2\alpha^2 \kappa wm - 2\kappa) - \alpha^2 wm(\mu - \kappa)]}{4c(c\beta - \alpha^2 wm)(2c\beta - \alpha^2 w^2)},$$

当 $c > \dfrac{\alpha^2 wm(\mu - \kappa)}{2\beta(\alpha^2 \mu wm + \alpha^2 \kappa wm - \kappa)}$ 时,$q_2^* > q_1^*$;

当 $\dfrac{\alpha^2 w}{\beta} \max\left(m, \dfrac{w}{2}\right) < c < \dfrac{\alpha^2 wm(\mu - \kappa)}{2\beta(\alpha^2 \mu wm + \alpha^2 \kappa wm - \kappa)}$ 时,$q_1^* > q_2^*$。

因为 $q_3^* - q_1^* = \dfrac{\alpha^2 w^2 [m\kappa(2c\beta + \alpha^2 w^2) + m\mu(2c\beta - \alpha^2 w^2) - 2\lambda c\beta\kappa w]}{4c(\lambda c\beta - \alpha^2 wm)(2c\beta - \alpha^2 w^2)},$

当 $\dfrac{\alpha^2 wm}{\beta c} < \lambda < \dfrac{m\kappa(2\beta c + \alpha^2 w^2) + m\mu(2\beta c - \alpha^2 w^2)}{2\beta c\kappa w}$ 时,$q_3^* > q_1^*$;

当 $\dfrac{m\kappa(2\beta c + \alpha^2 w^2) + m\mu(2\beta c - \alpha^2 w^2)}{2\beta c\kappa w} < \lambda < 1$ 时,$q_1^* > q_3^*$。

【命题9.7的证明】该证明与命题9.1的证明类似,在此省略。

【命题9.8的证明】

(1)$E\Pi_1^* - E\Pi_0^* = \dfrac{\alpha^2 w^4 \kappa(2\mu - \kappa)}{4c(2c\beta - \alpha^2 w^2)} > 0, EU_1^* - EU_0^* = \dfrac{\alpha^2 w^4 \kappa^2}{4c(2c\beta - \alpha^2 w^2)} >$

0,因此可以得到$E\Pi_1^* > E\Pi_0^*$且$EU_1^* > EU_0^*$。

(2)当$\mu = \kappa$时：(i)$E\Pi_2^* - E\Pi_0^* = \dfrac{\alpha^2 \mu^2 w^3 m(2c\beta - \alpha^2 wm)}{4c(c\beta - \alpha^2 wm)^2} > 0$。

(ii) 从 $E\Pi_3^* - E\Pi_0^* = \dfrac{(2\lambda c\beta p - 2c\beta m - \alpha^2 w^2 m)\alpha^2 \mu^2 w^2 m}{4c(\lambda c\beta - \alpha^2 wm)^2}$ 中，发现当

$\dfrac{2\beta cm + \alpha^2 w^2 m}{2\beta pc} < \lambda < 1$时，$E\Pi_3^* > E\Pi_0^*$；否则$E\Pi_3^* \leq E\Pi_0^*$。

(iii) 从 $E\Pi_2^* - E\Pi_1^* = \dfrac{\alpha^2 \beta \mu^2 w^3(4c\beta m - c\beta w - 2\alpha^2 wm^2)}{4(c\beta - \alpha^2 wm)^2(2c\beta - \alpha^2 w^2)}$ 中，发现当$w <$

$\dfrac{4p}{5}$且$\beta > \dfrac{2\alpha^2 wm^2}{c(4m - w)}$时，$E\Pi_2^* > E\Pi_1^*$；否则$E\Pi_2^* \leq E\Pi_1^*$。

(iv)$E\Pi_3^* - E\Pi_1^* = \dfrac{\beta \alpha^2 \mu^2 w^2 [c\beta(4\lambda pm - \lambda^2 w^2 - 4m^2) - 2\lambda \alpha^2 w^2 m^2]}{4(\lambda c\beta - \alpha^2 wm)^2(2c\beta - \alpha^2 w^2)}$。

令$f(\lambda) = 4\lambda pm - \lambda^2 w^2 - 4m^2$,可得$\Delta_\lambda = 16m^2(p^2 - w^2) > 0$。由此,发现 当 $f(\lambda) = 0$ 时 , $\lambda = \dfrac{2m}{w^2}(p \pm \sqrt{p^2 - w^2})$。 因 此 , 当

$\max\left\{\dfrac{\alpha^2 wm}{\beta c}, \dfrac{2m}{w^2}(p - \sqrt{p^2 - w^2})\right\} < \lambda < \min\left\{1, \dfrac{2m}{w^2}(p + \sqrt{p^2 - w^2})\right\}$ 时 ,

$f(\lambda) > 0$;否则,$f(\lambda) \leq 0, E\Pi_3^* < E\Pi_1^*$。

基 于 此 , 接 下 来 只 需 要 分 析 最 大 化 的 情 况 , $\max\left\{\dfrac{\alpha^2 wm}{\beta c}, \dfrac{2m}{w^2}(p - \sqrt{p^2 - w^2})\right\} < \lambda < \min\left\{1, \dfrac{2m}{w^2}(p + \sqrt{p^2 - w^2})\right\}$,然后

从$E\Pi_3^* - E\Pi_1^*$,发现当$\beta > \dfrac{2\lambda \alpha^2 w^2 m^2}{c(4\lambda pm - \lambda^2 w^2 - 4m^2)}$时,$E\Pi_3^* > E\Pi_1^*$;否则$E\Pi_3^* \leq$

$E\Pi_1^*$。

【命题9.9的证明】

(1) $E\Omega_1^* - E\Omega_0^* = \dfrac{\kappa w m a^2 w^2 (2c\beta\kappa + 2\mu c\beta - \mu a^2 w^2)}{2c(2c\beta - a^2 w^2)^2} > 0$，可以得到 $E\Omega_1^* > E\Omega_0^*$。

(2) 当 $\mu = \kappa$：(i) 首先，从 $E\Omega_2^* - E\Omega_0^* = \dfrac{a^2 \mu^2 w^2 m^2}{2c(c\beta - a^2 w m)} > 0$ 中，发现 $E\Omega_2^* > E\Omega_0^*$；其次，从 $E\Omega_3^* - E\Omega_0^* = \dfrac{a^2 \mu^2 w^2 m^2}{2c(\lambda c\beta - a^2 w m)} > 0$ 中，发现 $E\Omega_3^* > E\Omega_0^*$；

最后，从 $E\Omega_3^* - E\Omega_2^* = \dfrac{\bar{\lambda} c\beta a^2 \mu^2 w^2 m^2}{2c(\lambda c\beta - a^2 w m)(c\beta - a^2 w m)} > 0$ 中，发现 $E\Omega_3^* > E\Omega_2^*$。因此，可得 $E\Omega_3^* > E\Omega_2^* > E\Omega_0^*$。

(ii)

$E\Omega_3^* - E\Omega_1^* =$

$$\dfrac{\beta a^2 \mu^2 w^2 m [-\lambda^2 c\beta w(4c\beta - a^2 w^2) + \lambda m(a^2 w^2(4c\beta - a^2 w^2) + 4c^2\beta^2) - 4c\beta a^2 w m^2]}{2(\lambda c\beta - a^2 w m)^2 (2c\beta - a^2 w^2)^2}。$$

令 $f(\lambda) = -\lambda^2 c\beta w(4c\beta - a^2 w^2) + \lambda m(a^2 w^2(4c\beta - a^2 w^2) + 4c^2\beta^2) - 4c\beta a^2 w m^2$，

可得 $\Delta_\lambda = m^2[a^2 w^2(4c\beta - a^2 w^2) - 4c^2\beta^2]^2 > 0$ 且 $a^2 w^2(4c\beta - a^2 w^2) - 4c^2\beta^2 < 0$。基于此，发现当 $f(\lambda) = 0$ 时，$\lambda = \dfrac{a^2 w m}{\beta c}$ 或 $\lambda = \dfrac{4c\beta m}{w(4c\beta - a^2 w^2)}$，

$\dfrac{4c\beta m}{w(4c\beta - a^2 w^2)} > \dfrac{a^2 w m}{\beta c}$。因此当 $\dfrac{a^2 w m}{\beta c} < \lambda < \min\left\{1, \dfrac{4c\beta m}{w(4c\beta - a^2 w^2)}\right\}$ 时，$f(\lambda) > 0, E\Omega_3^* > E\Omega_1^*$，否则 $f(\lambda) \leqslant 0, E\Omega_3^* \leqslant E\Omega_1^*$。